池田思想研究の新しき潮流

創価大学通信教育部学会 編

第三文明社

はしがき
「人間教育の世界的拠点」の一翼として

創価大学通信教育部長　花 見 常 幸

　創立者池田大作先生から、「5月16日は、重大な歴史の日となりました。晴れやかな開学式、まことにおめでとうございます」「通信教育部の設置は、創価大学設立の構想を練りはじめて以来の、私の念願でありました。教育の門戸は、年齢、職業、居住地のいかんを問わず、すべての人びとに平等に開かれていなければなりません。まして、本学が"人間教育の最高学府"をめざす以上、教育の機会均等を図るために、通信教育部をおくことは重要な課題であると考えてまいりました」とのメッセージをいただいた1976年5月16日の開学式より、本年、通信教育部は40周年の佳節を迎えることができました。開学以来の通信教育部の卒業生は、すでに1万8000名に上り、弁護士、公認会計士、税理士として、また博士号を取得して大学で教鞭をとるなど、多彩な人材がわが国と世界のさまざまな分野で活躍をしています。その中でも教員採用試験の合格者は、15年連続で100名を突破し、累計では3100名を超えており、教育界で大きな活躍を続けています。

　2014年、本学の「人間教育の世界的拠点創成」構想は、文部科学省の「スーパーグローバル大学創成支援事業」に採択され、現在、本学ではこの事業を推進するための取組みが進んでいます。通信教育部についても、今後、海外の通教生のためのe-スクーリング科目の拡充などの教育環境の更なるICT化の推進や創造的な世界市民を育成する「世界市民科目群」の新設などを進め、「人間教育の世界的拠点」の一翼を担うことが求められています。

こうした中で、開設40周年の佳節をどのように祝賀するかについて、通信教育部学会の先生方と相談をする中で、いま述べたような、今後の通信教育部の役割を果たしていくためにも、「人間教育の最高学府たれ」との建学の精神を示された創立者池田先生の思想と哲学について、改めて各々の専門分野から本格的に研究することの重要性が確認され、その成果としての論文集を発刊することになりました。

　通信教育部学会では、2005年に開設30周年記念事業として『創立者池田大作先生の思想と哲学』を刊行し、幸いにも大きな好評を得て増刷を行い、続編の刊行にもつながりました。最終的に、『創立者池田大作先生の思想と哲学』全3巻（2005年〜2007年）として結実しています。現在、創立者の思想・哲学の研究は、アメリカ、中国、ヨーロッパ諸国などの各国とまさに世界的な広がりを見せており、とりわけ、中国では、北京大学、復旦大学をはじめとする36の大学に、「池田大作思想研究センター」などの研究機関が設立され、その成果が数多く発表されています。こうした創立者の思想・哲学研究の大きな広がりの中で、今回の論文集では、上記のような問題意識の上から、「教育思想の革新」と「人間学の探究」の2つのテーマに焦点を当てて、『池田思想研究の新しき潮流』として刊行する運びとなったものです。もとより、この論文集の各論稿は、研究試論としてのものであり、今後の創立者の思想・哲学研究の一助となることを期すものに他なりません。

　結びに、多忙な中で貴重な論文を執筆いただいた先生方に深謝申し上げるとともに、開設30周年の記念論文集の刊行に引き続いて、本書の企画から編集まで労を惜しまず尽力された坂本幹雄教授と、本書の出版に関して特別の配慮をいただいた第三文明社の皆様に心から感謝の意を表して、発刊の言葉とします。

2016年5月16日

池田思想研究の新しき潮流

目　次

はしがき 「人間教育の世界的拠点」の一翼として　　3
　　　　　　　創価大学通信教育部長　花見常幸

第1部　教育思想の革新

第1章　創大通教と池田大作の人間教育　　15
　　　　　　　　　　　　　　　　鈎　治雄

1. 通信教育と教育の機会均等化　　15
    (1) 教育の機会均等化と通信教育
    (2) 通信教育の歴史
2. 創価大学と通信教育　　18
    (1) 牧口常三郎、戸田城聖と通信教育
    (2) 創価大学と通信教育の開設
3. 創価大学通信教育部の設立の精神　　22
    (1) 通信教育と「半日学校制度」
    (2) 「信」を「通わせる」教育
    (3) 「学は光、無学は闇」
4. 人間教育のモデルとしての創大通教　　26
    (1) 「学び」と向き合う純粋な姿勢
    (2) 魂と魂の触発の場
    (3) 人間の証としての「成長欲求」
    (4) 教師と学生の双方向による「学びの場」
5. 池田大作と人間教育　　35
    (1) 基盤としての仏法思想と創価教育
    (2) 「主体性」の確立と「慈悲の精神」の涵養
    (3) 主体的人間の生き方と「楽観主義」
    (4) 教育の持続可能性の探究と創価の人間教育

第2章　「人間教育」の理念と「創造的人間」　44

杉山由紀男

はじめに ……………………………………………………………………… 44
1. 集団のための教育から個人のための教育へ ──人間教育の第1段階── 45
2. 集団のための教育への反動と「エゴイズム」………………………… 50
3. 新たな「人間教育」とその社会的条件 ──人間教育の第2段階── 53
4. 本学の建学の精神と「創造的人間」…………………………………… 57
5. 創造的人間の諸要素 ……………………………………………………… 61
　　(1) 自由と自立
　　(2) 自己の拡大
　　(3) 歓喜
6. 「創造的人間」の（自己）育成 ──結論に代えて── 69
　　(1) 信念
　　(2) 方法としての体験
　　(3) 方法としての対話
　　(4) 方法としての学問・読書
　　(5) 方法としての行動 ──他者の励ましへ──

第3章　ブロンズ像の指針　79
──『創立者の語らい』の箴言的解読──

坂本幹雄

1. 『創立者の語らい』とブロンズ像の指針 ……………………………… 79
2. 英知を磨くは何のため　君よそれを忘るるな ………………………… 81
　　知識と知恵の二分法
　　知識と知恵の混同＝不幸の原因
　　知恵と知識＝水とポンプ
　　知識の個別性と知恵の全体性
　　バートランド・ラッセル「知識と知恵」
　　牧口常三郎と戸田城聖
　　知識から智慧へ
　　知識と智慧の仏法哲学
　　　① 有作と無作

            ② 不変真如の理と随縁真如の智
          仏法の智慧の源泉――慈悲論としての智慧論
            ① 「知識から智慧へ」命題
            ② 智慧の大光
          何のため ―原点論
          何のため ―建学の根本精神
          マクシム・ゴーリキーの詩「人間」
          牧口常三郎と戸田城聖
      3. 労苦と使命の中にのみ人生の価値は生まれる ……………………… 96
          労苦と使命＝仕事のあり方
          経済学の価値論のアナロジー
          ヘルマン・ヘッセ『若き人々へ』
          牧口常三郎と戸田城聖
          仏法哲学の修業論
            ① 大乗仏教の存在論と価値論
            ② 無作三身論
      4. 2つのブロンズ像の指針 ………………………………………… 105
          仏法の慈悲論
      5. 「原点への旅」の続き ――ブロンズ像の指針・再論へ ………… 107

第4章　　池田思想に基づく環境教育の新展開　　　119

　　　　　　　　　　　　　　　　　有里典三

  はじめに ――資源浪費型の近代文明と地球環境問題 ………………… 119
  1. 地球環境問題の基本構造とゲーム理論による定式化 ……………… 120
        (1) 地球環境問題に共通する基本構造 ――囚人のジレンマ
        (2) ゲーム理論による社会的ジレンマの定式化
  2. 社会的ジレンマの解決策と問題点 …………………………………… 125
        (1) 個人的要因の制御
        (2) 構造的要因の制御
        (3) 制御の限界と解決のための一般原則
  3. 仏法は地球環境問題の解決にどんな貢献ができるのか？ ………… 131
        (1) 新しい倫理観を確立し生き方を見直すための視点
                                    （環境教育の第2段階）

(2) 具体的な行動に踏み出すための視点（環境教育の第3段階）
4. 生き方を見直すための仏法理念 ——その現代的意義......................136
　　　(1)「依正不二」論に基づく自然観の転換
　　　(2)「煩悩即菩提」論にみる欲望の止揚
5. 具体的な行動に踏み出すための新たな指針..............................142
　　　　　——池田SGI会長による環境教育の新展開
　　　(1) 上からの改革：持続可能な開発のための
　　　　　　新たな制度的枠組みの作成
　　　(2) 人道的競争による改革：温暖化防止対策についての新たな提案
　　　(3) 下からの改革：「エンパワーメント」から「リーダーシップ
　　　　　の発揮」までの一貫した意識啓発を進める
　　　　　ための新たな教育的枠組みの制定

第 2 部　人間学の探究

第 5 章　　価値を創出する仏法原理　　157

　　　　　　　　　　　　　　　　劉　継　生

1. 価値創造の世紀..157
2. 創造とは何か..159
　　　(1) 創造的自由
　　　(2) 創造的進化
　　　(3) 創造的破壊
　　　(4) 創造的要素
　　　(5) 創造的生命
　　　(6) 創造的思考
3. 「円成実性」による創造の対象の明確化...................................168
4. 「縁起」による関連要素の体系化...171
5. 「因果」による相互関係の構造化...173
6. 創造における能力と人格..175
おわりに...178

第6章 ポジティブ心理学におけるウェルビーイング理論の展開と池田思想における幸福観

吉川 成司

1. 人間が、より豊かな心で幸福でいるためには何が必要か ……………… 181
2. ポジティブ心理学とウェルビーイング ……………………………………… 183
   (1) ポジティブ心理学とは
   (2) ポジティブ心理学におけるウェルビーイング理論
   (3) 持続可能で多様な幸福の拡張 – 形成モデル
3. 池田思想における幸福観 ………………………………………………………… 188
   (1) 自他共に
   (2) 幸福をつかむという能動性
   (3) 心の財だけは絶対に壊されない
   (4) 善悪の二分法・抽象化を超えて
   (5) 子どもの幸福のための教育
4. 結びと今後の課題 ……………………………………………………………… 197

第7章 池田大作の女性観
――「平和の文化」の担い手――

栗原 淑江

はじめに ……………………………………………………………………………… 202
1. 「平和の文化」をめぐって ……………………………………………………… 204
   (1) 「平和の文化」とは何か
   (2) 池田の「平和の文化」観
2. 「平和の文化」と女性 ………………………………………………………… 212
   (1) 「平和の文化」の担い手としての女性
   (2) 「国連安保理決議1325号」をめぐって
3. 平和をめざすSGIの女性運動 ………………………………………………… 218
   (1) 草の根の運動
   (2) 創価学会女性平和委員会の活動
おわりに ……………………………………………………………………………… 226

第 8 章　牧口常三郎の「郷土民、国民、世界民」思想緒論　　232

　　　　　　　　　　　　　　　　　　高　橋　　強

序 232
1. 「郷土民、国民、世界民」概念 233
　　(1) 世界民
　　(2) 国民
　　(3) 郷土民
　　(4) 郷土にて養成される力
　　(5) 人道的競争形式
2. 価値創造論への示唆 238
3. 「世界市民」思想への示唆 239
4. アイデンティティーの多層化への示唆 241
5. ソフト・パワー論への示唆 244
6. 「自他共の幸福」論への示唆 245
結び 247

あとがき　　*Start From the 40th Anniversary*　　251
　　　　　──池田思想研究の旅再び──

　　　　　　　　　　　　　　　　　　坂　本　幹　雄

事項索引　259

人名索引　265

執筆者紹介　270

装幀／クリエイティブ・コンセプト
本文レイアウト／安藤 聡

第 1 部

教育思想の革新

第1章
創大通教と池田大作の人間教育

鈎　治雄
(まがり)

1. 通信教育と教育の機会均等化

(1) 教育の機会均等化と通信教育

　「われわれの全未来は、教育にかかってゐる」（アラン 1949, 訳 p.98.）として、人類の未来を担いゆく教育の重要性に言及したのは、フランスの哲学者であり、教育者でもあったアラン（Alain）である。人類の将来は、まさしく教育にかかっているといっても過言ではない。

　2014（平成 26）年に、史上最年少でノーベル平和賞を受賞したパキスタンの女性人権運動家マララ（Y. Malala）は、その前年の 2013（平成 25）年 7 月に、国連本部において、'One child, one teacher, one book and one pen can change the world. Education is the only solution. Education first.'（朝日新聞 2015）との名演説を行ったが、彼女が残した言葉もまた、教育こそが世界のあらゆる問題を解決するための最も重要な道筋であり、人類が最優先すべき課題であることに言及したものである。

　同様に、創価教育の父である牧口常三郎もまた、「政治も経済も将其の他の社会政策も如何に苦心しても、畢竟、膏薬張りの対症療法に過ぎぬ。根本治療は、『急がば回れ』で、迂遠でも教育より外には方針の立った法案はない」（牧口 1932,pp.28-29.）として、政治や経済、さまざまな社会施策等は、あたかも腫れ物などの患部に膏薬を張る対症療法のようなもので、一時的な

効果はあったとしても根本的な解決にはいたらないこと、その意味では、一見、遠回りのようであるが、教育こそが、世界が抱える問題に対処していく上で不可欠であると指摘している。

　社会の繁栄のためには、教育を第一義にすべきであるとするこうした考え方は、言い換えれば、「すべての国民は、ひとしく、その能力に応じた教育を受ける機会を与えられなければならず、人種、信条、性別、社会的身分、経済的地位又は門地によって、教育上差別されない」[1]という教育の機会均等が保障されてはじめて、現実のものとなる。

　この教育の機会均等の理念は、すでに2005（平成17）年に、創価大学の創立者である池田が、「（我が国の）大学通信教育は、戦後の1947（昭和22）年施行の学校教育法をもとに、その後、大学開放と、教育の機会均等の理念に基づいて推進されたもの」[2]であると指摘したように、わが国の高等教育は、通信教育事業の実施により、着実に、社会に根ざしていくのである。

(2) 通信教育の歴史

　ところで、池田は、世界最初の通信教育が、1840（天保11）年にイギリスのアイザック・ピットマン（Isaac Pitman）が実施した速記の講座であることに言及している（池田2010,p.16.）。ピットマンが行った通信教育は、郵送されてきた速記のテキストに基づいて、受講者が聖書の一部を速記に変換して送り付けた内容に、添削指導を行い、再び、送り返すというものであった（デジタルパブリッシング2007）。当時のイギリスの郵便制度の改革と相俟って実施されたこの取組みは、大学による事業ではないものの、通信教育の歴史を知る上ではきわめて興味深い。

　2010（平成22）年、池田は、我が国の大学の通信教育の歴史について触れている。すなわち、我が国の通信教育は、遠隔地などに居住し、学校に通えない人々を「校外生」として受け入れ、「講義録」を送ったことが始まりで

あるとして、1885（明治18）年には、現在の中央大学の前身である英吉利法律学校が、1886（明治19）年には、現在の早稲田大学の前身である東京専門学校が講義録を頒布したことに言及している[3]。

　講義録とは、自学自習用にまとめられた教科書雑誌のことである。とりわけ、進学が難しい地方の青年にとって、自宅でも学べる当時の法律学校や専門学校が頒布した講義録は、きわめて有用な知的財産であった。当時は、学校が学生を集めることに困難を要したという事情もあったが、講義録に対する人気の高まりとともに、私立学校を中心に講義録による通信教育が普及していった。「校外生制度」とは、各学校が発行した講義録を使用して在宅のままで学習する制度のことであり、今日の通信教育に相当するものである。

　ちなみに、英吉利法律学校は、1885（明治18）年9月に、十数名の若き法律家たちによって、イギリス法（英米法）の実地応用に優れた人材を育成するために創設された。創設当時の生徒数は100名に満たない数であった。しかし、校外生制度を設けることで、校外生を希望する者が跡を絶たず、同年10月には、講義録の部数は1500部にまで増加するにいたっている（中央大学公式サイト2016）。

　今日の早稲田大学の前身である東京専門学校は、1882（明治15）年10月に政治経済学科、法律学科などの学科を開設しているが、入学生は100名に達していない。この東京専門学校もまた、講義録を刊行し、校外生制度を実施している。早稲田大学が正式に大学となったのは、「大学令」が制定された1918（大正7）年から2年後の1920（大正9）年2月のことである。

　しかしながら、東京専門学校の創設以来、早稲田が着実に発展を遂げてきた背景には、高田早苗によって考案され、1886（明治19）年に開始された、早稲田独自の通信教育制度である校外生制度によるところがきわめて大きかった。ちなみに、校外生の延べ数は、東京専門学校時代が6万4437名、法的に大学となる頃には65万634名となっており、高田早苗が死去し

た1938（昭和13）年までの累計は100万人を超えている。歴史家の津田左右吉をはじめとする多くの学者や政治家たちを輩出し、中・高等教育機関に正規の生徒や学生として入学できなかった、全国の多くの青年たちの向学心を支え、知的財産だけでなく、心的財産を提供し貢献してきた（佐藤2007）。

「教育の機会均等」の観点や校外生制度という歴史の上から通信教育の意義について振り返ってみたとき、そこには、一貫して、通信教育が国民全体を視野に入れた制度であったことがわかる。大学の知的財産は、通信教育という社会に開かれた制度によって、民衆に共有されることで価値を高め、光を放ち、輝きを増していったのである。

池田もまた、働く青年や、何かの事情で大学に進学できなかった人々に、勉学の機会を設けることこそが創価大学の通信教育の使命であり、自らが夜学で学んだ経験からも、通信教育の開設を熱望していたことを明かしている（池田2010,p.65.）。創価大学の通信教育の設立の原点は、学ぶ機会に恵まれなかった人々を誰よりも大切にしていこうとする、池田自身の熱い心にあることを銘記してかかる必要がある。

2. 創価大学と通信教育

(1) 牧口常三郎、戸田城聖と通信教育

創価大学と通信教育の設立について述べる前に、創価大学と縁の深い牧口常三郎、そして戸田城聖と通信教育とのかかわりについて触れておきたい。

池田のこれまでの著作や、通教生に対する数多くのスピーチやメッセージの中で、牧口と通信教育とのかかわりについて言及しているものがいくつか見受けられる。その1つが、『新・人間革命(第23巻)』の「学光」の章である（池田2010,pp.16-17.）。この中で、池田は、牧口が『人生地理学』（文會堂）を発刊した1903（明治36）年10月から、1年半後の1905（明治38）年5月、

33歳の時に「大日本高等女学会」を創立し、その後、約3年にわたり、高等女学校で学びたいという女子を受け入れるための通信教育に携わってきたことに触れている。

また、池田は、1995（平成7）年の通信教育部開設20周年の特別寄稿でも、牧口は創価大学通教生の大先輩であり、牧口自身が苦学した経験をもとに、女性の地位の向上を願って大日本高等女学会の「女学校講義録」を編纂したことに触れ（池田 2005,pp.40-41.）、2002（平成14）年度秋期スクーリング「開講式メッセージ」でも、牧口が携わったこの通信教育事業が、全国の2万人を超える女性を対象に行われていたこと、そして、それが教育史に燦然と輝く先駆の金字塔であったことに言及している（池田 2005,p.113.）。

牧口が大日本高等女学会を設立した頃は、『通信教授女子家政学』（通信講学会　明治19年）や『女学講義』（女学雑誌社　明治25年）、『高等女学講義録』（大日本淑女学会　明治38年）など、女性対象の通信教育が普及した時期であった。その背景には、当時、小学校卒業後の女子を対象にした教育制度が、男子に比べ不備であったことがあげられる。その意味で、牧口は、女子教育の機会均等と教養教育の先覚者であった（塩原 2006,pp.24-28.）。ちなみに、大日本高等女学会では、創設当初は、『高等女学講義』が月2回、2年間で計48冊が刊行され、あわせて、副読本として、女性雑誌『大家庭』が毎月、刊行されていた（塩原 2006,p.33.）。

牧口の事業計画が実施に移された時期は、日露戦争の最中であった。牧口は、出征軍人の家族には入学金を免除し、月謝を半額にするなどの措置も講じている。しかし、戦後、戦時の多額の戦費に加えて、国内産業も大きな痛手を被り、経済不況によって国民生活が犠牲を強いられる中で、牧口の事業はやがて頓挫することになる。

しかしながら、こうした激動の時代にあっても、通信教育を通して、学ぶ機会が閉ざされつつあった女性に焦点をあて、教育の光を投げかけた牧口

の情熱の中に、教育者としての強い信念を見て取ることができる。池田が、「牧口先生こそ、皆さんの大先輩であり、通信教育の重要性を知っておられた大教育者である」（池田2005,p.41.）と述べ、また、「『生涯教育』は牧口先生の信念でした」（池田2005,p.71.）とも語っているように、牧口の通信教育への思いはきわめて熱く、女性の教育を考える上で重要な教育手段の1つであった。

「通信教育の重要性を知っておられた大教育者」「生涯教育は牧口先生の信念」との言葉の中に、いかに現実生活が厳しくとも、その厳しさに屈することなく、したたかに生き抜く女性や庶民を最大限に抱擁しようとした牧口に対する、池田自身の心からの尊敬の念を読み取ることができる。

なお、池田は、『新・人間革命（第23巻）』の「学光」の章で、「戸田城聖もまた、通信教育には、ことのほか力を注いできた。戸田は、1940（昭和15）年1月に、月刊学習雑誌『小学生日本』の5年生向けを、4月に、6年生向けを創刊する。そのなかに、切り取って送ることのできる『誌上考査問題』を掲載している。届いた答案は、採点し、間違いを正し、考え方を指導し、批評して送り返すのである」[4]として、戸田城聖もまた、通信教育の事業に携わっていたことを明かしている。

その上で、1945（昭和20）年7月3日の出獄後も、戸田が真っ先に着手したのが、戦争で学びたくても学べなかった中学生（旧制）を対象にした半年間のコースから成る通信教育の事業であったこと、月に2回、数学や物象（物理や化学などを包括した教科）などの教材を送り、月に1度、試験問題の添削を行ったことにも触れている（池田2010,p.19.）。こうした記述からも、牧口や戸田の生涯は、通信教育の事業ときわめて密接な関係にあったことがわかる。

(2) 創価大学と通信教育の開設

さて、池田が創価大学の設立に言及したのは、1964（昭和39）年6月30日

の創価学会第 7 回学生部総会の席上である。その翌年には、創価大学設立審議会が発足。その後、1968（昭和 43）年 12 月 3 日に創価大学設立準備財団が設立されている。通信教育部の設置構想は、すでにこの大学設立審議会において審議されていた。

そして、「創価大学の設立構想」が具体的に発表されたのは、1969（昭和 44）年 5 月 3 日のことである。その中で、「通信教育や夜間部もできるだけ早く始めたい。夜間部ができれば、昼間働きながら夜勉強することが可能でありますし、通信教育ならば、年齢、職業、居住地等に関係なく、あらゆる人が勉学にいそしむことができる」（池田 2005,p.5.）として、通信教育の設立予定に言及している。当初は、夜間部も設立構想の中に含まれていた。この設立構想発表の 2 年後の 1971（昭和 46）年 4 月に創価大学は開学する。それは、池田が述べているように、「創価の民衆教育の新しい歴史の扉」（池田 2010,p.53.）が開かれた瞬間でもあった。

当時、大学設立審議会の事務局長であった岡安は、1971（昭和 46）年の創価大学の経済学部、法学部、文学部の開設と同時に、通信教育部を設置することの可否について、文部省とかけあっていたことを明かしているが（岡安 2005,p.178.）、文部省の指導助言により、通信教育部が正式に開設されたのは、開学 5 年後の 1976（昭和 51）年のことである。

開学式は、この年の 5 月 16 日、当時の中央体育館で催された。この年までに、我が国では、すでに法政や慶応など計 11 の私大が通信教育を開設しており、創価大学は 12 番目に着手した大学となった。通教開設当時の 1 期生は 2000 人を超えている。ちなみに、この 4 年後の 1980（昭和 55）年の通信教育部の最初の卒業式では、200 人を超す通教生が卒業の栄冠を手にしている。

職務多忙のため、開学式に出席できなかった池田は、自らの肉声をテープに録音し、万感の思いで通教生にメッセージを送っていることからもわかる

ように、通信教育に対する並々ならぬ思いがあった。池田は、その中で、通教生こそが「創価教育体現の第一期生」（池田2005,p.11.）であるとして、最大の期待を寄せている。池田にとって、通信教育部の開設こそ、まさに「待ちに待った『第2の開学』ともいうべき慶事」（池田2005,p.65.）であり、「創価大学設立の構想を練り始めて以来の念願」（池田2010,p.9.）であり、「民衆に開かれた創価大学の真骨頂」（池田2010,p.22.）であった。

こうした言葉の端々からもうかがえるように、池田は、通信教育の開設に対して多大な期待を寄せていたことがわかる。通信教育に対する池田の思いは、何よりも、青春時代に夜学に通い、苦学の道を歩んできた池田自身の経験によるところが大きいこと、そして、誰よりも、大学に行きたくても行けなかった庶民に向けられていることがわかる。

3. 創価大学通信教育部の設立の精神

(1) 通信教育と「半日学校制度」

創価大学の通信教育部の設立の精神を語る上で、おさえておかなければならないのが、牧口が唱えた「半日学校制度」である。池田は、前述の通教開学式のメッセージの中で、牧口の『創価教育学体系』の以下の一節を引用しつつ、「半日学校制度」の根本義について言及している。

「学習を生活の準備とするのではなく、生活をしながら学習する、実際生活をなしつつ学習生活をなすこと、すなわち学習生活をなしつつ実際生活もすることであって、学習生活と実際生活と並行するか、しからざれば、学習生活中で実際生活も、実際生活の中において学習生活もなさしめつつ、一生を通じ、修養に努めしめるように仕向ける意味である。」（牧口1932,pp.247-248.）

前述の創価大学設立審議会の事務局長であった岡安が、「創立者のご構想

は、牧口先生の創価教育の柱である半日学校制度を、現代に具現化する通信教育部の開設を一日も早く実現することにあった。それは、時代が強く求める『生涯教育』にも対応する重要課題だった」(岡安2005,p.178.) と語っているように、学習と生活の両立という半日学校制度の基本的理念は、創価教育の眼目であり、創価大学通信教育部の開設によって、現代に具現化することができたのである。

　ちなみに、牧口は、昭和の初期に、被教育者を半日は学校生活に、他の半日は生産的実業生活を送らせる半日学校制度を提唱した理由として、1) 学習時間を半日にし、教授法の改善、能率化を図る、2) 学習生活を午前午後、乃至夜間に分割することで、生徒が一度に学習に集中することを防ぎ、校舎建設等に要する費用の軽減化を図る、3) 小学校より大学まで、一般的普通教育と専門的職業教育との並行的修養を人生の常態とする等をあげている (牧口1932,pp.247-248.)。

　もとより、こうした牧口の主張内容は、当時の社会的状況や学校環境が深くかかわっており、今日の学校教育に必ずしも適合するものではない。しかし、牧口の主張した半日学校制度を、1) 学習生活と実際生活の双方の調和を目指した人間教育のあり方について言及したものであり、2) 過熱する受験や学歴偏重の面で行き詰まりを見せる今日の教育に対する警鐘 (池田2005,p.67.) としてとらえたとき、それは、きわめて重要な意味を持つといえよう。

　さらに、小学校から大学までの期間において、一般的普通教育と専門的職業教育との並行的修養を強調している点は、今日的に見れば、いずれの発達段階においても、学びと実生活との二にして不二の関係の重要性を示唆しているともとらえることができ、生涯教育のあり方を考える上で興味深い。

　池田は、働きながら学ぶことの尊さ、働きながら通教生として奮闘することの素晴らしさ、働きながら大学生として勉学に挑戦することの美しさを讃

えている（池田 2005,p.20.）。また、コスタリカのフィゲレス大統領の父の生き方を通して、通教生の人生を「働きながら学ぶ戦い」（池田 2005,p.43.）と表現しているが、こうした指摘は、牧口の半日学校制度の考え方をふまえて、学問をすることの真の意味、現実生活の中で学びを深めることの意義について鋭く迫っている点できわめて興味深い。生活に軸足を置きつつ学ぶということは、生半可なことではない。それは池田が言うように、まさに、自身との「戦い」なのである。

　哲学者でもあり、教育学者でもあったイギリスのラッセル（B.Russell）は、「人生を一つの全体としてながめる習慣は、知恵と真の道徳のどちらにとっても必要不可欠な部分であり、教育において促進されるべき事柄の一つである」（ラッセル 2003, 訳 p.241.）と述べたが、実際生活と学習生活を切り離して考えるのではなく、双方の調和と統合を目指した牧口の知恵、人間教育の視点は、まさに、人生をひとつの全体としてみる卓越した教育観であったといってよい。

(2)「信」を「通わせる」教育

　今ひとつ、創価大学の通信教育を語る上で見逃せないのが「師弟不二」という視点である。牧口のライフワークである『創価教育学体系』は、弟子戸田城聖の献身的な支えと努力によって世に出された。そして、池田もまた、青年時代、学問の道を中途で断念せざるを得なかったにもかかわらず、師匠戸田城聖から、あらゆる学問と人生万般にわたる訓練を受けたことへの報恩の道を、今日にいたるまで、貫き通している。池田は、この恩師戸田城聖から受けた教育について、「通信」という言葉にちなんで、「人生の師と弟子との間に"信"を"通"わせた教育」（池田 2005,p.11.）であったと述懐している。池田は、自らが創設した創価大学通信教育部での"学び"こそ、永遠に、この師弟の関係を忘れない"学び"であってほしいと念願しているのである。

「人間と人間のあらゆる結合の中で、『師弟の関係』ほど美しい精神的結合はない。それは言葉の真の意味において、『ともに学ぶ』関係であり、ともに『道』を求める関係である」（大熊 1975,pp.321-322.）と述べたのは、創価大学の草創期に教鞭をとった経済学者の大熊信行であるが、師弟という精神性の継承の中にこそ、創価大学の生命線があるといってよい。師と弟子との峻厳な関係性をとおして、「精神の継承」は可能になる。私立大学においては、創立者の精神を後世にまで伝えていくことが何よりも強く求められる。

　「精神の風が、粘土の上を吹いてこそ、はじめて人間は創られる」（サン＝テグジュペリ 2012,訳 p.261.）と述べたのは、サン＝テグジュペリ（Antoine de Saint-Exupery）であるが、教育においては、師弟という「精神の風」が吹いてこそ、本当の意味で人間が創られ、人間教育が現実のものとなる。また、アランは、「正しく考へる方法は一つしかない。それは古くからの試練を経た何らかの思想を継承することだ」（アラン 1949,訳 p.236.）と語ったが、「試練を経た思想の継承」もまた、師弟の関係があってこそ可能になる。

　「精神性の継承」は、何か特別な立場や高い地位にある人間によって可能になるのではない。むしろ、池田が、「"信"を"通"わせた教育」との言葉を通して、民衆の代表である通教生一人ひとりに対して多大な期待を寄せ、語りかけているように、現実生活の厳しさと格闘しつつも、学ぶ謙虚さを忘れず、人間として成長し続けようとする人々によって継承されていくことを、銘記してかかる必要がある。

(3)「学は光、無学は闇」

　そして、創価大学の通信教育について言及する上で、今ひとつ見逃せない言葉が「学光」という言葉である。この言葉は、通信教育部開設当初、通信教育部の機関紙発刊の折に、機関誌の命名に際して、池田が周囲に請われて、ソクラテスの「学は光なり、無学は闇なり」（池田 2005,p.66.）の言葉から

名づけたものである。この命名の経緯については、当時、大学理事長であった岡安が、その場に居合わせた一人として、詳しく証言している（岡安2005,p.179.）。

池田は、「学は光、無学は闇。知は力、無知は悲劇」（池田 2010,p.96.）とも述べて、通教生の学びに、限りない期待を寄せている。「学び」は、人間に人間としての輝きを与え、「知」は、人間に生きる力と創造する力を付与する源でもある。

池田はまた、牧口が弾圧を受け、三畳一間の牢獄に囚われの身となった時でも、最後の最後まで、読書に勤しみ、学び続けたことに触れ、どのような極限の状況下にあっても、牧口が泰然自若とした姿を貫いた事実をとおして、これこそ、「真実の『学光王者』の姿」（池田 2005,p.60.）であるとの賛辞を送っている。

池田は、「学は光」という言葉を、さまざまな機会をとおして紹介し、発信し続けているが、この言葉をとおして、人間としてのあるべき理想の姿に言及したかったのであろう。人間として"生"を受けたかぎりは、生涯、学び続ける姿勢を持ち続ける中にこそ燦然と光り輝く人生があり、勝利の人生があることを通教生に伝えたかったに違いない。

厳しい家庭環境や職場環境、経済的な困難のせいにして自己否定的になり、"知"から遠ざかるのではなく、どのような状況下にあっても、"知"を求めてやまない、あくなき求道の姿勢の中にこそ、真実の人間の輝きがあることを、通教生一人ひとりの心に発信したかったのであろう。

4. 人間教育のモデルとしての創大通教

(1)「学び」と向き合う純粋な姿勢

創価大学の教育、とりわけ、通信教育は、人間教育のモデルについて考え、

人間教育を具現化していく上で、いくつかの重要な要因をそなえている。この点について、学生の学びと向き合う姿勢、学生同士の人間的触れ合い、人間と成長欲求、そして、人間教育と学びの4つの視点から考えてみたい。

　第1は、通信教育に学ぶ学生の、創立者である池田に対する尊敬の念から起こる、「学問に対する純粋でひた向きな姿勢」である。

　他大学の通信教育に学ぶ学生と創価大学の通教生との違いは何か。それは、他大学の通信教育に学ぶ学生の多くは、学びの目的が、自らが目指す職業や進路と深くかかわっていることである。具体的には、他大学の場合は、何らかの資格や免許取得が目的で入学するケースが多いのに対して、創価大学の通信教育の場合には、単に教員免許や日本語教員の資格取得だけでなく、創立者である池田の教育哲学、人生観、生き方、人間性に共感し、心から賛同し入学してきた学生が多数を占めている。こうした学生の創立者に対する思いが入学動機となり、スクーリングに臨む姿勢となって、自ずと大学を人間教育のモデルと呼ぶにふさわしい環境に仕立てている。

　創大通教生の熱意溢れる学びの姿勢は、以下に示したような、通教生に対する池田の心からのねぎらいの言葉にも凝縮されている。

　「年配の方もたくさんおられるし、ママさんもいらっしゃる。大学を卒業しようとして、学ぶという姿それ自体、賛嘆せざるを得ない」(池田 2005,p.16.)、「尊い姿だね。お母さんの学ぼうという姿勢は、必ず子どもたちにも伝わるものだ。生き方を示すことが、最高の教育になる」(池田 2010,p.66.)、「参加するためのやりくりが、また大変だった。残業や宿直は、進んで交代。職場や周囲の人たちに、応援してくれる雰囲気をつくれるかどうか。一切が、普段の仕事ぶり、過ごし方にかかっているのだ。主婦の中には、何日分もの家族の食事を、冷蔵庫に置き去りにして参加したという奮闘談もあった」(池田 2005,p.66.)、「定年後に、新たな生きがいを求め、通教生になった60代の男性。体育の授業は体が動かなくて大変といいながら、青春再びである」

(池田 2005,p.68.)、「多くの人が遊んだり、休んでいるときに、労苦を惜しまず、学び抜かれている皆さま方の一日また一日ほど、神々しき充実と栄光の人生の歴史はありません。」(池田 2005,p.150.)

このように、池田は、夏秋のスクーリングのために、時間と金銭のやりくりをして、全国津々浦々から、勇んで大学に駆けつけてくる通教生、とりわけ、母親や年配者に対して、創立者として、心からの尊敬の念と感謝を表現している。そして、こうした老若男女の心意気が授業に臨む姿勢にも反映され、教室そのものを、人間教育という名にふさわしい教育環境へと変えていくのである。創価大学が人間教育の具現の場であることを具体的に示した、きわめて興味深い内容が、池田の以下の言葉であろう。

「教室の席は、先を争うようにして前から順番に埋まっていった。(中略) 教員たちを驚嘆させたのは、通教生の真剣な受講態度であった。(中略) なかには、教員よりも年上の学生もいる。その人たちが、目を輝かせ、一言も聞き漏らすまいと講義に耳を傾ける姿に、教員たちは新鮮な息吹を感じた。」(池田 2010,p.31.)

この池田が指摘している教室内の熱気と意欲、真剣な雰囲気は、数多(あまた)の大学にあって、創価大学の通教生の学びの姿勢こそが、世界に誇る人間教育の模範の存在であり、理想的モデルであることを端的に物語っている。

これまで30年にわたり、創大通教の講義を担当する中で、筆者自身が誇りに思い、感謝していることは、とりわけ、こうした女性や年配通教生の講義に臨む真摯な姿勢である。わが国の学校では、学級崩壊やいじめ、不登校問題が山積し、世間一般の大学生のイメージといえば、受身的で学習意欲に欠ける印象が顕著であるのに対して、通教生の受講態度は、講義形式の授業であっても、真剣そのものである。創価大学の通信教育部が人間教育のモデルであり、具現の場であると誇れる背景には、こうした社会人学生の真面目さと真剣さ、能動性、学生一人ひとりのたゆまぬ努力と協力によって、望ま

しい理想的な学習環境が作り出されている点にある。

(2) 魂と魂の触発の場

　第2に、通信教育の学びの場は、いわゆる机上での知識の習得だけにとどまるのではなく、そこには、本来の教育の醍醐味、すなわち、人間と人間の触れ合い、息づかいが感じられることである。人間教育のモデルとしての魂と魂の触発の場がそこにある。

　池田は、スクーリングを通じて通教生が友情を結び、共に助け合いながら学び、夫婦や親子で肩を並べて学ぶ姿を通して、殺伐とした今日の世相の中にあって、「最高に尊い『希望のオアシス』」（池田 2005,p.138.）であると述べている。そして、21世紀を勝ち抜く最大の武器こそ、「学び合うネットワーク」（池田 2005,p.59.）であると述べているように、創大通教の醍醐味は、人間対人間の豊かな心の交流やつながりが、自然と創出されている点にある。このことは、筆者自身が、長きにわたり、通教の授業を担当する中で、実感していることでもある。

　池田が指摘しているとおり、スクーリングの場では、孫と祖父母ほど年齢の離れた学生たちが、共に語り、教え合う姿が随所にみられる。かつて、ある10代の女性は、自分の母と同年齢の女性が懸命に学ぶ姿に接して、人間として多くのことを学んだという。定年を迎えた夫が妻と共に肩を並べて学ぶ姿も見られる。中学生の頃から不登校気味の娘と一緒に学ぶ、健気な母の姿もある。スクーリング期間中は、創大の通学生の息子や娘の部屋に宿泊し、親子水入らずの触れ合いの時間を過ごす母親通教生もいる。

　スクーリングを通して知り合った、北は北海道から南は沖縄までの友が、地元に帰ってからも強い友情の絆で結ばれ、手紙や電話、SNSなど、あらゆる通信手段を最大限に活用しながら、学習面はもとより、生活や仕事の面で互いに励まし合う姿も、ごく普通にみられる。通教生同士のネットワーク

は、国内にかぎらず、世界十数カ国にも及んでいる。

池田は、「他人からの働きかけと他人への働きかけがなくては、自己を完成することはできない」(トルストイ 1988, 訳 p.36.) とのトルストイの言葉や、「友人と共にあるとき、私たちは容易に偉大な人間になれる」(エマソン 1961, 訳 p.147.) とのエマソンの言葉を通して、友との交流が人間の完成に不可欠であることに言及している。また、通信教育部の開設に際して、「大学で学ぶ意味の一つは、人生の友を得ることであります。互いに啓発しあえる友の存在は、なににも増して貴い財産であります」(池田 2005, p.1.) と語っているように、池田自身の人間教育の視座の中には、人間同士の相互啓発や魂と魂の触発という視点が強く意識されている。

「精神によって学ぶということはいかなることなのか。それは人間と交わることだ」(アラン 1949, 訳 p.120.) とアランが述べ、「真の贅沢というものは、ただ一つしかない、それは人間関係の贅沢だ」(サン＝テグジュペリ 2012, 訳 p.45.) とサン＝テグジュペリが語ったように、人間関係という土壌が、人間の心に豊かさと潤いをもたらし、人間を育てることを深く心に刻んでいく必要がある。創価大学の通信教育部には、学生同士の麗しい人間関係という肥沃な土壌があるという点で、人間教育にふさわしい環境がそなわっている。

(3) 人間の証としての「成長欲求」

さて、教育における「学び」の本質について、心理学的な視点から迫ってみたとき、重要なことは、人間には、本来、自発的で純粋な「成長欲求」(growth needs) が備わっているということであろう。成長欲求は、人から言われて学ぶのではなく、学びたいから学ぶという「内発的動機づけ」(intrinsic motivation) と深くかかわっている。人間は、元来、成長する能力を携えている。成長欲求は、いわゆる自己実現的人間の生き方の骨格となる欲求である。成長欲求は、人間を人間たらしめる上で不可欠の欲求であり、マスロー

(A.H.Maslow)のいう人間の「存在価値」(B-value) そのものである。

　人間教育とは、人間が本来、内に秘めている可能性や資質を最大限に引き出すための教育でなくてはならない。成長し続ける人は、常に自分自身に挑戦し続けている人でもある。新しい経験や環境に、柔軟に適応することができる。こうした成長欲求を引き出し、充足させることが、人間教育の重要な使命であり、役割であるといってよい。

　人間と他の動物との決定的な違いは何か。それは、人間には、動物と違って、本来、成長し続けようとする欲求が備わっていることである。成長欲求を持ち続けること、たやさないことが、人間であることの価値であり、「人間としての証」である。動物には、この成長欲求が欠落している。

　「教育（education）」の語源は、ラテン語のeducere（「e（外へ）」+「ducere（引き出す）」）、すなわち、「可能性を引き出すこと」にあるとされるが、本来、子どもには、「伸びよう」「成長しよう」という力、生命の勢いが備わっているように、人間には、成長し続けようとする欲求、自身の可能性の実現のための欲求が本質的に備わっている。人間教育の重要な目的は、この人間に本来そなわっている成長欲求を最大限に引き出し、充足させることにある。ゴーブル（F.G.Goble）が指摘しているように、悪い習慣や貧困な文化環境、不適切な教育は、こうした人間の成長欲求を抑え込んでしまう（ゴーブル 1972, 訳 p.95.）。

　池田は、「開拓の道は険しくも、その向学の軌跡は、創価大学の名とともに永遠に顕彰されていく」（池田 2005,p.13.）、「みずみずしい『求道』の心で生きゆく人生には、充実があり、成長がある」（池田 2005,p.43.）、「真剣に学問に励んでいる人は、知性が輝き、人格も磨かれる。人間の完成の姿へと進んでいくものだ」（池田 2005,p.22.）として、通教生に心からのエールを送っているが、「向学の軌跡」「求道の心」、そして「真剣な学び」こそが、創大通教生の成長欲求そのものであるといってよい。

池田はまた、「本当に学びたいと思ったら、あなたを止めるものは何もありません」(池田2010,p.64.)とのアメリカの人権の母ローザ・パークス (Rosa Parks) の言葉や、南アフリカの反アパルトヘイトの闘志、ネルソン・マンデラ (Nelson R. Mandela) の生き方を通して、「よりよき自分になろう」とする揺るがぬ一念の大切さに言及しているが (池田2005,p.34.)、こうした指摘もまた、成長欲求という人間の存在価値の本質を浮き彫りにしていて興味深い。

さらに、池田は、高齢社会の到来の中で、「向学の志を失わぬ人は、常に若々しく、人生の年輪を重ねるほどに、いやまして魂の輝きを放っていく」(池田2005,p.18.)、「年齢はどうあれ、一日一日、進歩を続ける人が青年である」(池田2005,p.95.)、「老いないこと、それは単に現状を維持することではなく、絶えず成長し、絶えず何かを獲得すること」(池田2005,p.114.) であるとして、年配者に対して、抗加齢（アンチエイジング）へのテーゼともいうべきエールを送っている。この「向学の志を失わぬ人」「進歩を続ける人」、そして、「絶えず成長し、何かを獲得し続ける通教生」こそが、成長欲求をたずさえた、自己実現の人であるといえよう。

かつて、ある地方スクーリングに出向いたときのことである。1日目の朝、会場に着くや否や、70歳は優に超えておられるであろう初老の男性2人が、肩を並べて座っている姿が私の目に飛び込んできた。退職後の新たな人生の一歩を、嬉々として、通教での学びに挑戦されていた。その向学の志、溢れる光景は、年齢を重ねてもなお、人間には成長欲求が存在することの何よりもの証であり、まばゆいまでの人間教育のモデルであり、生涯教育の姿であった。

(4) 教師と学生の双方向による「学びの場」

人間教育のモデルとしての条件として、今ひとつ重要なことは、教師と学生の双方向からの学びが存在するということであろう。教育の世界では、と

もすれば、教師が学生に教えるという側面だけが強調されがちであるが、教育の真の醍醐味は、教師自身もまた、学生から学び、教えられるという点にある。

　モデルとしての人間教育には、学生が教師に学び、教師もまた学生に学ぶというツー・ウェイでの学びが存在するということであろう。教師と学生の双方向での刺激、触発こそが人間教育の原点であるといってよい。筆者の長年にわたる創価大学での教職経験からも、この双方向での学びの体験を実感できるのが、創価大学通信教育部である。

　池田は、「互いの人格や生き方に『感化』される」（池田 1970）ことが教育の本来のあり方であり、「触発によって使命感を与えた時、人間は大きな力を発揮していく」（池田 2010,p.77.）と述べているが、この「感化」や「触発」の力学は、教師から学生への関係だけにとどまらず、学生から教師へというベクトルも含まれている。優れた学生の存在によって教師が触発を受けるとき、教師もまた、使命感を駆り立てられ、さらに魅力ある教師へと成長を遂げることが可能になる。

　授業の合間に、互いに満面の笑みを浮かべながら、幸せそうに歓談している母親通教生たちがいる。母親通教生たちが醸し出すなごやかな教室の雰囲気は、教師を心から癒してくれる。

　かつては、周りを気遣い、最後部の席で乳飲み子を背負いながら、授業を受けていた母親がいた。昨年、20 代の女性がスクーリング試験の答案用紙の最後に、次のようなメッセージを綴ってくれたことがある。「私に通教生になることを決意させたのは、まだ幼かった頃、母親に連れられ、創価大学のスクーリングに参加したときの思い出が心に刻まれていたからです」と。

　通教生の中には、50 代半ばで、教員採用試験に合格された女性もいる。不登校経験を乗り越え、通教に挑戦している青年もいる。自ら、癌と向き

合いながら学ぶ、60代の壮年もいる。心の病と闘う息子と共に肩を並べて学ぶ心優しい母もいる。中学しか卒業できなかった70代の壮年が教室の最前列の席に座り、学んでおられる姿がある。最愛のお子さんを亡くされ、亡き我が子に代わってとの思いで、通教に挑戦している母がいる。遠くヨーロッパやアジア、アメリカから、時間と旅費を工面して、スクーリングにかけつけてくる方もいる。

　つい最近も、十数年前に、私が励ましの言葉をそえて添削したレポートを、今でも大事に保管してくださっていた通教生の方から、「幸せになりました」という趣旨の長文の嬉しいお便りを戴いた。このような学生からの「学び」は、通信教育を担当する多くの教員が実感していることである。──通教生一人ひとりの真剣な学びの姿と奮闘ぶりは、まさに、「人生の教師」そのものである。

　アランは、人間を知ることよりも、人間を変えることの方が容易であるとしつつ、「道理よりも態度の方が、しばしばより有効なのだ」（アラン1949,p.102.）と述べたが、教師自身の自己変革と成長は、良き学生との出会い、心豊かな学生の振舞いや態度に触れることで可能になる。

　鈎（まがり）は、教育の過程では、「子どもに対する信頼（信）」「子どもとのかかわり（行）」、そして、「子どもからの学び（学）」が不可欠であることに言及しているが（鈎2010,pp.140-144.）、生徒から学ぶという教師の謙虚さ、生徒も教師も共に成長しようという視点が、何よりも人間教育の基軸になくてはならない。その意味で、創価大学の通信教育の存在は、こうした双方向の「学び」を可能にしているという点で、見事に人間教育のモデルとしての役割を果たしている。

5. 池田大作と人間教育

(1) 基盤としての仏法思想と創価教育

　終わりに、池田が人間教育をどのようにとらえているのかについて触れておきたい。池田は、自らが創立した大学について、「創価大学には、既存の大学では、なすことのできない、人間教育という一点がある。何十年、何百年先のために、その人間教育をみんなでつくり上げ、後世に残し、伝えていこうというのが、本学の精神であります」（池田 2006,p.193.）として、人間教育こそが、創価大学の重要な生命線であることに言及している。

　その上で、創価大学が目指す人間教育の底流には、「牧口常三郎の創価教育を根本にした大学であり、さらに、その根底には、仏法の人間主義の哲理がある」（池田 2006,p.118.）として、大学が掲げる人間教育の根底には、牧口の創価教育の理念があり、その奥に、仏法思想が息づいていることに言及している。仏法は、人間の生き方や人生そのものに迫る哲理であるがゆえに、それは、人間形成を使命とする教育の基盤になくてはならない。

　牧口は、『創価教育学体系』の中で、宗教的価値に言及しつつ、人を救うことを抜きにして、宗教の社会的存立の意義はないとの考えを示している。その上で、一例として、涅槃経の法四依の一節である「依法不依人（法に依って人に依らざれ）」という法理が、法則の認識や人生規範の定立を以て任とする、科学の本旨とも一致することを指摘しつつ、こうした仏法の考え方を拠りどころとして進むことができれば、科学と宗教、教育と宗教との帰一は、期して待つべきところであるとしている（牧口 1972,pp.186-204.）。

　池田自身もまた、こうした牧口の仏教を根底にした人間観、教育観を継承しつつ、仏教思想を基盤にした人間主義、人間教育の重要性を示唆している。教育は、人間の形成と最も深くかかわる営みである。ゆえに、宗教的基盤を欠いた教育は、あたかも羅針盤を失った船舶のようなものであり、目的や方

向性そのものを見失ってしまう危険性がある。

　そして、池田が目指す人間教育は、本稿の「3. 創価大学通信教育部の設立の精神」の (2) で述べたように、その根底には、「"信"を"通"わせた教育」、すなわち、牧口と戸田、戸田と池田の関係に象徴されるように、「師弟の関係」を大切にする教育観が、一貫して流れている。師弟という清らかで強い信頼感に裏打ちされた水脈が地下に流れているからこそ、個の人格の完成と他者への慈愛という湧き水を、地上にもたらすことが可能になる。真の人格形成は、教育という営みの基盤に、人間を尊重する仏教の思想的基盤と、師弟という峻厳な人間対人間の関係軸を見失わないことで可能になる。

　師と弟子の人間関係は、人間と人間とのあらゆる結びつきの中で、最も美しいものである。それは、師と弟子が共に道を求める関係であり、互いの生命と生命が共鳴し合う関係であり、池田の人間教育を語る上で、きわめて重要な基軸である。

(2)「主体性」の確立と「慈悲の精神」の涵養

　池田が、教育学の視点から、人間教育について明確に言及しているのは、小説『新・人間革命（第23巻）』の「人間教育」の章である。この中で、池田は、「人間教育」について、次のように述べている。

　「人間教育の理想は、『知』『情』『意』の円満と調和にあります。つまり、『知性』と『感情』と『意志』という三種の精神作用を、一個の人間のうちに、いかに開花させていくかが課題であります。」（池田 2015,p.258.）

　知情意とは、人間の精神活動の根本をなすものである。人間は、本来、知情意を兼ね備えた全体的な存在である。この知情意の調和のとれた人間の育成こそが、人間教育が目指す道である。

　池田は、こうした知情意の調和のとれた人間を創るためには、1つには、自己の人間としての向上、完成をめざす「主体性」の確立、今ひとつは、す

べての人々に対する「慈悲の精神」の涵養が不可欠であることに言及している。そして、「自他共に智慧と慈悲とあるを喜とは云うなり」（創価学会1952,p.761.）との御義口伝の一節をとおして、自己の完成を志向することと他者への慈愛は、互いに相反するものではなく、他者への慈悲の振舞いは、即、自己の向上につながることに言及している。主体的な生き方と慈悲の精神の涵養により、知情意が現実の生活と環境を切り開いていく源泉となることを示唆している（池田2015,pp.259-260.）。

　自己の人間としての向上と完成をめざす主体性の確立は、本稿「4. 人間教育のモデルとしての創大通教」の(3)で述べたように、人間の証であり、存在価値としての「成長欲求」に根ざした、自発的な生き方に集約される。成長欲求は、自己実現的人間の生き方の骨格であり、人間だけに許された特権であり、人間を主体的な生き方へと方向づけるものである。

　池田が指摘する主体的人間とは、人間の内に秘められた個人の資質や能力を最大限に引き出すことであり、成長欲求を充足させる存在であるといってよい。通教生の学びの姿勢は、まさに、自らの人格の向上と完成を志向する過程である。とりわけ、年配者や女性の生き方の中に、自己実現的人間の要素である「自己受容」（悩みや不安と向き合っている自分をありのままに受け入れられる力）や「自発性」（自らの意志で学びに挑戦する行動力）、「純粋性」（敬愛する創立者の元で学ぼうとする精神）、「民主的な性格」（年齢や立場の違いを超え、周囲と平等に接する姿勢）を見て取ることができる。

　そして、今ひとつ、人間教育を考える上で、池田が指摘する「慈悲の精神」の涵養は、人々の生命や存在を軽視することのなかった不軽菩薩の生き方に示唆されるように、仏教が最も重視する徳育でもある。

　「教育は人格を磨くものだ。人のために尽くすものだ」（池田2005,p.117.）、「日の当たる人より陰の人に、勝利の栄冠を手にした人より涙をのんだ人に、心を向けることから、人間主義は始まる」（池田2010,p.61.）との池田の言葉に

明らかなように、池田の教育観は、生きた慈悲の哲学として、徹して、厳しい現実の真っ只中で生き、悩みや困難と格闘する一人の人間を視野に入れ、抱擁しながら、展開されているところにその真髄があり、独自性がある。

教育の世界において、被教育者である学生自身の中に、慈悲の精神を涵養していくためには、何よりも教師の人格が大きな意味をもつ。池田が「教職員の人格、生き方を通して、創価教育の道を開いてほしい」（池田 2006,p.119.）との心情を吐露しているように、教師の人格は、教育という価値創造の源であり、学生に対して多大な影響力をもたらす。

牧口は、「教師が被教育者に模範たるのは他の創価作用に於てよりは、道徳的創価に於てこそ、その模範的人物であらねばならぬ」（牧口 1972,p.94.）として、道徳的価値の創造が教師の重要な役割であるとしたが、教育における「慈悲の精神」の涵養は、道徳的価値の創造という教師自身の不断の努力によって、学生の中に培われていくといえる。道徳的価値の創造は、教師自身の人格の練磨とたゆまざる向上心によって可能になる。

そして、こうした教師自身による道徳的価値の創造は、すでに本稿「4. 人間教育のモデルとしての創大通教」の（4）で触れたように、教師と学生の双方向の「学び」の過程の中で生まれる。「一対一の人間の交流なくして、人間教育はできるはずはない」（池田 2006,p.125.）と池田が語ったように、教師自身がひとりの人間として、学生と向き合い、学生と語り、学生を尊重し、学生に学ぼうとする姿勢の中で可能になる。

繰り返すが、人間尊重の慈悲の精神は、教師が学生に教えるという一方通行の関係の中で育まれるのではない。むしろ、教師自らが、謙虚に学生の姿や生き方に学び、学生自身もまた、そうした教師自身の人格や姿勢に感化され、学ぶという双方向の関係性の中で育まれる。

(3) 主体的人間の生き方と「楽観主義」

　さて、通教生に対する池田のメッセージや励ましの中で、池田が一貫して強調しているのは、通教生は、単なる机上の学問のみに終始するのではなく、誰よりも、"人間としてのあり方"、"人間としてどう生きるべきか"を学んでほしいとの熱い思いである。以下に、その一端を紹介しておこう。

　「伸一は、創立者として、真の人間の生き方を教えたかった。本当の人間の輝きとは何かを、通教生の魂に、深く刻んでおきたかったのである。それが人生哲学として確立されてこそ、学問を生かすこともできるし人間の幸福もあるからだ。人間の道を教えることにこそ人間教育のテーマがある」(池田 2010,p.93.)、「苦難を乗り越えることが、人間教育の原点」(池田 2006,p.224.)、「『価値』を意味する英語の value の語源は何か。それは、『強い』を意味するラテン語の valere に由来しております。すなわち、『価値』と『強さ』とは密接な関係があるのです (中略)『価値ある人生』『勝利の人生』を創造しゆく源泉は、『強さ』です。『勇気』です。そして『力』です」(池田 2005,p.154.)、「通教生は、一人も漏れなく、人生の勝者になってほしいと、強く強く念じながら……」(池田 2010,p.13.)

　池田の掲げる「人間教育」の原点は、単なる言葉の上の議論ではなく、生きることの意味や現実の厳しさを直視した生き方、生活の諸課題から目をそらすことのない生命力に満ち溢れた生き方に言及している点であろう。池田の人間教育が標榜する主体的な人間像は、きわめて具体的で明快である。

　池田の人間教育論では、単なる理想の探求という次元にとどまることなく、現実主義、生活主義に裏打ちされた人間味に溢れた教育論が展開されている。人間教育という理想だけが語られるのではなく、生活にしっかりと根を張り、適応できる人間、現実の困難と向き合える強さをそなえた人間観を随所に見て取ることができる。

　こうした、いわば市井（しせい）の人の立場に立って発信された人間教育論の本質は、

いわゆる今日のポジティブ心理学でいう「楽観主義」の生き方に相当しよう。

楽観主義の生き方の特徴は、鈎が指摘しているように、「しなやかさ」「意志（勇気）」「未来志向（希望）」にある（鈎2015,pp.153-161.）。「しなやかさ」とは、ものの見方を、柔軟にうまく変えられる特性のことをいう。「しなやかさ」は、木々の枝が強風などの外からの圧力をうまく凌いで、折れないために不可欠であるように、人間が現実の困難に立ち向かっていくための重要な要素である。

「意志（勇気）」は、現実に直面する困難や人生の試練から、目を背けるのではなく向き合うこと、現実の厳しさと対峙しつつも、ひるむことなく、立ち向かおうとする資質をいう。これは、前述の池田の言う人間的「強さ」に相当するものである。そして、今ひとつの「未来志向（希望）」とは、将来を見据える力のことである。近くを見過ぎると目が疲れるのと同じように、人間は、目の前の現実の厳しさだけに目を奪われていると、落ち込みや絶望感を体験する。こうした悲観主義に立ち向かうためには、頭をあげて遠くを見つめること、少し先に目線をやる未来志向が不可欠である。そして、こうした3つの要素で構成される楽観主義の中核にある概念が、レジリエンス（resilience：逆境力）である。

このようにみてくると、池田が強調する現実生活に根ざした人間教育論は、楽観主義に裏打ちされたものであり、その目指すものは、現実の厳しさに立ち向かう強い精神力を携えた主体的、自立的人間の創出にある。池田の人間教育論は、人間を幸福へと向かわせるための方向づけが、具体的かつ明確に示されている点に特徴がある。

そのことは、「教育が知識の伝達と知識にあそぶ研究に陥ってはならない。なによりもまず、人間であることの意味を教え、真の人間としての生き方を学ぶ所でなければならない」（池田2005,p.8.）との池田の言葉に集約されている。

(4) 教育の持続可能性の探究と創価の人間教育

　終わりに、今、グローバルな視点から、あらためて教育について考えるとき、「持続可能な開発のための教育（ESD：Education for Sustainable Development）」に世界の関心が集まっている。周知のとおり、現代社会は、環境問題や人権問題、貧困問題や食糧問題、エネルギー問題や民族紛争、平和問題など、地球的規模の問題が山積している。

　人類がこうした地球的規模の問題に適切に対処し、将来にわたって、持続可能な社会を構築していくためには、'think globally'、すなわち、グローバルな視点に立った思考力や発想力、判断力が何にも増して必要とされている。その一方で、'act locally'、すなわち、地に足をすえて、眼前の身近な問題と地道に向き合い、対処しようとするバイタリティと行動力が求められている。こうした地球的規模での問題群の解決につながる新しい価値観と行動力を兼ね備えた創造的人間の育成が、これからの学校教育には求められている。

　文部科学省によれば、持続可能な社会づくりの担い手を育む教育の実現を可能にしていくためには、①人格の発達や自律心、責任感などの人間性の育成、②他者や社会、自然との関係性を認識し、関わりやつながりを尊重できるコミュニケーション力やリーダーとしての資質を携えた人間の育成、の2点を重視していく必要があるとしている（文部科学省公式サイト 2013）。

　こうしたESDに象徴される人材育成の観点は、これまで述べてきたように、池田が掲げる人間教育が志向する「知」「情」「意」の調和のとれた全体人間の育成、すなわち、常に向上心をたやさない主体性と、非排他的で人間の多様性を尊重する慈悲の精神を携えた人間像と一致している。世界の安定と将来を見据えた持続可能な社会の開発のためには、全体観に立った思考力と地道な行動力を兼ね備えた、自発的で主体的な人間の育成が求められている。

　すでに池田は、「『歴史を創る』とは『人間を創る』ことであり（中略）、『時

代を変える』とは、『人間を変える』こと」（池田 2005,p.97.）であるとして、教育は、「人間を人間として　平和と幸福へ導く　唯一の道」（池田 2005,p.124.）と述べている。また、「人材を創る。これが教育だ。その人材が平和を創る。時代を創る」（池田 2005,p.124.）として、わが創価大学には、「『人間教育の最高学府』として、人類の平和と文化に貢献する指導者を練磨しゆく、人材の大城のプライドがある」（池田 2005,p.142.）と述べている。

　2016（平成 28）年 4 月、創価大学通信教育部は、開設 40 周年の佳節を迎えた。人間主義の旗を掲げた通信教育部の重要な使命は、目の前の自身の課題と真剣に向き合い、現実生活の厳しさに勝利できる精神力と行動力、そして、グローバルな視点に立った思考力と知識、判断力を兼ね備えた人材を、社会に送り出すことにある。多様な年齢と生活体験、能力や思考を兼ね備え、さまざまな職業経験や人生経験をもつ創大通教生が、持続可能な社会を実現するために果たすべき役割は、きわめて大きい。

　教職員と学生が心を 1 つにして、向上心と学び続ける姿勢を持続し、池田が掲げた「人間教育の最高学府」としての自負心と、「人材の大城のプライド」を携えて、持続可能な開発のための教育に尽力し、人類の平和と幸福に貢献しゆく人材の輩出に邁進していきたい。

注
1) 『改正教育基本法（第 4 条）』2006 年 12 月施行。改正後の教育基本法では、前文で「日本国憲法の精神に則り、我が国の未来を切り拓く教育の基本を確立し、その振興を図るため、この法律を制定する」ことが明記された。
2) 池田大作 1998 年『大道を歩む』毎日新聞社（池田 2005,p.65.）ちなみに『学校教育法』の第 9 章「大学　第 84 条」では、「大学は、通信による教育を行うことができる」と記されている。
3) 池田 2010,p.16. なお、通信教育のはじまりが東京専門学校であることについては、池田は、「(開設 20 周年特別寄稿) 真の教育者は働き学ぶ人生の中に」（池田

2005,p.40.）の中でも触れている。
4) 池田 2010,pp.18-19. ここでは、戸田が成績優秀者を誌上で発表したこと、考査問題に挑戦した児童は、5年生が約 2000 人、6年生が約 3000 人に及んでいたこと、1941 年春の国民学校令により、小学校が国民学校に変わったことから、『小国民日本』へと改題したことに触れている。

参考文献
朝日新聞「マララさん国連演説（全文）」『朝日新聞』（デジタル版）2015 年 3 月 4 日付。
アラン（1949）『教育論』（水野成夫・矢島剛一共訳）酣燈社。
中央大学公式サイト（2016）http://www.chuo-u.ac.jp/aboutus/principle/key_message/。
デジタルパブリッシング（2007）「通信教育の歴史（1）世界初の通信教育とは」2007 年 8 月。
エマソン（1961）『エマソン選集 3 生活について』（小泉一郎訳）日本教文社。
ゴーブル，F.（1972）『マズローの心理学』（小口忠彦監訳）産業能率大学出版部。
池田大作（1970）「新しい結婚 2 子供をどう教育するか」マイライフ 昭和 45 年 5 月号。
池田大作（2005）『通信教育部開設 30 周年記念出版「学は光」』創価大学。
池田大作（2006）『新・人間革命・第 15 巻（創価大学）』聖教新聞社。
池田大作（2010）『通信教育部開設 35 周年記念出版「学は光」』創価大学。
池田大作（2015）『新・人間革命・第 24 巻（人間教育）』聖教ワイド文庫。
鈎 治雄（2010）『お母さんにエール！ 楽観主義の子育て』第三文明社。
鈎 治雄（2015）『人づきあいが楽しくなる心理学』第三文明社。
牧口常三郎（1932）『創価教育学体系・第 3 巻』（『創価教育学体系Ⅲ』）聖教文庫。
文部科学省日本ユネスコ国内委員会（2013）「持続可能な開発のための教育（ESD）」文部科学省公式サイト。
大熊信行（1975）『生命再生産の理論―人間中心の思想（下）』東洋経済新報社。
岡安博司（2005）「創価大学の開学を語る―創立者の大学構想を中心に―」創価教育研究 第 4 号 創価大学創価教育研究センター。
ラッセル（2003）『ラッセル幸福論』岩波文庫。
サン＝テグジュペリ（2012）『人間の土地（改版）』（堀口大學訳）新潮文庫。
佐藤能丸（2007）「早稲田の歴史・第 3 回 早稲田が大学になる―独特な校外生制度―」Student Affairs Division, WASEDA University。
塩原将行（2006）「創立者の大学構想についての一考察（1）通信教育部開設構想とその沿革」創価教育研究第 5 号 創価大学創価教育研究センター。
創価学会（1952）『日蓮大聖人御書全集』創価学会版。
トルストイ（1988）『トルストイ ことばの日めくり』（小沼文彦編訳）女子パウロ会。

第2章
「人間教育」の理念と「創造的人間」

杉山由紀男

はじめに

　創価大学（以下、本学という）の建学の精神の第1に「人間教育の最高学府たれ」と掲げられている。教育は人間が人間に対して行う活動であるのに、わざわざ「人間教育」と二重形容のように言われるとき、それはどのような理念なのだろうか。

　本稿では、まず幾人かの思想家・教育者に見られる「人間教育」の理念とそれらが登場してきた歴史的・社会的背景を社会学的に概観し、次にそれらを踏まえて、今後一層の「人間教育」が成り立ち、推進されるための社会的条件について考察する。さらに本学創立者の池田大作が「創造的人間」を本学の永遠のモットーにと提唱したことを踏まえて、「創造的人間」の具体像について考察し、この「創造的人間」の育成が「人間教育」のための社会的条件に基づいた教育であり、また本学が掲げる「人間教育」の内実であることを明らかにしたい。

　なお、本稿では、古来の人間観や教育観の詳細な歴史的考察は行わない。これには先行の諸研究が多く存在するから、むしろそれらを踏まえ、人間観やそれに基づく教育観の概括的な歴史的変化との関係で「人間教育」を段階的に定義し、池田が掲げる「人間教育」の理念の内実そのものを中心的に考察したい。

1. 集団のための教育から個人のための教育へ
──人間教育の第 1 段階──

　「教育」の語義について、国語辞典や社会学辞典、教育学辞典を見ると、大きく 2 つのことに気づく。第 1 に、教育は意図的な働きかけであるが、広くいえば、意図せざる影響や結果でもあること。第 2 に、教育はそれを受ける人間個人のためであると同時にその個人が所属する集団や社会のためであることである。たとえば国語辞典では「教え育てること。人を教えて知能をつけること。人間に他から意図をもって働きかけ、望ましい姿に変化させ、価値を実現する活動」(『広辞苑』第 3 版、岩波書店) また、「広義には人間形成に作用するすべての精神的影響をいう。その活動が行われる場により、家庭教育、学校教育、社会教育に大別される」(『大辞林』三省堂) などの記述が見られる。社会学辞典では「人間の学習・発達・成長を援助・促進することを志向して行われる意図的な働きかけ・営み。教育は社会生活に必要な能力や態度の形成を通じて、社会の存立を可能にしている」(『社会学小辞典』有斐閣)、また教育学辞典でも「社会は自らを維持し、発展させるために、今までの経験の蓄積、すなわち知識・技術・規範・信条・慣習などをその成員に伝達し、その社会に適応するよう働きかける。逆に個人は、そのような制度・慣習・規範・法律・知識・技術などの文化的諸条件のもとに、自己を形成し、自己の基本的欲求をその人間関係の中で実現するように成長する。このような全体的な人間形成の社会的な過程を広い意味で教育と呼ぶことがある。しかし、教育を固有の意味に解するならば、それは個人あるいは特定の機関が、一定の理想あるいは価値を志向して、未成熟な子どもや青年を指導して、社会の維持と発展のためにする意識的な活動をいう」(『岩波教育小辞典』岩波書店) といった記述が見られる。

まず、これら2点のうち、教育は個人のためであると同時に社会のためであるという後者の点を取り上げたい。考えてみれば、教育をまったくの私人に任せて、国家や社会がこれに何の干渉もしない、あるいは何の援助もしないような社会は存在しない。このことだけでも教育が個人のためだけでなく、それを行う社会自体のためであるという両面を持っていることを首肯するに十分である。そしてこの両側面は、社会や国によって、そして時代によってさまざまに異なるとはいえ、社会学的に概観するとき、その重点が歴史の歩みとともに、ある一定の方向に大きく変化してきたことがわかる。すなわち、もっぱら社会や集団の維持のために行われる教育から、人間個人に焦点をあて、個人の成長・発展のために行われる教育へのシフトである。

　周知のように、「個人」の登場は西欧近代以降のことである。といっても古来、個人が存在したことはもちろんであるが、それは生物学的な意味での個体ではあっても、社会科学的な意味での、すなわち自立した人格や精神、理性や人権を備えた「個人」ではない。したがって、この段階では、人間個人のための教育という考え方は、論理的にも成立不可能である。人類史的にみれば、とりわけ原初の社会においては、人間は基本的には集団・社会の一員としてあり、もっぱらその役割期待を引き受けて行動する存在であったといえる。そもそも男女が子どもを産み育てるのは、生業を担う後継者を育て、共同体を維持していくためである。子ども自身の幸福のためではない。人間は誕生の出発点からして社会のために存在し、したがって教育はもっぱら人間が集団における役割を獲得し、社会統制過程に参入することで集団の秩序を維持するための活動としてあったといってよい。そこには、個人の自己実現という観点は基本的に欠如している。しかしまた、こうした近世・近代以前にあっても人間個人についての反省的思考や人間の尊厳の思想は存在した。ギリシア、ローマの哲学、キリスト教、仏教などの哲学的思考の中にはそのような要素が見られる。たとえばフロムは「権威主義的宗教」と「人道

主義的宗教」という区別を用いて、前者においては、人間が自分を超える力によって支配されるということについての認知があり、後者においては人間の目的は最大の無力さを知ることではなく最大の力を達成することであると認知されているとし、後者の例として初期の仏教、道教、イエス、ソクラテスなどを挙げている（Fromm1950）。

　しかし、これらの思想は天才的な個人や一部の人々の精神に宿ったのみで、社会一般の人々の共有観念とはならなかったし、行動様式としても現実化しなかった。キリスト教のように多くの信者を獲得した宗教にあっても、その思想は、周知のように、人間個人の重視から集団（＝教会）重視のものへと変質していった。ところが、ヨーロッパ社会が、ルネサンス、宗教改革、そして資本主義的産業化の発展をとおして大きく変動していく過程で、「個人」が登場し、市民社会の形成とともに次第にその存在を大きくしていく。この長い歩みの中で、ようやく近世・近代になって、一部の階級の人々にそれらが共有されるための社会的基盤ができ始め、それとともに人間個人に焦点を当てた教育観が登場してくることになる。

　たとえば、『大教授学』の著者として知られ、17世紀に活動したコメニウスは「特筆するべき例によれば、幼い頃に猛獣にさらわれその間で育てられた人間は、猛獣以外のことを何も知りません。（中略）何の教育も受けず　あるいは過った教育を受けるならば、地上に生ずる・すべての動物のうちでもっとも凶暴なものとなる。以上のことは皆、すべての人に教育（culture）が必要なことを物語っております」（コメニュウス1962,pp.84-85.）と述べ、学校の重要性を強調した後、「本来の目的に完全にこたえる学校と申しますのは、本当に人間の製作所（Hominum Officina）といえる学校のことです。それは学習者の精神が、知恵の輝きを満身に浴びて、すべてあらわなるもの　かくれたるものをもやすやすと貫いて行けるようになる学校のことです」（同上,pp.110-111.）と記している。

次に17世紀そして18世紀初めを生きたロックは、「身体が精神の命令に従って実行できるように、体力と活力とを保持するための適切な配慮が払われたならば、次の主要な仕事は、どんな場合にも理性的被造物の威厳と優越性とに相応しいこと以外には決して同意しないような正しい精神を作り上げることである。(中略)子どもの精神を形成すること、および一生涯に影響を及ぼすようなことについては早くからその方針を定めること」(Locke1989,p.20. 訳 p.39.) と述べている。

「自然人」を強調した18世紀の人ルソーは「自然人は自分がすべてである。かれは単位となる数であり、絶対的な整数であって、自分にたいして、あるいは自分と同等のものにたいして関係を持つだけである。社会人は分母によって価値が決まる分子にすぎない」(Rousseau1966,p.39. 訳 p.27.) と語り、「自然の秩序のもとでは、人間はみな平等であって、その共通の天職は人間であることだ。だから、そのために十分教育された人は、人間に関係のあることならできないはずはない。(中略)両親の身分にふさわしいことをするまえに、人間としての生活をするように自然は命じている」(*ibid.*,pp.41-42. 訳 p.31.) と主張する。

18世紀そして19世紀初頭まで活動したカントもまたこう述べる。「教育学または教育に関する講義は、自然的教育のものと実践的教育についてのものがあります。自然的教育とは、人間と動物とに共通しているところのもの、すなわち養育のことです。実践的ないしは道徳的教育とは、人間がそれによって陶冶されて、自由に行為する存在者として生活できるようにするところの教育のことです。(中略)実践的教育とは人格性のための教育、自分自身を保ち、社会においてその一員として行動するとともに、自分自身としても内的な価値をもつことができるような、自由に行為する存在者を作るための教育のことです。(中略)学校陶冶ないし指導は、人間があらゆる目的を巧みに達成するためにぜひ必要なものであります。それは人間に、個人としての

自分自身に関する価値を与えるものです」（カント 1971, p.30.）と。

　また、18 世紀後半から 19 世前半を生きたペスタロッチのいくつかの言葉を拾ってみても、「人類の陶冶における自然の秩序は、人間の認識と天賦とそして素質とを応用し使用させる力だ」（ペスタロッチ 1993, p.16.）、あるいは「人間性のこれらの内面的の諸力を純粋の人間の知恵にまで一般的に向上させることは、最も賤しい人々にとってすら陶冶の一般的目的だ」（同上 p.17.）、あるいはまた「この世の浄福は陶冶された人間らしさであり、そして人間らしさによってのみ啓蒙と知恵とそして一切の法律の内的浄福との力が働くのだ」（同上 p.19.）と記されている。

　最後にフレーベルも「万物の使命及び天職は、その本質、したがってその神的な即ち神的なそのものを発展させながら、立派につくり出してゆくこと、神を外的なものにおいて、また有限なものを通じて明らかにし、あらわすことである。知性的及び理性的なものとしての人間の特別の使命、特別の天職は、彼の本質、彼の神的なもの、したがって神と彼の使命、彼の天職とを完全に自覚し、生きいきと認識し、明晰に洞察し、もって彼の本質を自己の決断と自由とをもって自分の生活において完成し、活発にし、権限してゆくことである。（中略）教育の目的は、天職に忠実な、純粋な、完全な、したがって神聖な生活を実現することである」（フレーベル 1960, pp.10-11.）と書いている。

　彼らに共通するのは、人間個人の本質あるいは可能性への神聖視といっていいほどの信頼である。当時行われていた教育への強い批判をとおして、教育は人間を職業人あるいは社会の一員に仕立てるより以上に、人間個人として完成させるべきものだという理念を強調している。このような人間個人の成長・発展を指向して行われる教育の理念と実践を、ここでは「人間教育」の第 1 段階と呼んでおきたい。こうした理念がある程度まとまって現れるのは日本においてはさらに時代が下ってのことになるが、たとえば、渡邊が『人間教育の探究』の中で、日本の近代から現代までの教育の歩みを概観し

ながら、日本の教育の大部分が国家主導の教育だったことを指摘して、「こうした国家優先の教育の考え方に対して、まったく異なった発想をする人々がいたことも事実である。彼らはむしろ、人間内部の働きに注目し、その働きを認め、それが活発化することを助けることこそ教育であると考えていた」(渡邊 2006,pp.62-63.) とした後、「さまざまな人間教育論」として1章を設け、福沢諭吉、石川啄木、牧口常三郎らのそれを紹介・解説するとき、彼の言う「人間教育」は、この第1段階の「人間教育」を意味していよう。

2. 集団のための教育への反動とエゴイズム

しかし、これら人間個人の成長・発展を指向する教育の理念も、具体的な教育実践として社会において一般的な形で実現されることはなかった。それを可能とする社会的基盤が備わっていなかったからである。代わって現実化したのは、渡邊も指摘するような近代的国家による国家教育・国民教育であった。この点は産業革命と資本主義経済の発展を日本よりも早くに経験し、その後帝国主義的な植民地支配と世界大戦に向かっていったヨーロッパやアメリカにおいても同様であった。渡邉は、こうした産業革命期以降の社会の子ども観を「原料モデル」、形成観を「生産モデル」と名づけている（同上 pp.34-35.）。池田も、「教育とりわけ国家の近代化のための装置として発足した学校教育は、政治や軍事、経済、イデオロギー等の国家目標に従属し、専らそれらに奉仕するための"人づくり"へと、役割を矮小化され続けてきました。当然のことながら目指されたのは、人格の全人的開花とは似ても似つかぬ、ある種の"鋳型"にはめ込まれた、特定の人間像でありました。教育の手段視は、人間の手段視へと直結していくのであります」(池田2014a,p.247.) と指摘している。啓蒙思想に導かれて起こったイギリス、フランスにおける市民革命、そして資本主義的産業化の進展は、市民の権利拡大

をとおして人間個人の存在感を大きくさせたが、一方で近代国家がそれ以上に存在を大きくしていく同じ産業化の社会変動の中で、マルクスが指摘したような労働者の人間疎外もまた深刻な現実であったろう（マルクス 1964,pp.84-106.）。すなわち、個人の権利の拡大と国家目標への人間の従属は、逆説的、並行的に進んだのである。この両者の結合と矛盾としての理性・知性の変質は、20世紀前半に批判理論を展開したフランクフルト学派の社会科学者たちが指摘したとおりである（ホルクハイマー, アドルノ 2007 他）。教育について言えば、依然として「社会のための教育」という現実とその強制力の拡大がファシズムと戦争の惨禍をもたらしたといえる。

　第2次大戦後、欧米やアジアの各国は新しい時代を迎え、日本も民主主義国家として新出発した。しかし、各国は資本主義か社会主義かの社会体制の違いから東西両陣営に分かれて冷戦体制に入り、経済力と軍事力を増強させていく。日本もまたそれに巻き込まれながら、軍事力拡大への一定の制限から、経済力の拡大に国家的な政策の重点を置き、経済大国への歩みを加速させた。教育に関しては、教育基本法やそれに基づく学校教育法が制定され、人格の完成を目指す、いわば人類的な教育を指向する国民教育が目指されたが、日本の社会が実際に育て上げたのは、結果としてこの日本の経済発展を支える人材であったといえる。しかしこのプロセスは激しい受験競争と学歴獲得競争を通じて行われることになり、個人の意識としては、戦前の国家主義的教育への反動もあってか、日本の社会の発展のためというよりは、経済的に豊かな生活を送りたいという指向性の強いものであった。

　1994年に旧総務庁が15歳までの子どもを持つ親各国1000人ほどを対象に行った国際比較調査によると、子どもに将来どのような生き方をしてほしいかを8つほどの選択肢から1つを選ぶ質問に対し、「幸福な家庭を築く」が日本62.0％、アメリカ44.0％、韓国40.3％と最も多く、次いで「自分の個性や趣味を生かした生活をする」が、日本25.6％、アメリカ48.7％、韓国

43.2％であり、3位の「社会のために尽くす」は日本 5.0％、アメリカ 1.6％、韓国 7.4％と極端に低くなっている（杉山 2004a,p.124. 参照）。寺島は、「極端な抑圧や統制のない戦後という時代を生き、日本人として初めて『自分の人生を自分で決めうる世代』となったのが団塊であり、それが『私生活主義（ミーイズム）』への傾斜という価値観を身につけさせたといえる。それを『柔らかい個人主義』として評価する論者もいたが、個人主義が全体の強制にも屈せぬ思想・哲学にも繋がる強靭な意思であるのに対し、団塊が身につけたのは『他人に干渉されたくも、したくもない』という程度の私生活重視のライフスタイルのようなものだったと思う」(寺島 2006) と指摘する。池田も「人間は"個"であると同時に"人倫"（人と人との秩序関係）であること、"個"が真の"個"たらんとする、つまり「人格の完成」をめざすための場は"人倫"の中にしかあり得ないこと、(中略) ひとことでいえば、個性や自由をいうあまり、"個"を"私"へと矮小化させてしまう、人間のエゴイズムというものに対して、あまりにも無防備、無警戒でありすぎました」(池田 2014,pp.244-245.) と指摘する。筆者自身も高度成長期に学校教育を受けたが、「何のために学ぶのか？」と教師に問えば、「君自身のためだ」という答えがもっぱらで、「人格を磨き、持てるものを最大限に発揮するため」「自分のためだけではなく、人や社会に役立ち、尽くせる人になるため」といった答えや発言にはほとんど接したおぼえがない。おそらく多くの家庭の親にしても同じ答えをする場合がほとんどだったのではないか。"知育偏重"とよく指摘される学校教育の現実の中で、知育と徳育の分離が一層進み、こうして、経済大国という国家的ないし国民的目標達成を担う人材の育成は、他方で、人々の意識の上では、大きく利己主義のほうに振れたといってよい。

　このような教育の結果的な現実には、多くの研究者も指摘するように、社会の変化によるさまざまな背景がある。最も基底的な変化はやはり産業化の一層の進展であろう。すなわち、明治期以降じわじわと拡大していく職住分

離によって、戦前そして戦後、特に高度成長期をとおして、家庭がもっぱら消費生活の場となり、農業などの家業を軸に家庭生活が営まれていた時代から永く行われてきた家庭教育＝職業教育が成り立たなくなったことである。家庭教育＝職業教育の中で叩き込まれてきた職業道徳が人間としての道徳性の基盤を作ってきたその機能をもはや演じえなくなり、代替機能を果たす他の場所や機関を社会が用意できないまま、家庭はある種の道徳的空白地帯となってしまったといえる。さらに産業化・脱産業化の進展による多様な職業の登場による社会移動の増大は、親が子どもに対して将来の職業人としてのロールモデルを提供できなくなり、親の側は子どもをどう育てるべきかに迷い、一方、子どものほうもどう生きればいいのか"自分探し"をせざるを得なくなった。さらに、家業の衰退は子どもを家業の後継者としては不要なものとし、人々の意識の中で子どもの社会的な位置づけが不明瞭になり、ここからまた結婚と出産の意味をも曖昧化させた。また、職業の多様化による地域社会の生活の共同の喪失は家族を孤立化させ、家族と地域両方の教育力を低下させた。池田も「人間とは、広い意味での教育によって人間に成ることのできる存在であるとすれば、人間が真に成熟していくためのシステムそのものが、現在のわが国では、機能不全に陥っているのではないでしょうか」(同上 p.241.) と警鐘を鳴らす。

3. 新たな「人間教育」とその社会的条件
　　　　　　　　　　──人間教育の第2段階──

　人々の意識におけるこのような利己主義ないし私生活主義は、家族と地域が人々にとっての存在感を弱めてその教育力を低下させたこと、一方で人権の拡大による自由と平等への人々の希求の高まりが自らの所属する集団の目標や規範への同調を難しくさせ、従来の狭い家族主義、地域主義、民族主義、

国家主義などの集団主義的な生き方に次第に魅力を感じなくさせたこと、そしてそれらの結果として、人々が社会の一員として生きるに必要な集団的基盤を見失い、生きる目標を確かなものに定められずにさ迷っている姿に思えてならない。これまでの狭い集団の枠を越えて、人、物、金、情報が地球規模で交流するグローバル化と高度情報化がこれに拍車をかけていることも否めない。

しかし、このような状況こそが、逆説的に「人間教育」の社会的条件の準備を可能にすると考えられる。まず、家庭教育と地域教育の弱体化に気づかざるを得ない現実は、人々に学校教育の意義の重大性を認識させる機会を提供するだろう。すでに20世紀の初め、いわゆる新教育運動を担ったデューイは、かつて生産の場としての各家庭がもっていた生活上・教育上の訓練の機能が、産業化の進展によって家庭から奪われていく現実を前にして、これを学校教育に大きく導入して、学校を、子どもたちの知的関心を育てながら同時に社会性と道徳性をも育んでいく拠点とすることを試みた（Dewey1949,pp.3-84. 訳 pp.17-111.）。また、デューイから多くを学んだ牧口も、すでに昭和の初期に「社会学的社会観により、学校が一個の社会として経営されて、教育殊に道徳教育の源泉とならねばならぬ」（牧口1972,p.10.）と気づいていた。戦後の家庭科の教科化とその後の必修化も、かつて家庭で行われていたことを学校で行う必要が生じたことを物語っていよう。そしてさらにもう一歩先に進み、学校が教育の拠点として重要であるという場合の「教育」が、この後見るように、「人間教育」として認識される可能性が広がっている。というのは、先に触れた経済生活をはじめとする社会生活のあらゆる領域でのグローバル化の進展が、狭く閉じた家族、地域、学校、職場、民族、国家の一員としてのみ生きることを、人々に次第に許さなくなってきているからである。人々はこれらの集団の先に「人類社会」を見出しつつあるといってよい。個人の生活は、その目標として「人類社会」を見出すことが

可能となってきている。教育について言えば、あらゆる集団の目標や価値の差異を超えて、人類に普遍的な目標や価値としての生命の尊厳、人権、平和、そして「人間主義」を指向して行われる教育が次第に成立可能になっているといえる。

かつてルネサンスや地理上の発見の時代に人々の意識の中に「世界」が姿を現してきたといわれる（ジンメル 1980,p.432.,Fromm1969,p.62. 訳 p.57. 参照）。ただ、それは一部の知的階級の人々に、きわめて観念的・理念的なものとして現れたにすぎないものであろう。現在の私たちは、グローバル企業だけでなく、国連等の多くの国際機関、インターネットなどの地球的な情報通信網などの存在によっても、人類社会を現実的なものとして次第に意識できるようになっている。

しかしまた、人々は、自分の家族、地域社会、学校、職場、民族、国家等を全く離れ、これらを無視して「人類社会」に生きることはできないであろう。では、身近な集団を離れることなく人類の一員として生きることを教える教育はどのようにして可能であろうか。この点で大きな示唆を与えてくれるのは次の牧口とデュルケムの視点である。デューイと同様に、あらゆる学問と教育を地理において統合すべきことを主張した牧口は、世界を正しく観察する起点として郷土に大きな意義を見出して、「郷土観察が、公平に世界を達観する上において、はた正当に各自生活の立脚点を自覚する上において、欠くべからざるはもはや別言を要せざるべし」（牧口 1971,p.29.）と主張し、また「吾人が狭隘なる国家主義の一極端に偏すべからざるとともに、汎愛虚妄なる世界主義の他の極端に陥るべからざるは、もってみるべからざるや」（同上 p.28.）とも述べている。

また、牧口が創価教育学を構想するにあたって大きな影響を受けたデュルケムはこう主張している。「一部の一元論者が何と言おうと、家族、国家、人類という3つの集団にたいする各々の感情は決して矛盾し合うものではな

い。(中略)家族は国家と異なる仕方で個人を包み、国家とは異なる道徳的要請に応えるものだ。家族と国家の間に二者択一の必要はない。そして、人間は、この三重の作用に、同時に服しないかぎり、道徳的には完成されえないのである」(Durkheim1974,pp.62-63. 訳 p.109.)。また「すべての社会のうちで最高位を与えられ、特に優れて道徳的行為の目的たりうるのは、政治社会、すなわち祖国、それも人類という理念の部分的権限としてとらえられた祖国である。近代意識が要求する祖国は、自己の特殊利益以外に規準を認めず、あらゆる道徳的規準の拘束を無視するところの、嫉妬深く利己的な国家ではない。祖国が道徳的価値たりうるのは、現実に実現されておらず、またおそらく今後も実現不可能であろうけれども、あくまでわれわれが接近しようと目指している究極理想たる人類社会(la société humaine)に対して、国家が最も近い距離にあるからである。このような祖国の概念をいわゆるユートピア的夢物語だと考えてはならない。歴史を見れば、この理想が現実のものとなってきていることがわかるであろう」(*ibid.*,pp.68-69. 訳 pp.115-116.)と洞察している。

　すなわち、両者の主張に見られるのは、人々が所属する家族、地域社会、学校、職場、国家などの集団は、それ自体として閉じられたものとしてでなく、人類社会という最高位の実在に位置づけられ、開かれて捉え返されたとき、その集団における活動をそのまま人類的価値の実現に繋げていくことができるとする視点である。これは、デュルケムや牧口の時代には、現実的にはまったく困難なことであったろう。しかし、社会の変化は、いまや私たちがより容易にそれを実践できる条件を与えてくれている。こうして両者の主張から、私たちの意識が身近な集団を人類社会に向かって開くとき、私たちはそれらの集団の手段や犠牲となることなく、純粋にその目的となることができるという見通しを得ることができる。この人類社会を基盤としてその普遍的な目標と価値を指向する教育を、「人間教育」の第2段階としておきたい。

　しかし、人類社会はようやくその輪郭を現したばかりである。その実感は

まだ多くの人々の中には確かなものとして存在してはいないように思われる。人類社会の現実化にはまだ時間がかかる。池田が本学の建学の精神として掲げる「人間教育」の理念は、この人類社会の現実化を先取りして、これを学校（大学）教育として意図的に展開していこうとするものであろう。そこで、池田の「人間教育」観を次に考察していきたい。

4. 本学の建学の精神と「創造的人間」

　池田の著作は膨大であり、ある意味ではそのすべてが教育に関連するものといってもよい。ここでは、池田が本学の永遠のモットーにと提唱する「創造的人間」の理念の中に彼の「人間教育」観が凝縮的に表現されているとみて、これに関連する本学での講演と、2つの「教育提言」を中心に見ていきたい。

　池田の「創造的人間たれ」と題する講演が行われたのは1971年4月の本学第3回入学式においてである。まずこの講演の要点を整理しておきたい。創立者として本学での初となるこの記念講演で、池田は本学開学の趣旨を「建学の3精神」とりわけ「新しき大文化建設の揺籃たれ」に即して明らかにし、この趣旨に適う大学の学生は「創造的人間たれ」と呼びかけたのである。冒頭、新入学生に対して「創価大学は皆さんの大学であります」（池田 2014b,p.88.）と、本学が学生中心の大学であることを宣言している。続けて「同時に、それは、社会から隔離された象牙の塔ではなく、新しい歴史を開く、限りない未来性をはらんだ、人類の希望の塔でなくてはならない。ここに立脚して、人類のために、社会のために、無名の庶民の幸福のために、何をなすべきか、何をすることが出来るのかという、この一点に対する思索、努力だけは、永久に忘れてはならない」（同上 p.88.）と述べる。まず講演冒頭のこの箇所に「建学の精神」が端的に表現されていよう。すなわち「社会か

ら隔離された象牙の塔ではなく」が「人間教育の最高学府たれ」、「新しい歴史を開く、限りない未来性をはらんだ、人類の希望の塔」が「新しき大文化建設揺籃たれ」、そして「人類のために、社会のために、無名の庶民の幸福のために、何をなすべきか、何をすることが出来るのかという、この一点に対する思索、努力」が「人類の平和を守るフォートレスたれ」の言い換えであろう。ここには、大学で学び教育を受ける目的が、人類社会という基盤に関連づけて論じられている。しかし、「社会から隔離された象牙の塔ではなく」の「社会」が直ちに「人類社会」ではないであろう。「人類のために、社会のために、無名の庶民の幸福のために」の表現からも分かるように、身近な人々や社会が人類社会に開かれて捉えられているのがわかる。先述した第2段階の「人間教育」の理念ということができる。

　講演はこの後、大学と文化の関係を世界史の中に探る作業の中で、文化の興隆の淵源に一個の大学があるとするユニークな視点を展開していく。その根拠として3つの事例が挙げられる。まず第1に、イタリアを中心に花開いたルネサンスの淵源に12世紀の大学の発生があったことが示され、「このルネサンスはどうしておこったのか。（中略）その前段階として、より深い地盤からの胎動がそれよりもいちはやくおこったことに気づくべきであります。それは、学問の大復興であります。（中略）心ある歴史家たちは、この学問におけるルネサンスを『十二世紀のルネサンス』と呼んでおります。大学が発生したのは、実に、この十二世紀におけるルネサンスにおいてであります」（同上 pp.89-90.）と論じられる。その際、「大学とは本来、建物、制度から出発したのでなく、人間的結び付きから発生したものであると、私は考えるのであります」（同上 p.91.）として、大学での学問と教育の人間的な原点ないしは基盤が強調されている。第2の例として古代インドのナーランダの仏教大学を取り上げて、「この大学を源流として、東洋の精神文化、特に、インドから中国、日本へと渡った仏教文化の偉大な潮流をたどることが出来るのであ

ります。(中略) 世界に誇る東洋の精神文化の淵源がここにあるのであると、私は確信せざるをえないのであります」(同上 p.94.)と論じられる。さらに、第3の例として、ルネサンスを含むヨーロッパの文化的淵源をプラトンのアカデメイアに見出す視点が示され、「このプラトンのアカデメイアは紀元前四百年ごろ創設され、以後、ローマ皇帝によって閉鎖させられるまで約九百年間、ヨーロッパの精神的源流となっております」(同上 p.97.)と結論されている。

そして次に、これらの大学を源流として流れてきた現代の文化あるいは文明の現状が危機意識をもって捉えられ、「現代文明はある意味において、まさに転換点に立っているといっても過言ではありません。それは、人類が果たして生き延びることが出来るのかどうかという、重大な問題提起もはらんでおります。戦争兵器がもつ平和への脅威はもちろん、進歩に対する誤った信仰が、人類の死への行進を後押ししている現代であります」(同上 pp.104-105.)と論じられる。同じ認識は他の講演でも、「今日、このスコラ哲学の時代に始まった一連の文化発展の長い歴史は、肥大化し奇形化した醜い姿の中に、悲劇的な終末を迎えようとしております。人間性の喪失、公害に象徴される文明のゆがみは、もはや誰人の目にも明らかであり、文化創造の源であった大学もまた、深刻な崩壊の危機に直面している」(池田 2014c,pp.120-121.)として示されている。そして、こうした現代にあってこそ、再び新たな人間復興が必要であると主張し、ではこの新しい人間復興の文化をどのように確立していくのか、池田は、これまでの歴史における大学と文化の関係の同じ方程式に則って、1個の大学を源流としてこの人間復興の新しい文化を築いていくべきことを提案する。「ここで私は、このネオ・ルネサンスともいうべき人間復興への要請に対して、今こそ、その重要な分野として、哲学・思想・学問におけるネオ・ルネサンスを必要とするのではないかと、考えるのであります。学問への新たな意欲を人類が注ぐならば、(中

略）新たな人間賛歌の文明が築かれていくことと信じるのであります」（池田 2014b,p.105.）として、本学創立の趣旨がそこにあることを次のように示す。「この、これからなさねばならない壮大な人類の戦いの一翼を、創価大学が担うならば、そして少なからぬ貢献をなしうるならば、創価大学の開学の趣旨も結実したと、私はみたいと思うのであります」（同上 pp.105-106.）。同じ趣旨はこの講演と同年に行われた別の講演でも「今日、このスコラ哲学の時代に始まった一連の文化発展の長い歴史は、肥大化し奇形化した醜い姿の中に、悲劇的な終末を迎えようとしております。（中略）この終わろうとしている一つの時代から、次の新しい時代の開幕のためには、新しい大学が必要でありましょう。否、大学という"形"は副次的なものかもしれない。大事なのは、新しい哲学であり、現代の、いい意味でのスコラ哲学の興隆であります」（池田 2014c,p.121.）と述べられている。

　こうして「新しき大文化建設の揺籃たれ」という本学の建学の精神の含意が明らかにされる。それは、見たように、縦には世界史、横には人類社会の射程で論じられている。そして「更に私は、こうした大学の本来の使命を認識したうえで、皆さん方に次のことを要望したいのであります。それは『創造的人間であれ』ということであります。我が創価大学の『創価』とは、価値創造ということであります。すなわち、社会に必要な価値を創造し、健全な価値を提供し、あるいは還元していくというのが、創価大学の本来目指すものでなければならない」（池田 2014b,p.98.）として、新しき大文化建設の揺籃たる役割を担う大学はまた「人間教育の最高学府」であり、「人類の平和を守るフォートレス」であれと池田は要請する。すなわち、ここでの「創造的人間たれ」との要請こそ、「人間教育」とは何か、その内実を示したものと捉えることができる。

　なお、上に見たような池田の歴史観そのものはここでは考察しない。あくまで池田の言葉に即して、その「創造的人間」の内実を分析することをとお

して、彼の「人間教育」観に迫ることにしよう。

5. 創造的人間の諸要素

(1) 自由と自立

「創造的人間」については、本学の第4回入学式における講演「創造的生命の開花を」をはじめ、さまざまなところで論じられている。「創造的人間」と一口にいっても、そこにはかなりボリュウムのある実質が含まれているように思われる。いま、その全体像を筆者なりに3つの要素に分解して考察してみたい（杉山 2004b 参照）。

「創造的人間」の第1の要素は「自由と自立（能動性）」である。まず、池田の言葉でこれを確認してみよう。「創造性を養うには、精神的な土壌が豊潤であることが必要であります。そして、それは精神の自由度という言葉で表せるのではないかと思う。精神が抑圧され、あるいは歪曲されているところに、自由な発想も、独創的な仕事もなされる道理がない。精神が解放され、広い視野をもっているとき、そこには汲めども尽きない豊かな発想が出てくるものであります」（池田 2014b, p.99.）。また、「勝手に考え、自由に振る舞うのが精神の自由ということではない。発想し、対話し、研磨しあうことによって、自らの視野を拡大し、より広い、より高い視点に立って物事を洞察していくことこそ、精神の自由を真に拡大する道ではなかろうかと、私は思うのであります」（同上 p.100.）と語られている。

ここでは、創造性を養う前提ないしは基盤として「精神の自由度」という言葉が使われている。それは「精神的な土壌が豊潤」「自由な発想」「精神が解放され」「広い視野」「豊かな発想」、反対に「精神が抑圧され、歪曲され」などの言葉とともに使われている。自由とは何か。多くの哲学者や社会科学者たちが論じてきたこのテーマをここで正面から取り上げることはでき

ない。池田が「自由」をどう捉えているのか、その輪郭を探るのみである。そこで、池田が中学生の悩みの相談に答えるために青年との懇談の形で綴られたものの中に、非常に平易な表現で「自由」が論じられているので、それを参考にしたい。

「**前川** 自由って、考えるとむずかしいですね。

[池田] 名誉会長 いろんな混乱があるからね。まず『自由』と『わがまま』を同じと思っている人がいる。それは違う。その時どきの気分しだいで生きることを『わがまま』と呼ぶとしたら、それは『自由』とは絶対に違う。もちろん、『わがまま』になる自由もある。しかし、自分の『自由』を、『わがまま』とは正反対の厳しい訓練や、人々への奉仕に使う人も、いっぱいいる。

前川 スポーツの選手なんかも、毎日、すごい練習です。わがままでは強くなれないですから……

名誉会長 そう。その『強くなる』ということが『自由』の条件なんだ。サッカーでも、ボールを『自由自在』にあやつれるようになるには、練習、練習、練習です。英語など外国語も、練習を重ねて、はじめて『自由』に、しゃべれるようになる。つまり、『能力』が、人間を『自由』にするんです。その『力』を勝ち取って自分のものにした人だけが、現実に『自由』になれる。

ところが、『生まれながらにして人間は自由』といわれると、そういう厳しい努力を忘れてしまう人が出てくる。『生まれながらにして自由』というのは、"権利としての自由"です。これは人類の宝です。絶対に守り抜かなければならない『人権』です。その上で、実際には、人は生まれたときには、自分ではまったく何もできずに、どんな生きものよりも『不自由』な存在です。訓練し、努力して身につける『自由』。それは"権利としての自由"とは別です。仮に"能力としての自由"と呼んでもいい。（中略）ともかく私は、みんな若者らしく、自由奔放に生きてもらいたいと

願っている。日本の社会は、小さなことを、うるさく規制しすぎだと思う。だから、かえって『自由の厳しさ』も、わからない。」（池田 2000,pp.29-32.）

ここからわかるのは、池田の捉える「自由」とは、「権利としての自由」を前提にして、その次元にとどまることなく、自ら努力して自分の能力を磨き、高め、勝ち取る「能力としての自由」である。オルテガが『大衆の反逆』の中で、権利に安住し、謙虚に学ぶこと、努力することをしない「慢心しきったお坊ちゃん」として、また「凡俗な生」の所持者として痛烈に批判した「大衆」の生き方と対極にある「少数者」の生き方を想起させられる。（オルテガ 1995,pp.85-152.）そして、その自由の獲得のために自立した人間としての能動的な努力を池田は訴える。「創造的生命を、私どもの"生き方"からいえば、自己完成への限りなき能動的実践として顕れるともいえましょう。」（池田 1996,p.137.）

また、「"知恵"とは、人間主体に根ざしたものであり、ソクラテスがいみじくも喝破したごとく『汝自身を知る』ことから発するのであります。（中略）真実の学問とは、詮ずるところ、この自己への"知"にある。創価大学が目指す学問、教育の理想も、ここにあるといってよい」（池田 2014 d ,p.132.）。さらにこう語る。「『諸君は、わたしから哲学を学ぶのではなくて、哲学することを学ぶでしょう。思想を、単に口まねするために学ぶのではなくて、考えることを学ぶでしょう』自ら考え、自ら真理を探究することを学べ！──このカントのメッセージは、そのまま創価教育に通ずる」（池田 1995a,p.204.）。ここには、自己を客観視して振り返り、絶えず努力していく自立の人、能動の人が捉えられている。そしてそれが「能力としての自由」を生み、さらに「自立」「能動」を強めていく両者の相互作用が捉えられていることがわかる。オルテガとともに大衆社会論者の一人といっていいフロムは、『自由からの逃走』の中で、自立していない人間にとっては、（権利としての）自由は耐え難い苦痛となること、それが権威への服従、すなわち自由からの逃走を生み

出すことを、当時のドイツの社会経済的なバックグラウンドとともに描き出し、ナチズムの心理的な基盤となったことを洞察して、人間には別の可能性と生き方があることを主張している。「しかし、服従が孤独と不安を回避するただ一つの方法ではない。もう一つ、解きがたい矛盾をさける唯一の生産的な方法がある。すなわち、人間や自然にたいする自発的な関係である。それは個性を放棄することなしに、個人を世界に結びつける関係である。この種の関係——そのもっともはっきりしたあらわれは、愛情と生産的な仕事である——は全人格の統一と力強さにもとづいている。それゆえ、それは自我がどこまで成長するかの限界によって左右されるだけである」(Fromm1969,p.46. 訳 p.40.)。池田も、次に見るように、自発的な「仕事」という言葉を用いている。

(2) 自己の拡大

「創造的人間」の第2の要素は、「自己の拡大」である。池田はこう語っている。「私の胸にあふれてやまぬ"創造"という言葉の実感とは、自己の全存在をかけて、悔いなき仕事を続けたときの自己拡大の生命の勝どきであり、汗と涙の結晶作業以外の何物でもありません。"創造的生命"とは、そうした人生行動のたゆみなき練磨のなかに浮かび上がる、生命のダイナミズムであろうかと、思うのであります」(池田 2014d,pp.134-135.)。また、「創造はきしむような重い生命の扉を開く、最も峻烈なる戦いそのものであり、最も至難な作業であるかもしれない。極言すれば、宇宙の神秘な扉を開くよりも『汝自身の生命の門戸』を開くことのほうが、より困難な作業、活動であります。しかし、そこに人間としての証がある。否、生あるものとしての真実の生きがいがあり、生き方がある」(同上 p.135.)。さらに「では、精神の自由度を増し、自己を拡大させていくエネルギーをどこに見いだすか。この点にくると、どうしてもまた『人間とは何か』という問題になり、人間学に戻ってこなければならない。人間のもつ潜在的な可能性を引き出し、開発し、アウフヘー

ベンさせる哲学の問題となってきてしまうのであります」（池田 2014b,p.101.）。さらにまた、フランス学士院での講演では「私は、この大乗仏教の『空』が内包しているところの、生々脈動してやまぬダイナミズムを、『創造的生命』と名づけておきたいと思います。その生命は、時間的、空間的な限界を常に乗り越え、乗り越え、小さな自己から大きな自己への超克作業に余念がありません。すなわち、宇宙本源のリズムとの共鳴和音に耳を傾けながら、日々新たなる飛躍と自己革新を目指しゆくところに、その面目があるのであります」（池田 1996,p.136.）とも語られている。

　ここで「思い生命の扉を開く」「人間のもつ潜在的な可能性」「時間的、空間的な限界を常に乗り越え」「小さな自己から大きな自己への超克作業」などの表現とともに語られている「自己の拡大」とは具体的にどのような現象を指すのだろうか。これを探るヒントを池田の「教育提言」の中に探ってみたい。そこでは、「真実の自己とは（カール・ユングが意識の表層次元の『自我＝エゴ』と深層次元の『自己＝セルフ』を立て分けたように）、『他者』と密接に結びつきながら深層次元に脈動する実在ですから、無関心やシニシズムの世界における『自己』とは、ユングのいう『自我＝エゴ』と同じく、表層次元を浮遊する閉塞的な自意識でしかありません。（中略）真のリアリティーとは、そのような自己閉塞的な次元を突き破り、『自己』と『他者』の全人格的な打ち合い、言葉の真の意味での対話を通してのみ発現され、生々躍動する精神性であり、共通感覚であります」（池田 2014e,pp.280-282.）と述べられている。すなわち、単なる理性の主体としての近代的自我というより、他者に対して開かれ、他者との結びつきの中に存在する自己である。池田はこうも語る。「人間が人間らしくあること、本当の意味での充足感、幸福感は"結びつき"を通してしか得られない——ここに、仏法の"縁起観"が説く人間観、幸福観の核心があります。人間と人間、人間と自然、宇宙等々、時には激しい打ち合いや矛盾、対立、葛藤を余儀なくされるかもしれないが、忍耐強く

それらを乗り越えて、本来あるべき"結びつき"のかたちまでに彫琢し、鍛え上げていくところに、個性や人格も自ずから光沢を増していくのであります」(池田 2014a,p.251.)。ここでは、他者に対してだけでなく、自然に対しても開かれている自己、つまり世界に対して開かれている自己について語られている。そしてそこに人間が人間らしくあることの基盤があると捉えられてる。つまり、たとえば実存主義者たちが強調した人間の実存というレベルを超えて、自立した精神をもちながらも常に他者や世界と関係し、他者や世界から吸収して、他者や世界とともに生きる自己といえるであろうか。あえて現象面で平たく捉えるなら、養老が「バカの壁」(養老 2003) と表現した「無関心の壁」を絶えず1つひとつ取り払い、関心の世界、自己の世界を限りなく拡大していくことと重なってくる。さらにイメージを具体化するために、池田自身に関する1つのエピソードをとおして、考察してみたい。筆者が参加したある研修会で、池田は参加者にこう語った。「諸君が今日この研修所にやってくるとき、道の両側に咲いていた花々は、地元の婦人の皆さんが真心こめて植えて下った花である。今私は、その方々、またご家族の健康と幸福、ご長寿を祈らせていただいた (主旨)」と。すなわち、私たちは自分の外の世界にある花という存在に気づかない場合もある。気がついてきれいだと感ずる場合もある。しかし、池田は、花をきれいだと感ずるだけでなく、それを植えてくれた人、その家族のことを思い浮かべて幸福を祈っている。自己の拡大とはこのような様相をいうように思える。

(3) 歓喜

「創造的人間」の第3の要素は「歓喜」である。池田が語るところを見よう。「その仏法上の意義はさておき、それらの菩薩が大地より涌出する態様が『舞を舞う』『立って踊る』『踊りてこそ出ず』と、力強く、生気に満ちた芸術的イメージで表象されていることに、私は深い感動を覚えるのでありま

す。そこには生々脈動しゆく創造的生命のダイナミズムが、みごとに表象されているといってよい。(中略) 菩薩の躍動しつつ出現する態様は、ひとことでいえば歓喜を象徴しております。それは単なる歓喜ではなく、宇宙の本源の法則にのっとった人生の深い探求と、社会への限りなき貢献をとおしての『歓喜の中の大歓喜』であります」(池田 1996,p.139.)。また、次のようにも語られている。「新たなる"生"を創り出す激闘のなかにこそ、初めて理性を導く輝ける英知も、宇宙まで貫き通す直感智の光も、襲いくる邪悪に挑戦する強靭な正義と意志力も、悩める者の痛みを引き受ける限りない心情も、そして宇宙本源の生命から沸き出だす慈愛のエネルギーと融和して人々の生命を歓喜のリズムに染めなしつつ、脈打ってやまないものがあるからです。」(池田 2014d,pp.135-136.)

　ここでいわれている「歓喜」の意義をどのように考えるべきであろうか。「歓喜」の意義といって思い起こされるのはベルクソンである。池田は若き日にベルクソンに大いに親しんだという。池田はあるところで、「歓喜」に関してベルクソンを引用し、語っている。「[人生の最期を] 無念の涙で曇らす人もいれば、心から満足感にひたりながら、歓喜のなかに人生の終幕を迎える人もいるわけであります。真実の人間像を歩み続けた人の生涯の回想は、当然のこととして後者であります。それは自身の生命、人生が勝利したこと、生命の歩みが力強い前進を遂げたこと、その人の行動が社会と世界と宇宙の営みに偉大な貢献を成し遂げてきたことの証拠である、と私は考えたい。では、なぜ勝どきを上げた人の生命には、歓喜の潮流がほとばしるのであろうか。生の哲学者・ベルクソンの深い洞察によれば、歓喜の潮は、創造つまり生のクリエイトによってもたらされるといいます。彼の著作『意識と生命』には、歓喜と創造の関連性が見事に描き出だされていますが、要約していうならば、創造が豊かであればあるほど喜びの生命も強まり、したがって、深い感情の嵐を巻き起こすにいたるというのであります。そこで、もう

一歩思索を深めて、創造とは何かについて考えてみると、文字どおりいままでなかったものから、新たなものを創り出していくことであります。とすると、生の創造とは生命そのものを新しく創り上げることであります。それは、自他ともに境涯を開き、生命をより豊かにしていくことにつきると申し上げざるをえない」（池田 1972,pp.103-104.）と。

ここではまず、「創造が豊かであればあるほど喜びの生命も強ま」るとして、「歓喜」は人生の勝利また創造的行為の「証拠」、いわば指標として捉えられている。すなわち、創造のあるところ歓喜ありであるから、逆にいえば、歓喜がなければそこに創造はないということになる。確かにベルクソンは、このことを「歓喜（joie）」と「快楽（plaisir）」の区別をしながら、次のように述べている。「自然は明確なしるしによって、私たちが目標に到達したことを知らせてくれます。そのしるしとは歓喜であります。私は歓喜と言っているのであって、快楽と言っているのではありません。快楽は、生物に生命を維持させるために、自然が考案した技巧的な手段に過ぎませんし、快楽はまた、生命が進んでゆく方向を指し示すものではありません。しかし、歓喜はいつも生命が成功したこと、生命が地歩を占めたこと、生命が勝利を得たことを告げています。（中略）歓喜のあるところにはどこにも、創造があることがわかります。創造が豊かであればあるほど、歓喜は深いのであります。（中略）そこで、ありとあらゆる領域において、生命の勝利が創造であるならば、芸術家や学者の創造と違って、ありとあらゆる人間がどんなときにでも追求しうる創造にこそ、人間の生命の存在理由があると考えるべきではないでしょうか。その創造とは自己自身による自己の創造であり、少しのものからたくさんのものを引き出し、無から何ものかを引きだして、世界のなかにある豊かさにたえず何ものかを付け加える努力によって、人格を成長させることにほかなりません」（ベルクソン 1971,pp.157-158.）と。

ここで語られている「創造」の指標としての「歓喜」という捉え方が、私

たちの実践に対して示唆してくれるのは、いかにささやかであっても自ら努力して勝ち取った歓喜の体験の積み重ねなくして「創造的人間」はありえないということであろう。上に見たように、池田はそれを「新たなる"生"を創り出す激闘」と表現している。そして「生の創造とは生命そのものを新しく創り上げることであります。それは、自他ともに境涯を開き、生命をより豊かにしていくことにつきる」とも語っている。

　ここからわかるのは、ベルクソンも「人格を成長させ」と表現しているように、先に「創造的人間」の第2の要素として挙げた「自己の拡大」こそが歓喜の内実だということである。日々の行為が単なるルーティーンや強制や義務なのか、それとも自己の拡大につながっているのか、その指標こそが歓喜であると捉えられている。その行為は、ひたすら自己の行為に専心しているように見えようとも、「自他ともに境涯を開き」といわれているように、他者との関わりの中で捉えられている。そして池田はその他者との関わりのより具体的な様相を「自己自身による自己の創造とは、他者と苦楽を共有し、他者の生存の力を強化するという行為のなかにのみある」(池田1972,p.105.)と語っている。ここでいわれている「他者の生存の力を強化するという行為」は具体的に何を意味するのであろうか。この点は次節で検討したい。

6.「創造的人間」の(自己)育成 ──結論に代えて──

　「創造的人間」を3つの要素に分けて考察してきた。その人間像を端的に要約すれば、努力によって獲得した自由で自立した精神が、他者との関わり合いの中で自他ともの歓喜の体験を積み重ねながら、限りなく自己を拡大し、前進していく人間と表現できるであろうか。再度の引用になるが、池田自身の表現を挙げておきたい。「新たなる"生"を創り出す激闘のなかにこそ、初めて理性を導く輝ける英知も、宇宙まで貫き通す直感智の光も、襲いくる

邪悪に挑戦する強靭な正義と意志力も、悩める者の痛みを引き受ける限りない心情も、そして宇宙本源の生命から沸き出だす慈愛のエネルギーと融和して人々の生命を歓喜のリズムに染めなしつつ、脈打ってやまないものがあるからです」（池田2014d,pp.135-136.）。ここに「創造的人間」の全体像が表現されていよう。

　では、このような「創造的人間」をどのような方法で育成するのか、あるいは自ら育成するのか。この点についての池田の考えを考察し、今後の本学におけるさらなる「人間教育」の思料としていくことをもって、結論に代えたい。なお、ここではおもに「教育提言」を中心に、池田の考えるところを次の5つの観点からまとめてみたい。第1に信念――どのような信念に立って育成するのか。第2に方法としての体験。第3に方法としての対話。第4に方法としての読書・学問。第5に方法としての行動。この5点である。

(1) 信念

　第1に、信念。どのような信念に立って育成していくのかである。池田は「教育提言」の中で、コロンビア大学のサーマンから着想を得たとしながら、「社会のための教育」から「教育のための社会」へのパラダイム転換が急務と主張している。すなわち、「人間生命の目的そのものであり、人格の完成つまり人間が人間らしくあるための第一義的要因であるはずの教育が、常に何ものかに従属し、何ものかの手段に貶められてきたのが、日本に限らず、近代、特に二十世紀だったとはいえないでしょうか」（池田2014a,pp.246-247.）として、教育の手段視を強く戒め、それは人間の手段視に直結すると述べる。そして別の「教育提言」では、「子どもたちが、社会の犠牲になることなく、その可能性を無限に広げ、一人残らず、幸福な人生を歩み通してほしい――この"やむにやまれぬ願い"こそが、創価教育学の一切の根幹を成すものなのです」（池田2014e,p.276.）と語っている。ちなみに牧口もすでに「社会が要

求する目的は同時に個人が伸びんとする目的と一致せねばならぬ。即ち真正の目的は一方が他方を手段とする事なく、一方の生存目的は他方に於いても当然として受入れられるものでなくてはならぬ。即ち国民あっての国家であり、個人あっての社会である」(牧口 1972,p.138.) と主張していた。この点は全く軌を一にしている。そして、その牧口に関連し、池田は「『人格の完成』を幸福という言葉に置き換えてみてはどうでしょうか。(中略)牧口常三郎初代会長は、(中略)時流に抗して『こどもの幸福』こそ第一義とされるべきだと断じ、教育勅語などにしても『人間生活の道徳的な最低基準を示されているにすぎない』と喝破していました。(中略)ちなみに、この『幸福』を『快楽』とはき違えたところに、教育をはじめとする戦後の日本社会の最大の迷妄があったと、私は思っております」(池田 2014a,pp.252-253.) と語る。

　ここに見られるのは、人間をいかなる目的のためにも手段にしないという固い信念と人間のもつ無限の可能性への絶対的な信頼である。しかし、「自己の拡大」の箇所で見たように、ここでの人間とは、他者との、他の生命との結びつきの中で共に生きる存在としての人間である。そのような意味での人間が無限の可能性と尊厳性をもっているという固い信念と信頼である。教師自身が子どもに対して、そして私たち一人ひとりが自分自身に対してそのような信念と信頼を持つべきであるとの主張である。これは、「人間」を捉える射程に違いがあるとはいえ、すでに見たコメニウスやルソーなどの教育思想家たちの信念に連なるものといってよいが、いまや一部の思想家だけでなく、全ての教師や人間がそうした信念を持つべきこと、そしてそれが可能な時代になりつつあることが含意されているように思われる。

(2) 方法としての体験

　第2に体験である。これは積極的な自然体験と社会体験である。「提言」を見よう。「"結びつき"といえば、人間と自然環境とのコミュニケーション

も欠かすことはできません。(中略) 牧口会長は、自然とのコミュニケーション不全は、人間に肉体的なダメージや死をもたらすだけではなく、人格形成に欠かすことのできない慈愛などの美徳をも毀してしまうであろうことを、鋭敏に見てとっていたのであります。(中略) 二十一世紀を担う子どもたち、若者たちを育てる教育には、自然とのふれあい、コミュニケーションをどう保全するかという視点は、絶対に欠かせません」(同上 pp.252-253.)。また、「学校教育の改革を通し、創造的な"学びの場"を確立することと併せて重要なのは、『社会での実体験』を通して人間性を養うための教育を行うことであります。(中略) 社会や自然と直にコミュニケートしていくには、どうすればよいか──。昨今の論議の中で、子どもたちにボランティアなどの活動を経験させる必要性を訴える意見も出ています。私は、これを『体験学習』のような単発的なものに終わらせず、継続性をもった定期的な活動として行っていくべきと考えます。(中略) 最近、青少年犯罪が多発する中で、子どもたちの暴力性や攻撃性の高まりが問題視されていますが、"何かを作り出す"建設的な活動に取り組む中で、心身のバランスのとれた成長が図られていくのではないでしょうか」(同上 pp.263-264.) と訴えている。

　この点は、すでに触れたデューイの教育実践と相通じているし、加えてデュルケムが、『道徳教育論』の中で主張したように、学校を1つの社会として体験させること、そして自然科学の教育を与えることが、子どもたちに社会と自然の秩序観、そしてそれらとの共生感覚を与え、道徳教育の上で大きな意義をもつことを主張していたことと通底している (Durkheim1974,p.125. 訳『道徳教育論Ⅱ』p.29.)。現在の日本では、「ゆとり教育」の見直しの風潮の中で、それが含んでいた自然体験や社会体験という良質な部分にも、なにかブレーキがかけられているよう思えてならない。これを体験学習程度で終わらせず、継続的なものにと主張する池田の提言は、教育実践において積極的に取り入れられてしかるべきであろう。

(3) 方法としての対話

　第3に対話。これは、さまざまな人との開かれた積極的対話である。「提言」は語る。「『自己』の内に『他者』が欠落していれば、対話は成立しません。(中略)『自己』のうちに『他者』を欠いた対話は、形は対話のように見えても、一方的な言い合いに終始してしまう。コミュニケーション不全です」(池田 2014e,p.281.)。さらに「コミュニケーション不全の社会に対話を復活させるには、まず言葉に精神性、宗教性の生気を吹き込み、活性化させていかなければならない。その活性化のための最良、最強の媒体となるのが、古典や名作などの良書ではないでしょうか。(中略) 偉大な文学作品と親しむ時間を学校教育の柱の一つとして導入することを、真剣に検討してみてはどうかと思うものです」(同上 pp.290-291.)。また本学での講演では、「激動の社会で強く要請されている力は何か。それは『コミュニケーション (他者との対話) の力』であります。(中略) 自分の中だけでは創造性は育たない。脳科学から見ても、異なる世界と触れ合うことで、脳は学習をすると指摘されております。要するに、他者との誠実な対話を重ねる人は、創造的な生命を常に光り輝かせることができるのです」(池田 2010) と述べている。

　考えてみれば、教育における対話という要素は、日本では極端に軽視されてきたように思える。筆者の経験でも、小・中・高校を通じて、そして筆者が在籍した1970年代の本学においても、公式の授業や講義の中にこれが取り入れられたことはなかった。唯一大学のゼミがそのような場であった。現在、文科省も各種のアクティヴ・ラーニングの推進に力を入れ、本学でも多くの教員が積極的に取り組んでいるが、これがさらに方法的に推進される必要があるだろう。「発想し、対話し、研磨しあう」ことが精神の自由度を増し、創造的人間へと自己を拡大させていくという、先にみた池田の視点と合わせて考えるとき、そのような良質の対話の基盤となるのが、古典などの良書へ

の親しみであるとされていることがわかる。ちなみに、池田が世界の多くの識者とこのような対話を精力的に重ね、それが数十冊におよぶ対談集として出版されていることは、教育的見地から見たとき、対話のもつ創造性という事実に一層注目すべきことを示唆してくれているように思われる。

(4) 方法としての学問・読書

　第4に学問・読書である。すでに「対話」との関係で古典や名作などの良書に触れることの重要性が主張されていたが、これは、既存の体験や学問、芸術や文化の積極的な摂取を意味していよう。これについては教育者に限らず、日本中、世界中のあらゆる人が訴え、その価値を認識していることであり、もはや取り立てていう必要はないであろう。「教育提言」では、読書の意義について次のように主張されている。「なぜ読書なのかといえば、第一に、それは読書経験が、ある意味で人生経験の縮図を成しているからです。（中略）第二の意義として、蓄えられた読書経験は、巷にあふれ返るバーチャル・リアリティ（仮想現実）のもたらす悪影響から魂を保護するバリアー（障壁）となってくれるでしょう。（中略）第三の意義として、読書は青少年のみならず、大人たちにとっても、日常性に埋没せず、人生の来し方行く末を熟考するよいチャンスとなるでしょう。」（池田 2014e,pp.292-294.）

　わたしたちが暮らす現代社会は、ICTを初めとするその驚異的な技術の進歩によって、非常に便利な生活を実現してくれている。しかし、わたしたちの生活は、便利になればなるほど、ますます忙しくなっているように思える。加えて、社会生活の諸領域がますます専門分化し、目の前にいる一人の子どもについてみても、すでにコンピューターゲームや各種のカードゲーム、スマートフォンの操作やインターネットへの接触などをとおして、それぞれが膨大な知識と技術を持つ、いわば専門家として存在しているといってよい。かつて、ジンメルが指摘した社会の諸領域の専門分化による「社会的水準」

の相対的低下、すなわち専門分化が進めば進むほど、社会の成員が共有する知識や教養の水準が相対的に低下するという現象がますます現実化しているように思われる（ジンメル1980, pp.451-484. 参照）。すなわち子どもたちは、その道の専門家としてすでに膨大な知識を持っており、学校で教わる勉強や読書などのこれ以上の知識は、かつてに比べて非常に入りにくくなっているように思えてならない。勉強や読書の大切さを思うとき、このような現実を踏まえた組織的な取り組みが、学校や大学などの教育機関に要求されよう。本学においても、授業外学習時間の確保にとどまらず、古典や良書への接触をどう確保していくのかが課題である。

(5) 方法としての行動　──他者の励ましへ：人間教育の第３段階──

　最後に行動である。これは学びとしての、言い換えるなら、インプットとしての経験・対話・学問・読書ばかりでなく、アウトプットとしての体験・対話・学問・読書である。すなわち、自らに取り入れた既存の学問や芸術、広くいえば文化を、自身と他者のために出力して再生化していく行動である。池田自身の行動で、特筆すべきは、この文化の再生化、すなわちその仏教思想の深みの中に既存の知識や思想、芸術や文化のありとあらゆるものを取り入れて位置づけ直し、現在と未来のために活かしていくという作業である。池田の著作に接して思うのは、既存の知識や思想などに対する批判よりも、それらが持っている良質な部分をいかに活かしていくかという発想である。そしてそれらすべての行動は、具体的には、他者への励ましというひとつの行動に集約されているように思える。先にみたように、池田は「自己自身による自己の創造とは、他者と苦楽を共有し、他者の生存の力を強化するという行為のなかにのみある」と語っている。ここでいう「他者の生存の強化」、これを最も平易にいい換えるなら、他者を励ますこととなろう。したがって、この行為の中に「自己自身による自己の創造」、すなわち「創造

的人間」への道があるとの謂いである。「新たなる"生"を創り出す激闘の中にこそ」創造的生命が発現すると池田が語るとき、その新たなる"生"を創り出す激闘とは、いま見たような意味での自身の行動と、そしてそれを他者を励ます行動に集約させていくことであると捉えることができる。池田の代表的な大著『人間革命』『新・人間革命』とも、全編この励ましの行動の軌跡、とりわけ後者は池田自身の励ましの行動の軌跡を描いたものと見ることができる。

　ふり返ってみると、筆者自身、小・中・高校の学校教育をとおして、他者を励ますことを意図的に、継続的に教えられたことはない。おそらく多くの人がそうなのではないかと推察する。しかし、筆者は、本学で、池田の行動と講演等をとおして、そしてそれを実践しようとする多くの学生からこれを教えられた。もちろん、励ますといっても、単純に頑張れと言うことが励ましなのではないであろう。先に引用したように「人間が人間らしくあること、本当の意味での充足感、幸福感は"結びつき"を通してしか得られない──ここに、仏法の"縁起観"が説く人間観、幸福観の核心があります。人間と人間、人間と自然、宇宙等々、時には激しい打ち合いや矛盾、対立、葛藤を余儀なくされるかもしれないが、忍耐強くそれらを乗り越えて、本来あるべき"結びつき"のかたちまでに彫琢し、鍛え上げていくところに、個性や人格も自ずから光沢を増していくのであります」と、それは対立、矛盾も孕みながら、人間的な結びつきを指向していく作業であろう。そして、この方法的な励ましこそが、これまでの第1段階、第2段階の「人間教育」の中では、あまり大きな位置を占めてこなかったものであり、創価教育の、とりわけ池田の「人間教育」の核心をなすものだと言っておきたい。考えてみれば、自分という存在はすべて宇宙のチリなどの自然やあるいは他者から受け取ったもので形成されている。したがって外部を豊かにすれば、内部が豊かになる。他者を励まし、その生を豊かにすることは、そのまま自分自身を豊かに

することになるといえる。すなわち、一言で言えば、他者を励ますことを教える教育、これこそが池田の「人間教育」であり、それをあらゆる学問や対話や経験を通じて方法的に実践しようとするのが本学の「創造的人間」育成の「人間教育」である。これをあえて人間教育の第3段階と呼んで、結論に代えたい。

しかし、この作業は、池田が「激闘」と表現するように、実に困難な作業であろう。「『創価教育』の理想の火を点された牧口先生と戸田先生。一切の淵源はお二人の師弟の絆にある」(池田 1995b,pp.88-89.) と語るように、池田が多くの機会に、人間と人間の理想的な結びつき、関係としての師弟関係に言及するとき、優れた人物や学問をいわば師として絶えず学び、謙虚に自己を磨いていく、この関係の中でのみ、「激闘」は可能となることを訴えているように思える。

参考文献

ベルクソン（1971）「意識と生命」（澤潟久敬責任編集『世界の名著53　ベルクソン』中央公論社。
コメニュウス（1962）『大教授学Ⅰ』鈴木秀勇訳、明治図書。
Dewey, J.（1949）*The School and Society*, The Universtiy of Chicago Press. Revised Edition デューイ『学校と社会』宮原誠一訳、岩波文庫、2005年改訳版。
Durkheim, E.（1974）*L'Education Morale*, P.U.F. デュルケム『道徳教育論Ⅰ』『道徳教育論Ⅱ』麻生誠・山村健訳、明治図書。
フレーベル（1960）『人間の教育Ⅰ』明治図書。
Fromm, E.（1950）*Psychoanalysis and Religion*, New Haven, Yale University Press. E. フロム『精神分析と宗教』谷口隆之助・早坂泰次郎訳、東京創元社、1971年新版。
Fromm, E.（1969）*Escape from freedom*, Avon Books；E. フロム『自由からの逃走』日高六郎訳、東京創元社、1965年。
ホルクハイマー，アドルノ（2007）『啓蒙の弁証法』徳永恂訳、岩波文庫。
池田大作（1972）「第二章担う生命哲理の伝灯者に」（聖教新聞社編『広布第二章の指針』）。
池田大作（1995a）「『自分で考える』創造的知性を」（創価大学学生自治会編『創立者

の語らいⅣ』)。
池田大作（1995b）「偉大な創造は魂の絆から」（創価大学学生自治会編『創立者の語らいⅢ』)。
池田大作（1996）「東西における芸術と精神性」（『21世紀文明と大乗仏教』聖教新聞社)。
池田大作（2000）『池田名誉会長の希望対話2』聖教新聞社。
池田大作（2010）「第40回創価大学入学式スピーチ」（『聖教新聞』2010年4月3日)。
池田大作（2014a）「『教育のための社会』目指して」（創価大学通信教育部編『創価大学創立の精神を学ぶ』)。
池田大作（2014b）「創造的人間たれ」（創価大学通信教育部編『創価大学創立の精神を学ぶ』)。
池田大作（2014c）「スコラ哲学と現代文明」（創価大学通信教育部編『創価大学創立の精神を学ぶ』)。
池田大作（2014d）「創造的生命の開花を」（創価大学通信教育部編『創価大学創立の精神を学ぶ』)。
池田大作（2014e）「教育力の復権へ内なる『精神性』の輝きを」（創価大学通信教育部編『創価大学創立の精神を学ぶ』)。
カント（1971）『教育学講義他』勝田守一・伊勢田耀子訳、明治図書、1971年。
Locke, J.（1989）*Some Thoughts Concerning Education*, Clarendon Press. ジョン・ロック『教育論』梅崎光生訳、明治図書。
牧口常三郎（1972）『創価教育学体系 第1巻』聖教文庫。
牧口常三郎（1971）『人生地理学Ⅰ』聖教文庫。
マルクス（1964）『経済学・哲学草稿』城塚登・田中吉六訳、岩波文庫。
ペスタロッチ（1993）『隠者の夕暮れ シュタンツだより』長田新訳、岩波文庫。
オルテガ（1995）『大衆の反逆』神吉敬三訳、ちくま文庫。
Rousseau, J.J.（1966）*Emile ou de l'education*, G F Flammarion：ルソー『エミール 上』今野一雄訳、岩波文庫、1962年。
ジンメル（1980）『社会的分化論』居安正訳（『世界の名著』58、中央公論社)。
杉山由紀男（2004a）「『合理的道徳教育』と国家」（大梶俊夫他編『現代の社会学　21世紀へ』北樹出版)。
杉山由紀男（2004b）「『創造的人間たれ』を読む」（創価大学創価教育研究センター編『建学の精神を学ぶ』)。
総務庁青少年対策本部編（1996）『子供と家族に関する国際比較調査』大蔵省印刷局。
寺島実郎（2006）『朝日新聞』2006年4月4日、東京本社版、夕刊。
渡邊弘（2006）『人間教育の探究』東洋館出版社。
養老猛司（2003）『バカの壁』新潮新書。

第3章

ブロンズ像の指針

――『創立者の語らい』の箴言的解読――

坂 本 幹 雄

1.『創立者の語らい』とブロンズ像の指針

　小論は、創価大学の『創立者の語らい』(池田 1995-2015) 27 巻 (既刊分)[1]を次のブロンズ像の台座に刻まれた 2 つの指針 (1:36 他)[2]から解読する。
　「英知を磨くは何のため　君よそれを忘るるな」
　For what purpose should one cultivate wisdom? May you always ask yourselves this question!
　「労苦と使命の中にのみ人生の価値(たから)は生まれる」
　Only labor and devotion to one's mission gives life its worth.
　『創立者の語らい』のその含蓄に富んだ数々の名言を提示していきたい。そして『創立者の語らい』を名言集志向の箴言的視点から解読する[3]。このアプローチからは名言集を編むプロジェクトも構想している[4]。まずは創立者の経験的・理論的根拠を探りつつ考察を加える。なお私は経済学徒であるから、経済思想の観点からも論及してみたい。
　『創立者の語らい』は、現在までにまず年代順に 23 巻が刊行されている。創価大学創立以前の 1964 年の設立構想から始まって 2013 年 3 月までのほぼ半世紀にわたる内容が収録されている。これに加えて、『記念講演篇』が

3巻、『特別文化講座・随筆・長編詩篇』1巻が刊行されている。このような『創立者の語らい』27巻は、創価大学の創立者による当該の大学および海外の諸大学・学術機関に対して発信されたものを、ハンディなサイズの新書版として一気にまとめて読むことができて、壮観な『池田大作全集』(池田 1988-2015) の中のそれに匹敵する著作集となっている。

　この『創立者の語らい』を主題とした先行研究はまだ多いとはいえないが、管見のかぎり、山崎 (2005)、伊藤 (2007)、宮川 (2007)、佐藤 (2015) 等を本格研究としてあげることができる[5]。ただし全巻におよぶ先行研究はない[6]。

　『創立者の語らい』をブロンズ像の指針から解読する。そうはいっても実際にはこの2つの指針の解読の途中で終わってしまうだろう。そもそも『創立者の語らい』の膨大な言説に対峙して、いかに解読すべきか、途方に暮れそうだった。テーマとアプローチはそれこそ多種多様にある[7]。そうした中で、『創立者の語らい』から箴言的・格言的に主題を選択すると決めたものの、さらに選択に際して何がしかの基準・視点が必要だった。早速で恐縮であるが『創立者の語らい』というテクストは学んで実践するためのものであるから、そうすると、テクストに示されているように、まさに「行き詰まったら原点に戻れ」(12:127, 特 213)、「足下を掘れ、そこに泉あり」(記 3:18,40)[8]。かくして創価大学生が校舎の入り口にあって「朝な夕なに見つめたであろう」(特 180)、「きょうも／君たちを静かに見守る／一対のブロンズ像／「天使と印刷工」／「天使と鍛冶屋」」(特 297) の台座の2つの指針から始めることにした。このようにまずまさに原点であるブロンズ像の指針を主軸として設定する。そしてこの指針から『創立者の語らい』世界の全面展開・開示に向かって歩みを進めたい。全面展開ではなく、あくまでもそこに向かうまずは第1歩の歩みである。

　そして最終的には原点であるブロンズ像の指針が『創立者の語らい』解読の単なる導入でも重要な導入でもなく、その本質にして真に原点であること

第3章 「ブロンズ像の指針 ──『創立者の語らい』の箴言的解読──」　81

を明らかにしたい。

　小論は、基本考察の後、古典引用、創価教育の創立者・牧口常三郎と創立者の恩師・戸田城聖から継承した創価思想の伝統、および仏法哲学の順に進め、各論点について、ほぼこのパターンを繰り返す。それによってより理解を深めていくこともできるだろう。そう期待したい。

2. 英知を磨くは何のため　君よそれを忘るるな

　まず「英知を磨く」と「何のため」の2つの柱を設定し考察を進めていこう。

知識と知恵の二分法

　「英知を磨く」は、ふつうに「知識を磨く」、知識の修得・知的スキルの向上を意味するものと解してはならない。「英知を磨く」とは、「知識を磨き、知恵を磨き、実力」（特251）をつけるとひとまずはトータルに解すべきだろう。さらに、しかし「知識を磨く」ことは当然の前提として、この「英知を磨く」は、cultivate wisdom [9] とも刻まれているように知恵の練磨に主眼があるだろう。知恵を発揮できる学問修行の意と解することができる。知識は「英知へと昇華しゆく知識」（1:206）でなければならない。「知識」を「人類の幸福へと使っていく」のが「英知」であり、これを伸ばさなければならない（16:148）。こう見れば「英知を磨く」の中に「何のため」が含まれていることを「忘るるな」とも解せる。そうであるならば「何のため」を問うことが「英知を磨く」ことを可能にする条件にもなっている。「何のため」を問わなければ英知は磨かれない。そうしないと知識と知恵の混同（15:42他）の弊に陥る。知識の宝庫（5:66）は活かされない。「何のため」については、後にしてまず一見して見えてくるこのような知識と知恵の二分法・二項対立図式について調べてみよう。

まず混乱のないように注記ではなくここに明記しよう。『創立者の語らい』の中では「知恵」と「智慧」の2つが用いられている[10]。引用はそのままとし、その文脈にある本文もそれに対応する。それ以外は本文中の用語は「知恵」に統一する。ただしもちろん仏教に明示的にかかわる場合は、すべて「智慧」とする。実際にもそうなっているが、これは仏教の悟りと連関するから言わずもがなではある。

　このような知識と知恵という知の二分法、両者の混同の誡めは『創立者の語らい』全体を通して一貫して強調されている。基本中の基本である。そもそも「人間教育」という創価大学の建学の精神に含意されている最重要概念である[11]。この次第を知識と知恵の混同、水とポンプのたとえ、知識の個別性と知恵の全体性、古典・著名人等の引用・関連、創価教育の創立者と創立者の恩師、および仏法哲学の順にあげていく。かくしてその中から次第に「21世紀の人類の最大の課題」(2:185)である知識⇒知恵の連結の鍵となるものが明らかになるだろう。そう期待したい。

知識と知恵の混同＝不幸の原因

　数多くあるから前半と後半から1つずつ引用してみよう[12]。まず知識と幸福の関係、知識の危険性について次のように説かれている。

　「学問は知識の世界である。幸福は心の世界である。……激動の社会で聡明に生きることは幸福のひとつの花といってよい。……学問そして教養を身につけるとともに、最も地道な、最も現実的な生活姿勢を謙虚に見極めていかなければならない。学問を身につけることは、人生を豊かなものとするために重要なことである。しかし、それが即幸福ではないことを知らねばならないだろう。」(1:7)

　知識即幸福ではない。知識は知恵の手段であって、知恵の方が幸福につながるものである。この点が次のように述べられている。

「知識は、究極的には、智慧をわきたたせるための手段である。／智慧が「幸福」を生む。智慧こそ「人を救う力」であり、人が生きていくための根源の魂である。」(21:76)

知識⇒智慧⇒幸福であって、知識⇒幸福ではない。この関係が明快に説かれているのが水とポンプのたとえである。

知恵と知識＝水とポンプ

知恵と知識の関係の印象的なレトリックがある。それが水とポンプの関係のたとえである[13]。このたとえから知識⇒知恵⇒幸福の図式がより明確となってくる。この関係について次のように述べられている。

「知識と知恵は本来、ポンプと水のような関係であり、知識は知恵の水を汲み上げる手段です。その意味で知恵が土台になっていくのであります。」(10:37)[14]

さらに前項のようにやはり幸福との関係が入ってくる。

「知識だけでは幸福はない。賢明に生きるためには智慧が必要です。知識は、智慧の水を汲み出すポンプです。智慧が幸福への近道です。」(11:98)

次はもっと詳しく述べられている部分をあげてみよう。

「「知識」と「智慧」は違う。もちろん、人間にとって、知識は絶対に必要なものです。「知は力なり」と言われるように、価値を創造するための重要な"武器"でもある。／しかし、智慧こそが、幸福と、力と、勝利の源泉なのです。／知識は、智慧の"泉"を汲み出すポンプといってよい。／知識と智慧の混同——ここに現代の大きな錯誤があります。ここに、さまざまな不幸や、戦争などの悲劇が生まれてきた原因の1つもある。……どんなに学歴を誇っても、たとえ有名な学者だとしても、知識だけの人は、困難を乗り切れない。……幸福をつかむためには、智慧が必要であり、智慧を得るためには、懸命に学ばなくてはならない。」(15:41-43)

以上のように、主として知恵と知識の二分法は幸福論として展開されていることがわかる[15]。知恵と知識の混同による不幸、現代文明の迷妄の深刻さが窺い知れる内容となっている。

知識の個別性と知恵の全体性

　「教育の目指すべき道――私の所感」（記1:174-178）では、知識の個別性と知恵の全体性という二分法が用いられている。ポイントを「全体性」＝「連関性」において、知識と知恵の調和の急務が主張されている。

　その概略を次にまとめてみよう。ミクロ・コスモスとマクロ・コスモスとは「不可分の関係にあり、絶妙なリズムを奏でている」。すなわちゲーテ『ファウスト』の「あらゆるものが一個の全体を織りなしている。一つ一つがたがいに生きてはたらいている」（Goethe1996:447-448 訳19）ように「見えざる"糸"によって結ばれた生命体としての全体像が浮き彫りに」なっている[16]。「それを感じ取ることは、古来、一つの知恵」だった（記1:174-175）。この知恵に背を向けてしまった状況が次のように活写されている。

　「ところが近代文明は、そうした知恵に背を向け、全体を絶えず部分へと分割する道をひた走ってきました。人知の発達という点から言えば、それはある意味では必然の流れであったかもしれない。しかし、その反面、物質面での多大な成果にもかかわらず、人間は自然はもとより人間同士のつながりをも断ち切られ、狭く閉ざされた、自分だけの孤独な空間の中で呻吟せざるを得ない状況に追い込まれていってしまっている。」（記1:175）

　そしてこれを学問・教育の問題場面に置き換え、「知恵の全体性」をなおざりにした「知識の個別性」の独走、幸福やよりよく生きるための価値とは無関係に知識のみが独り歩きし、肥大化している姿と位置づけられる。

　次に近代日本におけるこのような見方の先覚者として福沢諭吉が取りあげられている。「学問のための学問、知識のための知識」批判＝「物知りに

して物の縁を知らず」（福沢 1959:421-422）[17] の無為徒食論の「縁」をポイントに「全体性」が説かれる。この「縁」は「つながり」ということである。物と物との縁、物事と自分との縁を指す。すなわち「学問や知識が自分自身にどうつながり、いかなる意味を持つのかという」「全体性」への志向（ベルクソン的志向性）を指す。近代科学の発展は知識のための知識追求を発条としてきたが、核兵器や公害となれば否応なく科学者の社会的責任が問われる。「知識が、自分や人類の運命とどう「縁」や「つながり」を持つのかを問い直さざるを得なくなる」（記1:177）。すなわち知恵の全体性に回帰せざるを得なくなる。

　この後、読書論[18]を展開しつつ、古典に限らず、すべての勉学面で「知識の個別性」を「知恵の全体性」へとつなげていく努力を常に怠るなかれと誡められている。そして結論として「教育の本義」とは「自分だけ良ければ、という小さなエゴイストではなく、「知恵の全体性」を問いながら、自分の生き方を人類の運命にまで連動させゆく「全体人間」ともいうべき俊逸の育成である」と確信されている。この全体人間の強調も『創立者の語らい』の特徴の1つである[19]。

バートランド・ラッセル「知識と知恵」

　知識と知恵の二分法に関する古典や著名人等からの引用は実に多くのものがある。そうした中から、断然、文字通り「知識と知恵」（Russell1959:160-164 訳185-189）というエッセイのあるラッセルを取りあげてみよう。ラッセルの次のことばが引用されている。

　　「知識は力である。しかし、それは善に導く力であると同時に、悪に導く力でもある。したがって、人間の知識が増すと同じだけ知恵が増さなければ、知識の増大は不幸の増大になる。」（18:160, ラッセル1966:115-116）

　この「科学の社会は安定しうるか」からの引用を評して「よく咀嚼すべき

一言だ。知恵を忘れ、知識のみに偏る流れは、非常にこわい。二十一世紀に入って、その傾向は強まっている」(18:160) と警告されている。引用された『ラッセル名言集』の同頁以降にはエッセイ「知識と知恵」[20]の文章も4本ほど収録されている。その「知識と知恵」には上記の引用と同様の次のような見解がみられる。「知識や熟練が少しでも増加すれば、知恵がいっそう必要になる」(Russell1956:164 訳189)。なぜかといえば、知識の増大により目的実現能力が高まれば、目的が愚かな場合、悪を受け入れる余地が増えてしまうからであると説かれている。「よく咀嚼すべき」である上記の傍証となるだろう。

牧口常三郎と戸田城聖

創価教育の創立者・牧口常三郎と創立者の恩師・戸田城聖を外すわけにはいかない。これも数多くの中から、1つずつあげよう。まず「牧口先生の残された珠玉の指針」をあげよう。すなわち、「知識の切り売りや注入ではなく、知識の宝庫を開く「知恵の鍵」を与えゆく英知のリーダーたれ！」(5:44)。天台大師が体系化した「法華経」の生命哲学は、「尽きることのない人間教育の智慧の源泉」であるが、その「開示悟入」の法理を「教育学に敷衍し、展開させたのが牧口会長」だった。「教育の本義は、知識や情報を外から「注入」することに止まらない。知識や情報を、いかにして人々の幸福のために、人類の繁栄のために、世界の平和のために使いこなしていくのか。その主体となる、善なる智慧を、生命の内面から最大に「啓発」していくことであると、牧口会長は探究し、実践した。」(20:190)

次に知識と智慧の混同に関して何度もあげられている「恩師」のことばをあげよう[21]。

「恩師は鋭く、「現代人の不幸の一つは、知識と智慧を混同していることだ」と喝破しておりました。／「知識が即、智慧ではない。知識を開く門

にはなるが、知識自体が決して智慧ではない」と。／知識や情報や技術を、いかにして人々の幸福のために役立て、社会の平和と繁栄のために生かしていくのか。その根源の力こそ、智慧であります。」(22:127-128)

このように知識と智慧の二分法の幸福論は、創価思想の伝統であることがよくわかる。

知識から智慧へ

それではいよいよ「知識から智慧へ」の命題（記3:12）の考察に進もう。智慧の水は、わが心の泉から知識のポンプを使って限りなく汲み出していける（6:138）としてもどう作動させたものだろうか。ここが肝心要のところだが、もちろん安直な方法はない。いかに智慧を湧かせるか、その方法をひとまず読み取ってみたい。まず前述のように「智慧を得るためには、懸命に学ばなくてはならない」(15:43) が、どのように学べばよいのか。前述の「教育の本義」にすでに明示されている。

まず教師であれば学生のために「真剣になれば知恵がわく」(15:55) のだが、もっと広く民衆という視点から考えられている個所からおそらく智慧の源泉の１つがわかる。すなわち現実という母なる大地から常に謙虚に学ぶ智慧が真実の智慧である（1:166-167）。「謙虚に学ぶ」とは「常に民衆のなかに入り、民衆とともに歩むという姿勢」である（1:167）。「民衆という大地を忘れた」ならば「ひからびた色あせた」学問体系となってしまう（1:168）。

次にそれは、生命の内面から啓発されるものである。したがって、「"知恵"とは人間主体に根ざしたものであり、ソクラテスがいみじくも喝破したごとく「汝自身を知る」ことから発する」(1:97) 点に連関するものだろう。

さらに創価＝価値創造であるから、智慧⇒創造も読み込んでいくつかの主張をあげてみよう。「創造」とは「自己の全存在をかけて悔いなき仕事を続けたときの生命拡大の勝どきであり、汗と涙の結晶作業」である。「創造的

生命」はこのような「人生行動のたゆみなき練磨」(1:100) の中から開花するものである。また社会人としては、「知識を創造へと転ずる力」は「社会を担う人間としての自覚と責任」である (1:141)。「人々の現実生活を凝視し、その向上、発展のために習得した豊穣な知識を駆使するなかに、創造性の開花がある」(1:141-142)。「創造というのは、そんなになまやさしい仕事ではない」(6:139)。創造へいたる智慧は「悩みを通して」「試行錯誤の過程を通して」得られるものである (6:139)。智慧は、「真剣と責任の一念」から湧き出る (5:125,15:55)。

　以上からわかるように「何のため」ともう1つの指針とリンクしているようにみえる。最後に2つの指針を連結させてまとめて考える際に立ち戻ろう。しかしその前に「英知を磨く」の最後として仏法哲学の説く知識と智慧の関係、「知識から智慧へ」命題をまとめていこう。

知識と智慧の仏法哲学

　知識と智慧の関係につて最後に、創価思想の拠り所である仏法哲学の観点から解明されている2つの個所をあげておこう。

①有作と無作

　まず「有作」と「無作」＝知識と智慧の関係について次のように説かれている[22]。「有作」とは「直接的には、自然のままの姿ではなく、そこに何らかの作為やとりつくろいがあること」をさし、「敷衍」すれば「自然現象や社会現象を含む一切の現象面を意味」している。これに対して「無作」とは「あらゆる作為を排した自然そのものの姿、広くいえば現象面の奥底に位置する見えざる「生命の実在」ということ」である。そして「無作」が「根底に位置してはじめて」、あらゆる「有作」が「正しい創造・発展に寄与していくことができる」。「学問や知識」は、「有作」の「範疇に属する」ものである。これに対して「絶えざる価値創造の原動力としての智慧」は「無作」

である (1:167)。

② 不変真如の理と随縁真如の智

次に本門不変真如の理と迹門随縁真如の智＝知識と智慧の関係について説かれている[23]。ここでは知識＝真理と解してよいだろう。次のように智慧の意義が説かれている。仏法は、「不変真如の理」にも増して「随縁真如の智」を重視している。すなわち仏法は「時代や状況によっても変わらない真理にもとづいたうえで、刻々と変転する現実に応じて、自在に智慧を発揮していくことが大切であると教えている。」(記 3:41)

以上、まず仏法の説く知識と智慧の区別・関係を2つあげてみた。

仏法の智慧の源泉―慈悲論としての智慧論

それでは「すべての人間生命に内在する、尊極の智慧を開発しようとする仏法」(記 3:67) の智慧論を見ることにしよう[24]。「知識から智慧へ」命題、智慧よく知識を活かす智慧とは、まさに「仏の智慧」である。1995年6月の「平和と人間のための安全保障」と題したハワイ「東西センター」記念講演 (記 3:5-33) と同年11月の「人間主義の最高峰を仰ぎて―現代に生きる釈尊」と題したネパールの国立トリブバン大学記念講演 (記 3:34-55) の中でこの論証が「慈悲論としての智慧論」として以下のように仏教説話、法華経、および『日蓮大聖人御書全集』(日蓮 1952) という仏典を用いて展開されている。

① 「知識から智慧へ」命題

「仏法の出発点」は「抜苦与楽」＝「慈悲」である。これが智慧の源泉である。法華経は次のように宣言している。

「応に其の苦難を抜き、無量無辺の仏の智慧の楽を与え、其れをして遊戯せしむべし」(記 3:9, 創価学会教学部編 2002:173)

さらに「一生成仏抄」の次の一節から仏法の智慧が位置づけられる。

「仏教を習ふといへども心性を観ぜざれば全く生死を離るる事なきなり、若し心外に道を求めて万行万善を修せんは譬えば貧窮の人日夜に隣の財を計へたれども半銭の得分もなきが如し」(記 3:13, 日蓮 1952:383)

この「象徴的事例」が示すように仏教をはじめとする「東洋的思考の特徴」は、「一切の知的営為」が「自己とは何か」「人間いかに生くべきか」という「実存的、主体的な問いかけと緊密に結びついて展開されている点」にある (記 3:14)。

各勢力が歴史的見地から差異を強調しあい、自己の正当性を言い立てていては、とても収拾がつかない。「武器を持つから恐怖が生じる」と「生死」を説いた「釈尊の勇気ある対話が垂範する如く、人間を分断するのではなくして、人間としての共通の地平を見出そうとする智慧」が「平和と人間のための安全保障」のために「要請されている」点である。要請される智慧は「思い切った精神の跳躍」である。「仏教は、そのための無限の宝庫」である (記 3:16)。

智慧の源泉は、仏法の「小我」と「大我」の図式を用いて次のようにも説かれている[25]。智慧は、「汝自身の胸奥に開かれゆく「小宇宙」そのものに厳然と備わっている」＝「足下を掘れ！ そこに泉あり」。この智慧は、貪瞋癡の三毒のような「欲望や憎悪にとらわれた、個人的自我としての「小我」を打ち破り、民族の心の深層をも超えて、宇宙的・普遍的自我である「大我」へと生命を開き、充溢させていく」源泉である。

そしてこの智慧の発動は、前述のように慈悲・勇気・対話から可能となる。すなわち「人間のため、社会のため、未来のため、勇猛なる慈悲の行動に徹しゆく中に、限りなく湧きいずるもの」である。要するに智慧は「菩薩道」を通して「薫発」されるものである。「エゴイズムの鉄鎖」が断ち切られる (記 3:17-18)。

大略、以上のように仏法の智慧の意義が明らかにされているのだが、この

部分の最後の一節はさながら名作映画の鮮やかなラスト・シーンのようである。次のように凄い。
　「その時、もろもろの知識もまた、地球人類の栄光の方向へ、生き生きと、バランスよく回転を始める。」（記 3:18）
　まさに智慧よく知識を活かすである。
② 智慧の大光
　釈尊の放つ「智慧の大光」として「生命の宝塔を輝かせよ」と「民の心に聴く」との２つのメッセージがあると主張され、以下のように展開されている。
　人類の窮状に対する釈尊の智慧は、汝自身の生命の開発＝人間革命に立ち返っていくことが最も重要であることを提起している。仏典には「過去の因を知らんと欲せば其の現在の果を見よ未来の果を知らんと欲せば其の現在の因を見よ」（日蓮 1952:231）とある。この仏典は「いたずらに過去にこだわらず、また未来への不安や過度の期待に引きずられることなく、"今、現在"の自己の充実と確立こそ第一義であることを啓発している」一節である。これは「刹那に永劫を生きよ」、そして前述と同じく「足下を掘れ、そこに泉あり」という「凝結した生き方の提示」である。かくして釈尊は「今この瞬間」に「生命の宝塔」を輝かせ、進歩の未来を照らすよう説いていた（記 3:38-40）。
　自在に智慧を発揮できる「行き詰まりのない智慧の源泉」は釈尊の仏教説話、法華経法師功徳品に見られる「民の心に聴く」という姿勢、徹した「対話」から生まれるものである。智慧よく知識を活かす＝「価値創造の道」である（記 3:41-44）。さらに「釈尊の遺誡」である「心の師とはなるとも心を師とせざれ」の「心の師」となるものこそ、「人間生命の内奥より薫発され」る「智慧」である。この「智慧」は、「人間のために、民衆のために」という「慈悲」の「泉があってはじめて、限りない作用がある。」（記 3:46）

大略、以上のように釈尊の「智慧の大光」が明らかにされ、この後、慈悲論としての使命論が展開されているが、この点については後述する。それでは次に「人間のために、民衆のために」という「慈悲」の「泉」⇒「何のため」の方へ進むことにしよう。

何のため――原点論

　「何のため」という「原点」を「見誤ったところから、現代のさまざまな崩壊が始まっている」(16:137)。この後半の「何のため」について、原点論の観点から考えてみたい。「何のため」との目的が疑問形・問いかけの表現になっている。名言たるゆえんである。ほかならぬ「君よ」。「忘るるな」。この問いを銘記せよ。名言たるゆえんである。「何のためにこの大学に来て勉強しているんだ」と若き学徒は目的 For what purpose を熟慮し、指針に応えなければならない。

　それでは「何のため」か、具体的に明かしている言説を取りあげていこう。まず創立者がどのような「思いを込めて」ブロンズ像を創価大学に寄贈したのか、次のように端的に述べられている個所がある。

　「学ぶこと、働くこと、そしてより根底的に、生きることの意味を問い直す作業は、大変に価値ある作業であることだと思っております。なぜなら、それは、あらゆることの"原点"を問う作業であるからであります。この"原点"を抜きにした学問や仕事、また人生というものは、淡雪のような、はかない存在となってしまう。」(1:174)

　それではその原点とは何か。この後、それは「人間そのものである」とこれまた端的に次のように明かされ、その意義が述べられている。軍事先行・経済先行・人間二の次の「軌道の誤り」が日本を「抜き差しならぬ袋小路」に追い込んだ。「今後の日本社会は、あくまでも人間を第一義とし、そこを"原点"として、あらゆるものを位置付けていくことが焦眉の急務である」

(1:174)。大学教育も「"なぜ"、"何のため"という"原点"への問いに、確たる回答を示しえないようでは、21世紀への道標を掲げることなど不可能に近い。」(1:174-175)

ブロンズ像の指針は、以上のような意味が込められて、「何のため」という原点への問いを銘記するよう次のように要請している。

「今君たちは「何のために」学んでいるのか「何のため」の知識か。この「何のため」という根本の座標を忘れてはならない。大いに世界に出て、平和・社会革命の人として丈夫の心を燃やしてもらいたい。そのために、今、知識を深めなければその時を逸してしまう。社会のためにも人々のためにも、力ある丈夫でなければ何の奉仕もできない。」(1:17)

創価大学の学生歌との関連からは次のように述べられている。

「……創価大学の学生歌[26]にも、「だれがために」という尊き問いかけがある。／その答えは明確です。／それは「人民のため」です。／大学に行けなかった「庶民のため」です。／そして世界の「民衆のため」なのです。」(14:25)

そして直接明確に答えたものが次の一節である。

「英知を磨くは何のためか。民衆への奉仕こそ学問の大目的です。人間の幸福のため、社会の繁栄のため、世界の平和のためにと、大情熱をもって学びゆく時に、真の英知は生命に輝くのです。」(22:110)

さらに「「英知を磨くは何のため」──それは、人類の平和である。人類の幸福である」(特253)。以上のように、「民衆への奉仕」が原点であることが明らかである[27]。次に「大学の原点である建学の精神」(13:7)との関係からこの点を調べてみよう。

何のため──建学の根本精神

創価大学の建学の精神は3つある[28]。その第1が「人間教育の最高学

府たれ」である。しかして、この人間教育の最高学府とは、「「学校に行けなかった庶民のために」尽くしゆく人間教育の学府……「世界市民の大学」」(6:102) である。前述の「大学に行けなかった「庶民のため」です。／そして世界の「民衆のため」なのです」(14:25) がポイントである。同様の点は「大学は、本来、大学に行けなかった民衆に尽くし、仕え、守るためにこそあります」(12:56)、「大学とは、大学に行きたくても行けなかった人々のため、そういう人々に尽くす人材を育成する場でなければならない」(16:108) と繰り返し説かれている[29]。口承的建学の精神であり、まさに「創価大学の根本の建学の精神」（アブエバ・池田 2015:337-338）である[30]。

　次の個所はこの点が詳しく説かれた部分である。

　「大学に行きたくても、行けなかった人。貧しくて、どうしても働かなくてはならず、学べなかった人。日本だけではない。世界には、学びたくても学べない人たちが、数限りなくいます。／本来、大学とは、そういう人たちに尽くしていくためにある。／それをはき違えて、学歴があるのをえらいと錯覚し、真面目に、地道に働く人々を見下すような下劣な人間になってしまったならば、何のための大学か。何のための教育か。」(14:62-63)「この転倒を正すために、私は、創価大学を作ったのです」と「大学は、大学に行きたくても行けなかった人たちのためにある」と創価大学の建学の根本精神を明かされている。

　また親孝行の観点を含めて次のようにも説かれている。

　「大学には、大学へ行けなかった父母たちの深き期待に応え、けなげな民衆を誠実に守り、その一人一人の頭に「栄光の冠」をささげゆく使命があり責任があるのではないでしょうか。」(22:101)

さらに「お父さん、お母さんに最高の親孝行をし、大学へ行けなかった方々の味方となって、一生涯、民衆の幸福と平和のために貢献しゆく人間指導者」(23:97-98) が期待されるし、現に「わが創価大学も、「民衆立」の大学と

して、大学に行けなかった方々の味方となって、泥まみれになり、汗まみれになって戦い抜く、真実の人間指導者を送り出してきました。」(23:136)

「民衆立の大学」(特211,3:199)とは「無名の民衆の応援でできた」大学をいう。以上のように「大学とは、大学に行きたくても行けなかった人々に尽くすためにこそある」(19:109)。創価大学という私立大学が「民衆立大学」であるとも宣言されて、その特質が明らかとなっている。将来、大学がどのように変貌・変容しようとも、恵まれない人々のために尽くす「一隅を照らす」(3:92, 最澄1991:194)人材の宝が大学に期待されていることは根本精神として不滅だろう。

マクシム・ゴーリキーの詩「人間」

「何のため」という原点論について、ゲーテ、トルストイ、ホイットマン、および魯迅等、古典や著名人等からの引用は枚挙に暇がない。そうした中から、断然、詩人が「青春時代」に「愛読し、鮮烈な感動を覚えた」という「20世紀のロシア文学の巨星と輝くゴーリキー」(17:118-119)を取りあげよう。とりわけ注目すべきは「暗記するほど、何度も」読んだという「私の大好きな詩」「人間」である。まず引用されている詩は次の部分である。

「英知を持って生まれしは、古きもの、窮屈なもの、汚れたもの、悪しきものすべてを倒し、崩し、踏み潰すため。そして、英知によって解き放たれた、自由と美と尊敬という揺るがぬ基盤の上に、新しきものを創造するためなり！」(17:125, Горький 1975)[31]

この詩が次のように解釈されている。

「英知を磨くは何のためか。／何のために学ぶのか。／何のために学問はあるのか。／「何のため」という問いに、重要な意義があります。／それは、悪と戦い、滅するためである。そして、新たな創造のためであるというのです。」(17:125)

ブロンズ像の指針の想源に大きく影響をあたえているか、あるいは仮託されていると考えたくなる一節である。

牧口常三郎と戸田城聖

前項と同様に数多くあるから、それぞれ1つずつ、あげるに止めよう。

前項の教育の本義論（20:190）にも表示されていたが、ここでは教育者であった点から端的にあげよう。小学校の校長だった「牧口先生」は「どんな時にも「児童のために！　子どもたちのために！」という根本の一点に徹しておられた。」（特153）

「恩師」は創立者への「全魂込めて個人教授」された中で次のように語った。「学べ！　実力をつけよ！　そして、教育を受けられなかった人たちの味方となれ！　良い学校に行けなかった人たちの希望となれ！」（5:88）。これもまさに前述の建学の精神の淵源の1つではないかと思われる。

3. 労苦と使命の中にのみ人生の価値（たから）は生まれる

『創立者の語らい』全体がこの意味を含んだ励ましに次ぐ励ましの激励の書である。まさに小論でそれを網羅することは不可能である。まずは端的な例をあげてみよう。次のように述べられている。

「まさに学生こそ、これから果てしない未来に向かって無限の使命と価値の光彩を放ちゆく、かけがえのない宝であります。」（12:54）

もっと詳しく述べて期待されている個所を引用しよう。次のように述べられている。

「……自らの「使命」と「責任」を決然と果たしゆく人生ほど、深く強いものはない。大切なのは、どれだけ、自分の使命を自覚できるかである。それが、人生の深さ、偉大さを決定していく基準となる。／「使命を自覚

すること」が、力を生み、希望を生む。／そして、困難の中を前進していくエネルギーとなっていく。／だれもが何かの使命をもっているのである。使命のない人など、だれ一人としていない。／ゆえに、その使命を自覚できるかどうかで決まるのである。……そして、何でもいい。「自分は、これをやり切った」と自信をもって言える何かを後世に残していくことだ。そういう人生を生き切っていただきたい。」(12:126-127)

「労苦と使命」の併記だが、ひとまず順序としては使命の自覚⇒労苦⇒人生の価値である。労苦⇒使命の自覚⇒人生の価値の方も少し後述するけれども、詳しくは別稿（坂本2016b）で検討する。

さて経済学徒として、この指針の労苦・使命・価値の語句に注視せざるをえない。本節はまず経済思想の視点から考察していきたい。その後は前節同様に、古典引用、創価教育の創立者と創立者の恩師、および仏法哲学の順にまとめていくことにする。

労苦と使命＝仕事のあり方

経済学徒として「労苦」から想起される「労働」と「価値」とから、経済学のレンズでこの指針をまず考えてみたい。

労苦について、経済学徒としてまず労働を連想するといったが、もちろん、この労苦は経済学の労働概念ではなく、それも含めて一般的な精神的肉体的苦しみを指す。「苦労」とほぼ同義である[32]。「泥まみれになり、汗まみれになって戦い抜く」(23:136) ことをいう。

それを踏まえた上でまず労働概念から考えてみよう。経済学徒としてやはり（あるいは経済学徒なのだが、労働という点から）、政治哲学者ハンナ・アレント『人間の条件』の有名な3つの類型化＝労働 labor、仕事 work、（公共の場の）活動 action（Arendt1958）を連想する。これを手がかりにまず考えてみよう。私は、1970年代にこの labor と work との区別を知って感動し、かくあ

りたしと思ったものだ。ところがそれはもはや過去のこととなってしまった。その当時であれば単純労働 labor ではなく創造的仕事 work に向かうということが使命の道と言えたかもしれない。しかし経済成長と技術革新によって発展を遂げた現代の複雑な高度情報社会・経済社会は、アレントの時代とは大きく異なり構造的に大きく変貌してしまった。アレントの3つの類型化は、3つがハイブリッド、クロスオーバー、ブレンド状態になって、要するに相互浸透により変容してしまった。

　そもそも今にして思えば「労苦と使命」なしに創造的な仕事などできるはずもない。ともかくどんな仕事でもディーセント・ワークが議論される時代ともなっている。もはやいずれの類型の中でも、というよりすべて一括して仕事として、使命の自覚からスタートし、理想実現に向けて仕事に励み、人生の価値を生みだす可能性を有している。使命の自覚は労苦を厭わぬ仕事となる。「使命が大きいゆえに苦労も大きい」(23:77)。一方、意に沿わぬ労苦ばかりの仕事からスタートしても、前述の「足下を掘れ、そこに泉あり」(記3:38-40) との場所論が示すように、使命の自覚にいたる方途が開かれている。AI 革命が仕事に変化をもたらすとしても、もはや後戻りすることはないだろう。かくして労苦⇔使命となっている。両々相俟って理想実現に向けた人生の価値を生みだす。

経済学の価値論のアナロジー

　次に価値概念から考えてみよう。価値の源泉は、「労苦と使命」である。そうすると経済学徒として、自ずとかどうかわからないが、経済学史上の古典派の労働価値説＝客観価値説と新古典派の効用価値説＝主観価値説とを連想し、客観価値説と主観価値説の両方が入っているとも考える[33]。かつて大野信三創価大学第2代経済学部長も、私が受講した経済学史講義の中で限界革命の説明の際に、この点を主張されていた。しかし指摘だけであって、残

念ながらそれ以上に何か展開されたわけではなかった。

　まず前者の「労苦」「労苦の価値」(16:15)を考えてみよう。佐藤勝氏は『地球時代の哲学』と題したトインビー対談に関する著作の中で「これまであまり指摘されることがなかったと思うが、池田氏には労働価値説が存在する」と指摘し、「創造の喜びとしての労働」の哲学が説かれていると解している（佐藤2014:107-118, トインビー・池田2002：上279-281,289-292）[34]。これを手がかりに考えてみよう。確かに「苦労即歓喜」(11:121)である。これは労働＝苦痛とする現代経済学の主流的な思想とは一致しない。

　しかし実は労働を喜びとする見解は経済思想史上にはいくつもある[35]。ところが功利主義哲学に基づく新古典派経済学は、労働＝苦痛＝下級財（余暇＝上級財）として取り扱っている。そして現在、この新古典派経済学がスタンダード経済学となっており、ミクロ経済学の教科書の中にそのモデル学習がある。労働と余暇の選択として中立的に説明される（現に私は教科書でも講義でもそう説明している）[36]が、この経済学を学んだ者は、労働＝苦痛、労働はやむを得ずするものとのイメージをもってしまうかもしれない。しかしそもそも、経済学創生期の労働価値説はそうではなかった。たとえばアダム・スミスの『国富論』の中で説かれている有名な一節をあげてみよう。

　「あらゆるものの実質価格、すなわちどんなものでも人がそれを獲得しようとするにあたって本当に費やすものは、労苦と骨折り toil and trouble である。」（Smith1976:2:47 大河内監訳1:52, 水田監訳1:63）[37]

　スミスの労働価値説の労働は toil and trouble である。この含蓄について大河内監訳の訳注に次のような説明がある。

　「「労苦と骨折り」は一面では、18世紀的な「インダストリー」をいい表わし、それによって「富」がつくられるのだという主張にむすびつくとともに、他面では、「労苦と骨折り」としての「労働」は、人間にとって「苦痛」を意味し、とりわけそれが雇用労働の場合には、その度合いはと

くにはなはだしい、賃銀の大きさも「労苦と骨折り」の大きさによっておのずから定められる、と考える。「労働」を一面で生き甲斐的な人間的行為、他面で避けるべき苦痛として判断すること、この2つの面がこの「労苦と骨折り」という言葉のなかにふくまれているようにみえる。」（大河内監訳1:52）

しかし経済思想は後者の労働苦痛論が主流になってしまった。「労苦」は、現代経済学の通説である労働下級財論で見るのではなく、長い伝統を持つ経済思想史の労働観で見た方がよい。さしあたって主張しておきたい点はこれである。

一方、仏教徒は労苦⇒人生の価値を煩悩即菩提や「地獄」即「寂光土」(4:166)の法理から考えるかもしれない。

後者の「使命」に関して連想する点は、創価思想の価値論の淵源をなす牧口価値論である[38]。牧口価値論は、価値は主体と対象との関係性から決まると説く主観価値説である[39]。ちなみに牧口価値論は、哲学・倫理学の価値論だけではなく長い伝統のある経済学の価値論も十分に精査し、それを踏まえて、「利」を立て、構築されたものである。むしろ経済学の主観価値説の方に似ている[40]。

以上のように見ると、ひとまず「労苦と使命」は労働価値説＝客観価値説と効用価値説＝主観価値説の両方の要素が含まれていると考えることができるだろう。

そうすると、さらに進めると経済学徒は、このような両方の価値論が含まれている点にアルフレッド・マーシャルの古典派との連続による経済学の総合を連想する[41]。しかしあくまでもこのような推論は、連想・イメージ・アナロジーにすぎないのであって、そのような推論は、不確かである。ブロンズ像の価値は、財の価値ではなく人生の価値だからである。価値の次元が異なる。

ところで経済学の価値の二分法には、上記の他に、交換価値 value in exchange と使用価値 value in use という二分法がある[42]。交換価値を貨幣単位で表示したものが価格である。経済学は専ら交換価値の科学として価格理論を発展させてきた。この二分法でいえば、ひとまず「人生の価値」は使用価値の方に入れなければならない。人生の価値に価格はつけられないからである。

　「人生の価値」に英文は value ではなく worth のタームをあてている[43]。value と worth とはもちろん重なりもあるが、異なる意味もある。value と worth の違いを強調した著作に、ルイス・ハイドの『ギフト』(Hyde2007) がある。そこで、この点をハイドの用法を手がかりに考えてみよう。ハイドによれば、商品には value があるが贈り物にはない。贈り物には worth がある。worth は「大切なものであるが価格をつけることができない」。ハイドは、ここで前述の交換価値と使用価値と関連づけて論じている。「あるものと他のものと比較して」「価格を引き出す」。「交換価値」や「市場価格」は value の意味を伝えている。「ものは市場においてでなければ、それ自体としては何ら市場価値がなく、また交換できないものには交換価値がない」。ハイドはマルクスによって value＝交換価値、worth＝使用価値としている (Hyde2007:77-78 訳 89-90,107)。前者が市場経済システム、後者が贈与経済システム（芸術の創造と受容）における価値に対応する。芸術作品の絶対条件は後者である。ハイドのテーマは後者のメリットを説くことである。そうすると、このハイドの市場経済システムと贈与経済システム（芸術価値・道徳価値の世界）という二分法は、人生の価値にはどうやら適用できない。人生の価値が後者の世界にのみあるようなことになりかねないからである。

　何か別の統合原理が必要である。市場経済を主軸とする新古典派経済学が価値中立を装うとしても市場経済にも道徳性・規範性はある[44]。端的にいえば、市場経済も非市場経済もいずれも人間の活動だからである。最初の価値

の二分法のアナロジーの方がよいのかもしれない。前述の「知恵の全体性」から考えて、経済学の価値論と何か連結させることはできるかもしれない。直観＝連想＝イメージ＝アナロジーは信じてみたい気がするが、今回はこのあたりまでにして、次の検討課題としよう。

ヘルマン・ヘッセ『若き人々へ』

　古典や著名人等からの引用は枚挙に暇がない。労苦と使命に生きた偉人たちばかりである。ここではそうした中から創立者が「青年時代から大好きであった」「君自身であれ！　そうすれば豊かで美しい」(2:177, Hesse1956：240, 高橋訳 54) というヘルマン・ヘッセのことばをあげよう。『若き人々へ』（「ツァラツストラの再来――一言、ドイツの若き人々へ――」）は、第１次世界大戦後、「失意と絶望と憤懣にかられ、生きる意欲を失った」ドイツの青年たちに呼びかけた勇気の書である。ヘッセは「みずからの生活を生きることを学べ！みずからの運命を認識することを学べ！」と呼びかけた (2：177, Hesse1956：226, 高橋訳 22)。このヘッセの一節を引用しながら、創立者は次のように新入生に念願している。

　「自らの「悩み」と「運命」を全身で受け止め、自己自身との戦いに、敢然と挑戦し抜いていっていただきたい。……そこにこそ、胸中の「宝」は磨かれ、誰のものでもない、君自身の人生が、確固と開かれていくと思うからであります。」(2:177-178) [45]

　この自分論について、詳しくは別稿（坂本 2016b）で検討する。

牧口常三郎と戸田城聖

　まずは象徴的に次の一節をあげたい。

　「牧口先生は、日蓮大聖人の佐渡でのご苦労をしのばれつつ、すべてを耐え抜かれた。」(4：152-155)

1996年、サイモン・ウィーゼンタール・センターおける第1回マキグチ記念人道講演会「牧口常三郎—人道と正義の生涯」（記3：56-80）には、もちろん2つのブロンズ像の精神を読み取ることができるが、ここでは、価値と生命に関する次の重要な部分を引用しよう。

「「創価」とは「価値の創造」の意義である。／その「価値」の中心は、何か。牧口の思想は明快でありました。それは「生命」であります。……牧口は「価値と呼ぶことのできる唯一の価値とは、生命である。その他の価値は、何らかの生命と交渉する限りにおいてのみ成立する」と洞察しました。人間の生命、また生存にとって、プラスになるのか、どうか。この一点を根本の基準としたのであります。「生命」の尊厳を守る「平和」という「大善」に向かって、挑戦を続け、いかなる困難があっても、価値の創造をやめない——そうした「人格」の育成にこそ、「創価教育」の眼目があります。」（記3:67-68）

価値＝生命との関係から、「労苦と使命」⇒「人生の価値」＝「創造的生命の開花」＝「人間革命」[46]（1:100-101）＝「新しい自分」（2:173,3:109）が明らかである。

恩師と創立者—師弟共戦の旅。あえて1つだけ、象徴的に「恩師戸田先生」の「厳寒の冬を耐えて、また桜が咲いた」との「深き心の一言」（4:89）をあげたい。まさに「青春桜」である。

仏法哲学の修業論

最後に仏法哲学の観点から2つほどまとめてみたい。

①大乗仏教の存在論と価値論

「21世紀と東アジア文明」講演（2:97-114）の中で、孔子の「正名」論と天台智顗の『法華玄義』の「作法」の比較思想論が展開されている。その中で『法華玄義』の文を釈した「大乗仏教の真髄」として「存在論と価値論と

を併せ具えた宗教的世界観の、雄勁(ゆうけい)にして断固たる表白を成している」(2: 110)「当体義抄」の次の個所が引用されている。

「至理は名無し聖人理を観じて万物に名を付くる時・因果俱時・不思議の一法之れ有り之を名けて妙法蓮華と為す此の妙法蓮華の一法に十界三千の諸法を具足して闕減(けつげん)無し之を修行する者は仏因・仏果・同時に之を得るなり」(記2:109, 日蓮 1952：513)

まず「前半部分は『法華玄義』を受けて「作名」の次第を述べており、それに続く「妙法蓮華の一法に十界三千の諸法を具足して闕減無し」が智顗の「一念三千論」を踏まえた存在論の要約」であるとの解釈が加えられている。そしてポイントは最後の1文「修行する者は仏因・仏果・同時に之を得るなり」である。これこそ「社会的実践」が強く促された「人間いかに生くべきかの機軸となる修業論、価値論」であると主張されている。

②無作三身論

「21世紀文明と大乗仏教」講演 (2:152-172) の中で「人間復権の機軸」の視点から展開された中に次の「御義口伝」の一節があげられている。

「一念に億劫の辛労を尽せば本来無作の三身念念に起るなり」(記2:165, 日蓮 1952：790)

「億劫の辛労」と「無作三身」の関係が次のように説かれている。

「仏教は観念ではなく、時々刻々、人生の軌道修正をなさしむるものであります。／"億劫の辛労を尽くす"とあるように、あらゆる課題を一身に受け、全意識を目覚めさせてゆく。全生命力を燃焼させていく。そうして為すべきことを全力で為しゆく。そこに「無作三身」という仏の生命が瞬間瞬間、湧き出してきて、人間的営為を正しい方向へ、正しい道へと導き励ましてくれる。」(2:165)

三身とは法身・報身・応身＝真理・智慧・慈悲の3つの仏の生命を指す。

「無作」の部分を明らかにしなければならない。この「無作三身」につい

て「御義口伝」には、さらに次のようにも説かれている。

「桜梅桃李の己己の当体を改めずして無作三身と開見す……」（記 3:22, 22:74, 日蓮 1952：784）

　この「無作三身」は使命の桜梅桃李の自体顕照論である。前述のように「だれもが何かの使命をもっているのである。使命のない人など、だれ一人としていない」（12:126-127）[47]、すなわちまた「どんな人でも、どんな時代に生きても、その人には、その人にしかできない使命」がある（19:264）。ポイントは多様性である。多様化・個性化せざるを得ない。「仏教でいう普遍的価値は、徹底して内在的に追求されるため」である。すなわち「すべてが桜に、あるいはすべてが梅になる必要はない。なれるはずもない。桜は桜、梅は梅、李は李として、それぞれが個性豊かに輝いてゆけばよい。それが一番正しい」（記 3:22）。自体顕照とは「自らの本然の個性を、内から最高に開花」させることである。

4. 2つのブロンズ像の指針

　2つのブロンズ像の指針が合体・連結されたタイプの言説もある。最後にこれを前半と後半から1つずつ取りあげてみよう。
　まず第1巻の中で次のような期待が述べられている。
「諸君の使命は、あらゆる"力"を人間の幸福と平和のために使いこなす"知恵"を、身につけることにある。」（1:98）
すなわち、それは「「汝自身」を知り、それに結びついた形で、学問を究めること」である。自分＝人間にとっての関係にすべて「引き戻して知識、技術、芸術の再編成」と「新たな人類の蘇生」が期待されている。まさに英知の学徒の壮大な使命である。
　第22巻の2011年3月21日の卒業メッセージ[48]では「卒業は1つの到達

点」「未来への出発点」(22:133) として次のように述べられている。

　「「英知を磨くは何のため」——この青春の原点を胸に、使命の現場に勇んで飛び込みながら、たくましく働き、生き生きと学び続けていってください。／小才や要領では長続きしない。労苦を惜しまず、誠実に努力を貫き通す人が、最後には必ず勝つのであります。」(22:134)

そして「未曾有の大震災の渦中に旅立つ皆さんの使命は計り知れません」(22:137) と激励されている。

　詩人の次のようなクロスした作品もある。

「生き生きと／価値ある人生／勝ち取らむ／英知の博士の／輝く瞳よ」(21:119)

「何のため／忘れず／君よ　学びゆけ／偉大な人生／輝くばかりに」(21:122)

最後にやはり仏法哲学を取りあげよう。

仏法の慈悲論

　前述のトリブバン大学記念講演の「智慧の大光」につぐ「慈悲の大海」のメッセージ（記3：47-54）には、使命・慈悲・原点・智慧・幸福の論点が集約されている。釈尊の「慈悲の大海」の3つのメッセージとは、「人類の宇宙的使命は慈悲にある」という「使命論」、「ヒマラヤのごとく悠然と」という「不動の自己」の確立、および「自他ともの幸福をめざせ」という行動論である。「人類の宇宙的使命は慈悲にある」という「使命論」は、すなわち釈尊にとって「宇宙は慈悲の当体」にして「自らの振る舞い」は「その慈悲の体現」である。いいかえれば「仏法の慈悲論」は「この地球上に誕生した人類の使命は、宇宙の慈悲の営みに参画し、その創造のダイナミズムを高めつつ生き抜くことにある」と主張されている。そしてヒマラヤのごとく悠然たる「不動の自己」の確立がこの慈悲の不可欠の基盤になる。「不動の自己」

＝「原点」＝「大我」の要請となる。慈悲の第一歩は、「一切衆生の病むがゆえに我病む」（記 3:53）である。「梵天の勧請」による自己の中の他者の復活、「自他ともの崩れざる幸福」への道を契機として、真の「仏」の誕生にいたる。これに呼応して自他ともの幸福に関して、『御義口伝』の次の一節が引用されている。

「自他共に智慧と慈悲と有るを喜とは云う」（記 3:53-54, 日蓮 1952：761）

「自他ともに、智慧と慈悲をもっているのが、本当の「喜び」である」[49]。この「喜とは自他共に喜ぶ事なり」（日蓮 1952：761）の幸福論から「第三世代の人権」＝「連帯権」が示唆されている。そして最後に「使命深き皆さま方が、大鵬のごとく、智慧と慈悲の翼を広げ、「平和と生命尊厳の 21 世紀」へ飛翔されゆくこと」が念願・確信されている。

大略、以上のように使命・原点・智慧・幸福の論点を通して仏法の慈悲論が明らかにされている。

5.「原点への旅」の続き――ブロンズ像の指針・再論へ

以上、小論では『創立者の語らい』27 巻分をブロンズ像の指針をもとに解読してきた。主として「英知を磨く」「何のため」と「労苦と使命」「人生の価値」に分解して考察してきた。

翻って今やブロンズ像の指針からこれだけの多様・多彩な展開がなされる『創立者の語らい』は、まさにそれを「重層化」（2:143）[50]した作品であり、その「原点への旅」であると捉えることができるだろう。ブロンズ像の指針は、それと対峙して単独の箴言としても示唆的であるが、以上に見てきたように『創立者の語らい』を通して展開される文学を中心とする人類の知的遺産、創価思想の伝統、および仏法哲学の多元的な背景・文脈を持ち、それらを踏まえた凝縮された表現であることが明らかとなった。若き学徒は「朝な

夕なに見つめ」ざるを得なかっただろう。かくしてこのような含蓄をもったブロンズ像の指針を『創立者の語らい』の導入部分と見なすことはできない。むしろ『創立者の語らい』こそがブロンズ像の指針という原点・本質への旅なのである。

　しかし今回をもってブロンズ像の指針という「原点への旅」が終わったわけではない。この旅はまだまだ途上である。以上のように読み進めてきた結果として、ブロンズ像の指針が「重層化」された『創立者の語らい』全体を通して次のような課題が明らかとなった。まず「英知を磨く」は、知識と知恵の二分法に焦点をあてた。そのため「学は光」(2:99 他)、「学問は権利」(1:5 他) 等、学問・知識について単独で述べられた数多くの部分があるが、こうした点には論及できず、この特質を考察してみることがまず課題として残された。次に「何のため」＝人類の平和に貢献し、民衆に尽くした多くの偉人・著名人に関して全編にわたって言及されており、この点も課題として残された。また民衆に尽くす人材を育成する教育論も全編にわたって展開されており、課題として残された。さらにそもそも原点とは何か、原点論は、小論であげたよりももっと多様に展開されており、やはり課題として残された。ひとまず最後に「労苦と使命」は、それを実践する時間と場所、とりわけ「足下を掘れ、そこに泉あり」というように場所論が重要となってくるように思われる。

　以上のようにいくつも課題が明らかとなった。これ以上、進めると大幅紙幅超過となってしまう。そこで、「原点への旅」の続きとして、本書と同時期に刊行される別稿（坂本2016b）においてこれらの課題に取り組んでみた。ご参照いただければ幸いである。

　最後にもう一言、付言しよう。私にあたえられた尊き贈り物である『創立者の語らい』というテクストと学問の特権を得て、創価の学徒としての私の使命の道の途上で書かれた小論は「何のため」か。もちろん本書を手に取ら

れた読者へのささやかながら贈り物のつもりである。とりわけ開設40周年を迎えた創価大学通信教育部の「通教生」へのお祝いのつもりである。

注
* 『創立者の語らい』の中で引用されている諸文献に関して、小論では、入手困難等の事情により異版を利用している場合がある。
1) 『創立者の語らい』からの引用は巻数と頁を1：1、『記念講演篇』は記1：1のように記す。『特別文化講座・随筆・長編詩篇』は、奥付に「特別版」とあり、特1のように頁を記す。なお2つの特別文化講座は、第12巻と第15巻に重複収録されている。この引用頁は通巻の方を記す。第23巻は2013年3月の分までである。おそらく今後も増えるだろうから完結しているわけではない。便宜上、全巻と呼ぶことがある。なおこの版以前には10以上もの多くの版がある。この書誌情報については、創価大学三十年誌編纂学生委員会編（2001：282-287）、伊藤（2007：248-249,251）を参照されたい。さらに現在の版が刊行されてからも別の版もいくつかある。しかし現在の版が最大のものであり、小論はこれを主要テクストとする。それら旧版等よりもまず『池田大作全集』全150巻（池田1988-2015）（以下、『全集』と略記）との対応関係について明らかにする必要がある。しかしそれを明らかにするためには、詳細な比較研究が必要であり、別稿とせざるを得ない。ここでは簡略に記すに止めたい。コアとなる巻は、『全集・教育提言』「創価大学・創価女子短期大学」第59巻、第60巻、第142巻および第143巻の4巻分である。1971年から2006年3月まで収録され、『創立者の語らい』の第18巻のほぼ前半部分までが対応する。両者に単独収録のものがあるが、『全集』第143巻は18本ある。また初期の「創価大学での講演」4本が『全集』第1巻に収録されている。創価大学における「挨拶」は『全集』第52巻、第53巻、第54巻および第55巻に収録されているが、単独収録がかなりある。また関連文献として同一タイトル『創立の精神を学ぶ』の創価大学創価教育研究所編と創価大学通信教育部編（池田2014a,2014b）、および『21世紀文明と大乗仏教－海外諸大学講演集－』（池田1996a）、創価女子短期大学の2編（池田2004,2016）、創価大学創友会編（池田2005a）、創価大学通信教育部・開設30周年記念編纂委員会編（池田2005b）等がある。2つの『創立の精神を学ぶ』のほとんどは『創立者の語らい』に収録されているが、両者には『創立者の語らい』には未収録の2本の「教育提言」が収録されている（創価大学公式サイト：大学案内＞創価大学の理念＞創立者池田大作先生＞教育提言にも掲載）。このほか各々に単独収録のものがある。前者単独収録は小説『新・人間革命』第15巻の「創価大学」の章（池田2006）、後者単独収録は小説『新・人間革命』第23巻の「学光」の章（池田2011）、創価大学通信教育部機関誌『学光』への特別寄稿300号記念、400号記念、開設20周年記念、開

設 30 周年記念、および「創価大学通信教育部の皆様に贈る」詩である。以上はいずれも『創立者の語らい』には未収録である。『21 世紀文明と大乗仏教』の 27 本の講演のうち 26 本が『創立者の語らい・記念講演篇』に収録されている。加えて『創立者の語らい・記念講演篇』第 3 巻には『21 世紀文明と大乗仏教』刊行後の講演 3 本が収録されている。その収録数は 29 本である。ちなみに創立者の大学・学術機関の海外講演は、現在までに 32 本ある（創価大学公式サイト：大学案内＞創価大学の理念＞創立者池田大作先生＞海外大学・学術機関での講演、一覧表参照）。なお創立者の他の著作には、テクストと類似の言説が数多くあるのだが、収拾が着かなくなるので数個所を除き言及しない。とりわけ海外の識者との対談集等は、対談相手の多くが、創立者の招待・創立者への名誉学位記授与等のために創価大学に来訪されており、テクストの中にも数多くの言及があり、たいへん重要ではあるが、別のテーマとする。

2)　このブロンズ像は「フランスの高名な彫刻家アレクサンドル・ファルギエールの力作の像は、向かって左側が若き希望の印刷工であり、右側が熟練の信念の鍛冶工である」(21:123, 特 297-298)。写真は創価大学創価教育研究所編 (2014a)、創価大学通信教育部編 (2014b) の扉、創価大学公式サイト：大学案内＞創価大学の理念＞ミッションステートメント等を参照。ブロンズ像の指針には原文の日本語の下に英語、ドイツ語、フランス語が刻まれている。小論では英文に言及することがあるから英文のみ本文にあげる。ちなみにドイツ語、フランス語は次の通りである。Wozu pflegt man seine Weisheit?　Ihr vergesset nichit,dies immer im Kopf zu behalten!　Pour quoi polir votre intelligence?　Pensez-y toujours mes amis! / Nur aus der Müse und dem Eifer in der Erfüllung der Mission wird der Lebenswert. La valeur de la vie surgit seul en voie du labeur et de la mission. その寄贈の経過と端的な意味については、1:36-37、創価大学創価教育研究所編 (2014a : 21-23) 参照。 また大学のシンボルとして寄贈する理由について、高村 (2002 : 5) も参照。

3)　小論の箴言的解読の最終的な構想は、創立者の箴言の普遍性の主張、すなわちコンテクストの介在なしの箴言集の提示である。箴言の理解としてコンテクストを知っていた方が効果的であるから背景説明や解説付きの箴言集も数多くある。たとえば平井俊顕氏の『ケインズ100 の名言』（平井 2007）はケインズの人物像を描写しようとした著作である。政治評論家の森田実氏の名言選は主として政治の視点の解説付きである。ちなみに森田氏は格言の継承を「貴重な人類文化遺産の継承」「未来への責任」（森田 2012 : 2）と表明している。小論はコンテクストを重視する後者のタイプのある種の箴言集的なものとして読んでいただいても幸いである。箴言の選択基準にはまずもって強烈なコンテクストの重視がなされている。それは本文にあるように原点としてのブロンズ像の指針の選択である。さらに付言すると、小論の最も大きなコンテクストは、現代文明の危機・時代の危機である。テクストそのものが現代文明批判の性格を有しているからけだし当然である。なお小論のようなテーマならずとも、創立者の膨大な著作に関して、テ

クスト・マイニング分析も有効であると思うが、その場合、仮説の設定がひとまず超重要となるだろう。今後の課題としたい。小論は伝統的な質的分析である。
4) 箴言・格言の意義については、前記の注3で少し触れているが、坂本（2009c：46-49）で若干、考察したことがある。創立者の箴言集は、1960年代から現在にいたるまで数多く出版されてきた。たとえば最近のものとして池田（2010）参照。この書誌研究も別の機会に譲らざるを得ない。ちなみに中国の古今東西の2000余の名言が収録された格言集にはブロンズ像の指針「労苦と使命」（陳編1990：3）を含む47本が収録されている（4:16-17）。なお『池田大作箴言集』のほかに創立者自身が引用した『池田大作選・箴言集』も構想し得る将来の課題である。
5) 前の3本は私が携わったプロジェクト、創価大学通信教育部学会編（2005-2007）所収のものである。ほかに高村（2002）、杉山（2004）、森（2004）、水元（2004）、勘坂（2009）、神立（2013）、伊藤（2014）等がある。今のところ、まさに原点回帰の実践として、創価大学草創期の「創立の精神を学ぶ」趣旨等から第1巻の中のいわゆる「草創の3部作」講演に集中している。ちなみに草創の3部作の由来については、神立（2013：56）参照。また1:172も参照。なお草創の3部作研究はその性質上、いつ、どこで、どのような状況で、何をテーマとした言説なのかといった、緻密なコンテクストが重視されて展開されている。今後、『創立者の語らい』全巻をそのように分析すれば、それはそのまま創価大学史になるだろう。小論のアプローチではそれはできない。一方、小論は、山崎（2005）のアプローチに近いモノグラフといいたいところであるが、全巻を対象として広がりすぎて、そのカテゴリーに入るか微妙であり、また濃密な比較思想があるわけでもない。なお『記念講演篇』は、池田（1996）の方をテクストにしたものが多い。
6) 小論は全巻研究を目指すが、注1の通り実はそうはならない。なお私のこれまでの『創立者の語らい』からの引用は、本書のテーマを除く著作の中では、2回ほどである。1つはブロンズ像の指針そのもので、坂本（2009：114-115）の中で、「勤労者―働きすぎ問題の基盤」と題した論考のまとめとして引用した。もう1つは次の一節である。「「ザイン」なき「ゾルレン」はありえないし、「ゾルレン」なき「ザイン」は無用の長物である」（記1:240）。坂本（1998：24）の中で、この一節を、実証的言明と規範的言明の説明に関連して引用した。この概念に関して、私事にわたり恐縮だが、私はかつて恩師佐藤隆三教授からカント『道徳形而上学原論』を通して、また貨幣論の世界に導いていただいた西川元彦教授から経済政策とりわけ金融政策のあり方を通して、それぞれご教授いただき議論したことがある。懐かしい思い出である。
7) 池田思想研究全体の多様性が、範囲は狭まるが『創立者の語らい』研究にもそのまま妥当するだろう。池田思想研究の方法論的考察として坂本（2007）参照。師弟論は『創立者の語らい』研究の最有力テーマであるが、以前に創立者の対談集等により坂本（2006：156-159）で考察したことがあるから今回は深く立ち入らない。また生命論についてもそうであるが、創立者の対談集等により坂本（2007a）で考察したことがあるからテーマとはしない。なお経済学徒として「人間主義経

済の研究」(1:30) は、坂本 (2005) で真っ先に取り組んだ。取り組んでみたいテーマは他にもいくつもある。ちなみに親孝行論・読書論・正義論・いわゆる勝負哲学等であるが、本論の経過から、今回は深く立ち入らない。

8) ニーチェの「そこに泉あり、足元を掘れ」(Nietzsche1965：3 訳 22) が有名かもしれないが、夏目漱石も関係があるかもしれない。2:193-194 を参照。この点は別稿・坂本 (2016b) にて検討する。

9) 「カルチベート」について、太宰治の『正義と微笑』の勉強して「全部忘れてしまっても、その勉強の訓練の底に一つかみの砂金が残ってゐる」との一節 (太宰 1990：13) を手がかりとして、学問の意義が説かれている (2:104)。

10) 「英知」に関しては「仏教の叡智」(記 3:21-22)、「東洋的叡智」(記 1:152,164,166,および 167) という用法もある。また『創立者の語らい』の関連文献「海外諸大学講演集」(池田 1996：3) には「東の智慧と西の英知」という用法もある。なお哲学＝愛知の「知」は知恵と解釈されている (19:18-19)。そうすると哲学＝愛知は、知識の探究というよりも英知の発露の方を意味するだろう。

11) 随筆「創大生よ、世界に羽ばたけ」の中で次のように述べられている。「開学の折、創価大学の建学のモットーの第一には「人間教育の最高学府たれ」と掲げた。「知識」ばかりではなく、「知識を」生かすための「知恵」と「人格」こそを育てたいと思ったからである」(特 193)。随筆「第一期生」(特 173) にも同様に述べられている。

12) 以下のような主張がある。「知識というのは両刃の剣である。それによって幸福になり社会に力を示すこともできる。反対に不幸になってしまう場合もある。知識それ自体は幸不幸には関係ない」(2:90)。この一節は家、部屋と太陽の光の関係にたとえられて説かれていて面白い。前後 2:89-90 も参照。「太陽の光がきちんと部屋の中に入り恩恵をうけられるということが大切である」。幸不幸を「決めるのは自分の一念である」。「煎じ詰めれば、これは、生命、福運という次元の問題」である (2:90)。以下も参照。2:173, 2:184-185, 3:109, 3:147, 5:66, 7:23, 8:58, 16:148, 記 2:11, 特 193, 特 173 (注 11 参照)。

13) なお井戸とポンプのたとえは、師弟の関係にも用いられている。特 149 参照。

14) 次のようなほぼ同様の表現もある。「「知識」と「知恵」はあたかもポンプと水のような関係であり、知識は知恵の水を汲み上げるための手段であると考えてもよいでしょう。」(16:100-101)

15) 14:45, 17:121 も参照。次のように「水」「泉」だけのものもある。「「言葉一つ」「言い方一つ」そして「心一つ」で、人生は、どのようにでも悠々と開いていける。これが「智慧」である。／「知識」それ自体は、幸福ではない。「幸福」をつくるのは「智慧」である。「知識」だけでは行き詰まりがある。「智慧」は行き詰まりがない。／「智慧」の水は、わが心の泉から限りなく汲み出していけるのである。／これからの激動の時代は、いよいよ「智慧」のある人が勝つ時代である。それが、「創価」すなわち「価値創造」の新世紀である。」(6:138)

16) 記 1:105-106 には芸術の結合の力という観点からの考察もある。

第 3 章 「ブロンズ像の指針 ――『創立者の語らい』の箴言的解読――　113

17)　「福澤文集・巻之一」「教育之事」を参照。
18)　古典を中心とする読書論は数多いが今回はこの観点からは立ち入らない。
19)　全体人間については、2:35, 7:23, 10:109, 記 2:119-120,123 等も参照。また記 2:227 も関連事項として参照。
20)　「知恵と知識」が収録された Russell (1956) およびその訳書は創価大学中央図書館の池田文庫の蔵書にある。ちなみに『知識と知恵その他』と題された笠 (1968) もその蔵書にある。笠 (1968：29-53) には、ラッセルの「知識と知恵」を「手がかり」とした「知恵の構造」と題された日本バートランド・ラッセル協会主催の講演録が収録されている（ちなみに同氏は初代会長）。笠信太郎氏はその中で知恵の構造を「プロポーション」（「全体の総合的な知識」）、「人間の自覚」「歴史的事実」および「将来への問題」（「変化する兆候」）の 4 点にわたって語っている。これらを寄せ集めれば知識が「知恵に近づく」と説いている。当時のベトナム戦争に言及し、「どえらい知識のアメリカにちがいないが、知恵としてははなはだ至らない」と断じている。
21)　「私の恩師・戸田会長は「知識を智慧と錯覚しているのが、現代人の最大の迷妄である」と鋭く見破っておりました」（記 3:12）。「恩師」は「現代文明の錯誤として知識と知恵の混同を挙げております」（16:100）。「先生は語っておられた。/「教育は、知識を教えるのみではない。長い人生を、生き生きと生き抜いていく力を育むことが大切である」/ 知識だけでは駄目だ。人間としての力、豊かな人生を生きるための智慧をどう育んでいくか。/ ここに教育の眼目がある。」（20:133）
22)　『日蓮大聖人御書全集』の「御義口伝」の中の一節をあげると、日蓮（1952：758）に「作とは此の作は有作の作に非ず無作本有の作なり」「大慈悲の念なり」等とある。なお「本有無作」に関する言及は 6:137 参照。
23)　これも『日蓮大聖人御書全集』の「御義口伝」の中の一節をあげると、日蓮（1952：708）に「迹門不変真如の理に帰するなり命とは本門随縁真如の智に命くなり」「随縁不変・一念寂照」等とある。
24)　諸法実相論と智慧の関係に関する研究として、山崎（2007：62-68）を参照。これは『創立者の語らい』研究ではないので立ち入らない。
25)　「小我」と「大我」の生死不二論は、記 1:11-16 において詳細に展開されている。
26)　「誰がために」を含む創価大学学生歌の誕生の経過については、池田（2014a：96-107）、高村（2002：6-7）参照。特に創価大学学生歌「誰がために」と「英知を磨くは何のため」の両方を含む創価学園の校歌（当初「寮歌」）との関係については、池田（2014a：101-102）を参照。また創価学園の校歌「人を愛すは / 何のため」（16:137）も参照。
27)　以下も参照。3:26, 7:79-80, 82, 12:20, 14:62, 20:168, 特 198 等。
28)　2 つ目、3 つ目は以下の通りである。「新しき大文化建設の揺籃たれ」「人類の平和を守るフォートレス（要塞）たれ」（1:31 他）。池田（2014a, 2014b）等の扉、創価大学建学の精神も参照。2 つ目の研究に取り組んだ重厚な論考として山崎（2005）がある。なお創価大学の「崇高な志」は「学生のための大学」（9:119）で

ある。以下も参照。9:117, 11:13, 54, 12:10, 14:102-103, 15:19, 126, 17:6318:66, 126, 177, 19:5, 10, 32-33, 20:51, 149 等。

29) 以下も参照。19:109, 20:134, 238, 259, および記 3:94 等。なお小論では、教育経済学の大学進学率・大学進学行動の分析といった実証研究には立ち入らない。

30) 次の発言も参照。「池田会長はよく学生たちに、「大学は、大学に行けなかった人のためにある」と強調されるとうかがいました。」(池田・ナンダ 2005：262)

31) 「英知によって」は入手できたゴーリキイ、岡澤訳 (1931：356) では「思想によって」と訳されている。おそらくふつうはそうなのだろうが、Мыслью (Горький 1975) は大文字であり「英知によって」と訳されたものと推察される。

32) 労苦＝苦労であるが、前者は文語的な感じがあり、かつ現代用語としては名詞がふつうだろう。一方、苦労の方が名詞・動詞いずれも日常語として圧倒的に使われていて用例も多い。「ご苦労様」「苦労人」「苦労性」「取越し苦労」「気苦労」「苦労する」等。

33) 経済学史上の価値論については、たとえば坂本 (2009a) のような教科書を参照。

34) 傍証に池田 (2010：63) が引用されている。なお佐藤 (2014, 2015) はキリスト教徒の視点から仏教を見た比較思想が展開されて興味深い。たとえば佐藤 (2014) には「地の塩」と「世の光」(共同訳聖書実行委員会 (1987)「マタイによる福音書」5：13-16) を引用した次のような超絶技巧解釈がある。「キリスト教語に翻訳すると池田氏は「地の塩」になれと説いているのだ」(佐藤 2014：80)。ちなみに「地の塩、世の光」は創価大学のブロンズ像の指針に対応する「青山学院スクール・モットー」(青山学院大学公式サイト：大学案内＞大学概要＞教育方針・理念＞スクールモットー＞青山学院スクール・モットー参照) である。

35) 坂本 (2009b：85-116) 参照。

36) 坂本 (2014：108-110) 参照。

37) 水田監訳は「労苦と手数」と訳している。坂本 (2009a：84-86) も参照。

38) 以下を参照。「「創価」とは無限の価値の創造」(6:81)、「生命力と価値」(6:90, 記 3:66-67, 106, 111)、牧口価値論 (記 3:77)、「地上を踏みしめて一歩一歩進め」(5:65-67)、「天と語り合う」(5:73-74)。

39) 牧口 (1982：219) 参照。

40) ただし前期牧口価値論である。坂本 (1996：196, 2016：8) 参照。

41) 坂本 (1996:191, 196)、坂本 (2009a：229-230) 参照。

42) たとえば坂本 (2009a：82-84) 参照。

43) fortune, treasure も検討に値するだろうが今回は見送る。

44) いきおい論争的になってしまうが、市場システムと非市場システム (共同体システム) に関しては、坂本 (2005) 参照。さらにこれもそうなってしまうが、新古典派批判の経済と倫理に関しては、坂本 (2001) 参照。

45) 2:192-194, 5:37 も参照。

46) 「人間の本質としての人間革命」については山崎 (2006) 参照。

47) 『創立者の語らい』では桜梅桃李の自体顕照論は多様性原理・縁起論として社

会・自然にまで拡大されている。記 3:21-23, 22:74 参照。
48) 卒業式は東日本大震災により中止となった。メッセージの中では、福島県の歴史学者・浅川寛一博士に言及し、「粘り強くあれ」と激励されている（22:136-137）。
49) 23:93-94 も参照。
50) 「重層化」と「原点への旅」というレトリックはゲーテと『ファウスト』の関係が語られている個所（2:143）を援用したものである。

参考文献

池田大作（1995-2015）『創立者の語らい』27 巻（既刊分）、創価大学学生自治会編、創価大学学生自治会。

*

池田大作（1988-2015）『池田大作全集』全 150 巻「池田大作」刊行委員会編、聖教新聞社。

*

アブエバ, ホセ・V、池田大作（2015）『マリンロードの曙―共生の世紀をみつめて』聖教新聞社。

池田大作（1996）『21 世紀文明と大乗仏教－海外諸大学講演集―』聖教新聞社。

池田大作（2004）『創立者スピーチ集・創立者と私』創価女子短期大学学生会編、創価女子短期大学学生会。

池田大作（2005a）『創価教育の源流』創価大学創友会編、創価大学創友会。

池田大作（2005b）『学は光―創立者の指導集』創価大学通信教育部・開設 30 周年記念編纂委員会編、創価大学通信教育部。

池田大作（2006）『新・人間革命』第 15 巻、聖教新聞社。

池田大作（2010）『池田大作名言 100 選』中央公論社。

池田大作（2011）『新・人間革命』第 23 巻、聖教新聞社。

池田大作（2014a）『創価大学　創立の精神を学ぶ』改訂版、創価大学創価教育研究所編、学校法人創価大学。

池田大作（2014b）『創価大学　創立の精神を学ぶ―創価大学通信教育部編』創価大学通信教育部編、学校法人創価大学。

池田大作（2016）『創立の精神を学ぶ―創価女子短期大学編』創価女子短期大学「創立の精神を学ぶ」編纂委員会編、学校法人創価大学。

池田大作、ナンダ, ベッド・P（2005）『文明間対話　インドの精神―仏教とヒンズー教』東洋哲学研究所。

トインビー, アーノルド・J、池田大作（2002）『二十一世紀への対話』（全 3 冊）、聖教ワイド文庫。

*

Arendt, Hannah (1958) *The Human Condition.* Chicago：University of Chicago. 志水速雄訳『人間の条件』ちくま学芸文庫、1994 年。

陳光磊編文（1990）『彩図格言詞典』上海辞書出版社。

太宰治(1990)『太宰治全集第5巻』筑摩書房。
福沢諭吉(1959)『福沢諭吉全集第4巻』慶應義塾編纂、岩波書店。
Goethe, Johann Wolfgang von (1996) *Faust: Der Tragödie erster und zweiter Teil, Urfaust.* München：C.H.Beck. 大山定一訳「ファウスト」小牧健夫・大山定一・国松浩二・高橋義孝編『ゲーテ全集第2巻』人文書院、1960年。
ゴーリキイ・マクシム、岡澤秀虎訳(1931)『ゴーリキイ全集　第3巻 1月9日他16篇』(改造社)。
Hesse,Hermann (2004) Die politischen Schriften：Eine Documentation. *Herman Hesse Sämtliche Werke.* Herausgegeben von Volker Michels. Band 15. Frankfurt am Main：Suhrkamp Verlag. 高橋健二訳、『若き人々へ』人文書院、1956年。「ツァラトゥストラの再来」日本ヘルマン・ヘッセ友の会・研究会編訳『ヘルマン・ヘッセエッセイ全集』第8巻「時代批評」所収、155-183頁、20010年。
平井俊顕(2007)『ケインズ100の名言』東洋経済新報社。
Hyde, Lewis (2007) *The Gift: Creativity and the Artist in the Modern World.* 25th Anniversary Edition. New York：Vintage Books, A Division of Random House. 井上美沙子・林ひろみ訳『ギフト―エロスの交易』法政大学出版局、2002年。
伊藤貴雄(2007)「歴史の中の『創立者の語らい』―露日交流史のコンテクストで読む―」創価大学通信教育部学会編『創立者池田大作先生の思想と哲学』第3巻所収、247-265頁。
伊藤貴雄(2014)「第4回入学式講演「創造的生命の開花を」とその歴史的背景」『創価教育』(創価大学創価教育研究所)第7号 63-76頁。
神立孝一(2013)「創価学園・創価大学と創立者(第3回)」『創価教育』(創価大学創価教育研究所)第6号 31-63頁。
勘坂純市(2009)「「創造的人間」と創価大学の使命」『創価教育』(創価大学創価教育研究所)第2号 107-110頁。
共同訳聖書実行委員会(1987)『聖書新共同訳―旧約聖書続編つき』日本聖書協会。
牧口常三郎(1982)『牧口常三郎全集第5巻　創価教育学体系(上)』第三文明社。
宮川真一(2007)「21世紀文明をめぐる仏教的理念」創価大学通信教育部学会編『創立者池田大作先生の思想と哲学』第3巻所収、31-49頁、第三文明社。
水元昇(2004)「第4回入学式創立者講演「創造的生命の開花を」を読む」『創価教育研究』(創価大学創価教育研究センター)第3号 75-88頁。
森幸雄(2004)「第2回滝山祭創立者講演「スコラ哲学と現代文明」を読む」『創価教育研究』(創価大学創価教育研究センター)第3号 67-74頁。
森田実(2012)『森田実の言わねばならぬ名言123選』第三文明社。
日蓮(1952)『新編日蓮大聖人御書全集』堀日亨編、創価学会。
Nietzsche, Friedrich (1965) *Die Fröhliche Wissenschaft*《*La Gaya Scienza*》. Stuttgart：Alfred Kröner Verlag.『悦ばしき知識』信太正三訳、ちくま学芸文庫、1993年。
Russell, Bertrand (1956) *Portraits from Memory and other Essays.* London：George

Allen & Unwin. 中村秀吉訳『バートランド・ラッセル著作集1・自伝的回想』みすず書房、1959年。
ラッセル, バートランド（1966）『ラッセル名言集―英和対照』正田義彰・荒井良雄編、原書房。
笠信太郎（1968）『知識と知恵その他』文藝春秋。
最澄（1991）『原典日本の思想2・最澄・顕戒論・山家学生式[他五篇]』安藤俊雄・園田香融校注、岩波書店。
坂本幹雄（1996）「書評論文・後藤隆一著『脱近代への道―価値論・仏法・ヒューマノミックス』（製作・東洋経済新報社・事業企画部, 発行者・後藤隆一,1995年,303頁）」『季刊創価経済論集』（創価大学経済学部学会）第25巻第1-4号187-198頁。
坂本幹雄（1998）『経済学入門』創価大学出版会。
坂本幹雄（2001）「アリストテレスの倫理的貨幣論―アリストテレス・スミス・ケインズ―」『通信教育部論集』（創価大学通信教育部学会）第4号80-96頁。
坂本幹雄（2005）「人間主義経済学序説」創価大学通信教育部学会編『創立者池田大作先生の思想と哲学』第1巻所収、229-256頁、創価大学通信教育部学会。
坂本幹雄（2006）「歴史における人間論」創価大学通信教育部学会編『創立者池田大作先生の思想と哲学』第2巻所収、141-164頁、第三文明社。
坂本幹雄（2007a）「生命論の環境思想」創価大学通信教育部学会編『創立者池田大作先生の思想と哲学』第3巻所収、73-95頁、第三文明社。
坂本幹雄（2007b）「池田思想の方法論的考察」『通信教育部論集』（創価大学通信教育部学会）第10号35-54頁。
坂本幹雄（2009a）『経済学史』［新版］創価大学出版会。
坂本幹雄（2009b）「勤労者―働きすぎ問題の基盤」佐瀬一男・尹龍澤編『新・人権はだれのものか』所収、85-116頁、有信堂。
坂本幹雄（2009c）「ジェイムズ・ステュアートの方法論―ジェイムズ・ステュアート格言集試論1―」『通信教育部論集』（創価大学通信教育部学会）第12号33-51頁。
坂本幹雄（2016a）「尾熊治郎教授のご退職に寄せて・果てしなき探究の対話―尾熊治郎、その人と思想―」『通信教育部論集』（創価大学通信教育部学会）第18号6-15頁。
坂本幹雄（2016b）「ブロンズ像の指針・再論―『創立者の語らい』の箴言的解読2―」『通信教育部論集』（創価大学通信教育部学会）第19号所収、59-78頁。
佐藤勝（2014）『地球時代の哲学・池田・トインビー対談を読み解く』潮出版社。
佐藤勝（2015）『「池田大作大学講演」を読み解く・世界宗教の条件』潮出版社。
Smith, Adam（1976）*An Inquiry into the Nature and Causes of the Wealth of Nations*. 2vols. R.H.Campbell and A.S.Skinner（eds.）. Oxford：Oxford University Press. 大河内一男監訳・大河内一男・大河内暁男・田添京二・玉野井芳郎訳『国富論』（全3冊）、中公文庫、1978年、水田洋監訳・杉山忠平訳『国富論』（全4冊）、岩波文庫、2000 -2001年。
創価大学三十年誌編纂学生委員会編（2001）『創価大学三十年誌［学生編］』創価大学

学生自治会.
創価大学通信教育部学会編（2005-2007）『創立者池田大作先生の思想と哲学』（全3巻）、創価大学通信教育部学会（第1巻）、第三文明社（第2巻、第3巻）.
創価学会教学部編（2002）『妙法蓮華経並開結』聖教新聞社.
杉山由紀男（2004）「第3回入学式創立者講演「創造的人間たれ」を読む」『創価教育研究』（創価大学創価教育研究センター）第3号 51-65 頁.
高村忠成（2002）「創大精神の原点を語る」『通信教育部論集』（創価大学通信教育部学会）第5号 2-15 頁.
山崎達也（2005）「普遍形成概念のメカニズムと空の論理－創立者講演「スコラ哲学と現代文明」から創出される論理空間」創価大学通信教育部学会編『創立者池田大作先生の思想と哲学』第1巻所収、34-81 頁、創価大学通信教育部学会.
山崎達也（2006）「人間の本質としての人間革命―ルネ・ユイグとの対談『闇は暁を求めて』から―」創価大学通信教育部学会編『創立者池田大作先生の思想と哲学』第2巻所収、165-193 頁、第三文明社.
山崎達也（2007）「超越と相即―池田大作先生の諸法実相論解釈における一断面―」創価大学通信教育部学会編『創立者池田大作先生の思想と哲学』第3巻所収、50－72 頁、第三文明社.

Web Site（2016 年 3 月 16 日閲覧）
青山学院大学 http：//www.aoyama.ac.jp
Горький, Максим (1975) ЧЕЛОВЕК. Источник：М. Горький. Рассказы. Очерки. Воспоминания. Пьесы. "Библиотека Всемирной литературы", М.：Художественная литература. Интернет-библиотека Алексея Комарова, http：//www.ilibrary.ru/text/495/index.html
創価大学 http：//www.soka.ac.jp

＊　宮川真一氏より、ロシア語文献に関してご教示いただきました。末尾ながら記して深く感謝の意を表します。

第4章
池田思想に基づく環境教育の新展開

有 里 典 三

はじめに ——資源浪費型の近代文明と地球環境問題

　今日のグローバルな市場経済を築き上げてきた基本的な人間観は、「ホモ・エコノミクス」すなわち、利害優先の論理に支配される存在としての人間である。人類史は、17世紀のイギリスの社会思想家トマス・ホッブズ（Thomas Hobbes：1588-1679）以来の人間観である「人間は人間にとっての狼」といわれるような、利己的で、物質主義的で、相互に競争する人間の一側面を肥大化させている。こうした傾向と人間の「欲望」をエンジンとする近代資本主義の発展・拡大の趨勢とが互いに増幅し合い、連関して進行した結果、近代文明は地球の有限性という壁に直面してその限界をますます露呈してきている。その典型が地球規模で進行している「地球環境問題」である。

　本稿は、池田SGI会長が2002年の「国連環境開発サミット」に寄せた提言で示した「環境教育の3段階アプローチ」に準拠しながら、地球環境問題の真の解決のために私たちに今何が求められているのか。そして、仏法の視座からどのような貢献ができるのか、といった喫緊のテーマについて考察する。

　まず、環境教育の第1段階：「現状を知り、学ぶ」については、社会学の合理的選択理論に基づいて地球環境問題に共通する構造の解明とその定式化を行う（第1節）。それに基づいて、社会学的見地からみた地球環境問題の

解決策と一般原則の提示、それらに内在する問題点を指摘する（第2節）。次に、大乗仏教（特に日蓮仏法）の観点から地球環境問題の解決に向けてアプローチすることの意義を明らかにする（第3節）。以上の観点を踏まえて、環境教育の第2段階：「倫理観の確立と生き方の見直し」に論点を移し、まず仏法の「縁起」観の1つ「依正不二」論を、次に「人間の煩悩」を制御し止揚するための変革の哲理「煩悩即菩提」論を取り上げ、それらの現代的意義を考察する（第4節）。最後に、環境教育の第3段階：「具体的な行動に踏み出す」に焦点をあて、日蓮仏法を元に展開される池田SGI会長の著作や記念提言を参考にしながら、環境教育の新たな展開内容の政策論的および文明論的意義を明らかにする（第5節）。

1. 地球環境問題の基本構造とゲーム理論による定式化

(1) 地球環境問題に共通する基本構造——囚人のジレンマ

　日常生活における人々のささやかな欲求充足は、たとえそれがどのように小さなものであったとしても、集積されることによって大きな社会問題にまで発展することがある。熱帯雨林の減少、砂漠化、水質汚染、オゾン層の破壊、地球温暖化、酸性雨など、いわゆる「地球環境問題」と呼ばれる諸問題は、こうした累積効果がもたらす社会問題の事例である。これらの問題群にはある共通する構造が存在している。

　イメージをつかむために身近な具体例をあげてみよう。①自家用車を利用することによって、人々は「速く安く」通勤することができる。しかし、多くの人々がそのような選択をすることによって、都市の大気は汚染される。そして、多くの人々が自家用車を利用するようになれば、バスや電車などの公共の交通機関の利用者が減少するために、ますます本数が減りサービスも低下する。あるいは、②一人ひとりが大量の物やエネルギーを使った「豊か

で快適な」生活を追い求めることによって、社会全体で使用するエネルギー量や排出されるゴミの量は増大する。そして、それは環境破壊をもたらすとともに、生活のコストも増大させる結果となる。

これらの事例は、ともに人々が「個人的合理性を追求する結果、社会的に非合理な状態に陥ってしまう」(海野1991,p.140.) という共通の構造をもっている。つまり、個人的合理性と社会的合理性が矛盾しているのだ。これが社会的ジレンマと呼ばれる状態である。しかし、社会的ジレンマ状況における問題は、人々の無知ゆえに生じるのではない。「仮に人々が行為の結果を見通していたとしても、彼自身が『合理的』選択をする限り、社会的レベルでは非合理的状況が生じてしまう」(海野1991,同上)。何故だろうか。そこには、どのようなメカニズムが作用しているのだろうか。

社会的ジレンマの基本的メカニズムは、古くから知られている「囚人のジレンマ」(Luce and Raiffa1957,p.95.) というゲームの中に存在している。以下で、海野(1991)、山岸(2000)、太郎丸(2011)の先行研究を参考にしながら、囚人のジレンマの構造的特徴について説明しておこう。囚人のジレンマでは2人の囚人間のジレンマを問題としているが、社会的ジレンマを考える上で必要な基本的要素は含まれている。このゲームの構造は、表1のような「利得

表1 囚人のジレンマ

囚人Aの選択肢	囚人Bの選択肢	
	黙　秘	自　白
黙　秘	**−2**, −2	**−10**, 0
自　白	**0**, −10	**−8**, −8

行列」で表され、次のようなことを意味する。

　2人の容疑者A、Bが別件で逮捕され、ある重大な犯罪の容疑で取調べを受けているとしよう。2人の囚人はお互いに話をすることができない状態で、それぞれ担当の検事から「自白」か「黙秘」か二者択一を迫られている。表1は、2人の囚人の選択によって懲役年数がどのように決まるかを示したものである。ゴシック体で示した表中の左側の数字は囚人Aの懲役年数を、右側の数字は囚人Bの懲役年数を示している。懲役年数が負の数値で表されているのは、刑がマイナスの効用だからである。この囚人のジレンマでは最終的にどのような状態が実現するだろうか。

　まず、囚人Aの立場にたって考えてみよう。囚人Aの懲役年数は自分の選択肢だけでなく、囚人Bがどちらを選択するかによっても変わってくる。囚人Aはこう考えるはずだ。囚人Bが「黙秘」（＝協調という協力行動）した場合、どちらを選択した方が有利かと。囚人Aが「自白」（＝裏切りという非協力行動）を選択すれば即釈放されるのに対して、「黙秘」（協力行動）すれば懲役2年の刑を科せられる。したがって、囚人Aにとっては「自白」（非協力行動）した方が有利だ。他方、囚人Bが「自白」（非協力行動）した場合はどうだろうか。この場合は、囚人Aが「自白」（非協力行動）すれば懲役8年、「黙秘」（協力行動）すれば懲役10年となる。したがって、この場合も囚人Aにとっては「自白」（非協力行動）した方が懲役年数が短くてすむ。つまり、囚人Bがどちらを選択しようと、囚人Aにとっては相手を裏切って「自白」（非協力行動）した方が常に短い懲役年数ですむことがわかる。こうした選択肢のことを「優越戦略」[1] という。

　ところが、この事情は囚人Bにとってもまったく変わらない。つまり、囚人Aにとっても囚人Bにとっても、相手を裏切って「自白」（非協力行動）することが優越戦略となっている。こうして2人の囚人は、お互いに相手を裏切る「自白」（非協力行動）によって有罪を立証され、8年ずつの懲役を科

せられることになる。これが囚人のジレンマで実現する最終的な状態である。この状態では、どちらか一方の囚人だけが自分の選択を変えたとしても、その囚人の懲役年数が短くなることはない。つまり、どちらの囚人にとっても、自分だけが進んで選択を変えようとする誘因は存在しないのである。したがって、一旦この状態が実現してしまえば、いつまでも同じ状態にとどまらざるを得ない。こうした均衡状態のことを「ナッシュ均衡」[2]と呼んでいる。

　しかし、両者にとって8年という懲役は、はたして望ましい状態だろうか。否である。つまり、(－8, －8)は両者にとって欠陥のある均衡状態ということになる。両者にとってもっと望ましい状態がある。それは、両者とも懲役2年という状態である。この状態は「パレート最適な状態」[3]と呼ばれている。パレート最適な社会状態とは、その状態から離れることによって損失を受ける者が必ず存在するため、そこにとどまることが望ましい状態のことである。逆に、今の状態の外に、誰にとっても利益が減少することなく、かつ少なくとも誰か一人にとっては利益が大きくなるような別の状態が存在するなら、元の状態は「非パレート最適な状態」と呼ばれている。表1では(－8, －8)だけが「非パレート最適な状態」であり、それ以外の3つの組み合わせはすべて「パレート最適な状態」を表している。

　囚人のジレンマでは、囚人Aにとっても囚人Bにとっても望ましいパレート最適な状態（－2, －2）があるにもかかわらず、両者が協力行動を選択せずに優越戦略を取るという合理的な選択をしたことによって、その状態は決して実現されない。以上のような優越戦略の存在と非パレート最適な（非協力）均衡解という基本的な特徴を失うことなく、集団を3人以上の場合に拡張したものが社会的ジレンマである。一般的にいうと、社会的ジレンマとは、「人々の合理的行動が結果として社会全体に対して被害を与えてしまう状況」[4]と考えることができる。

(2) ゲーム理論による社会的ジレンマの定式化

　米国カーネギー・メロン大学教授のロビン・ドウズ（Robyn Dawes）は、この囚人のジレンマをＮ人の状況に拡張し、ゲーム理論によって社会的ジレンマを定義した。まず、当該社会がＮ人の均質な人間によって構成されていると仮定する。また、Ｎ人の行為者の選択肢は単純化のために２つとし、便宜的に①Ｃ行動［協力行動］、および②Ｄ行動［非協力行動］と名づける[5]。このように定義すると、いかなる状況もＣ行動者の人数によって記述できる。このとき、次の２つの性質をもつ状況を社会的ジレンマという（Dawes1980）。

　１　状況のいかんにかかわらず、当該行為者一人ひとりが得る個人的効用は、Ｃ行動［協力行動］をとったときよりもＤ行動［非協力行動］をとったときの方が大きい。つまり、個人レベルでは非協力の方が良い結果が得られるということだ。したがって、個人にとってはＤ行動［非協力行動］を選択することが優越戦略になる。その結果、すべての行為者がＤ行動［非協力行動］をとることが均衡状態となる。

　２　しかし、すべての構成員がＤ行動［非協力行動］をとったときに各人が得る社会的効用は、すべての構成員がＣ行動［協力行動］をとったときに各人が得る社会的効用よりも小さい。このような均衡を「欠陥均衡」という。つまり、全員が自分にとって個人的に有利な「非協力行動」を選択した場合の累積効果は、全員が「協力行動」を選択した場合の累積効果よりも悪いものになってしまう。したがって、自分で自分の首を絞めるというパラドックスが生じる。

　このような条件が集団や社会に存在している場合、〈個人レベル〉では、「非協力行動」の方が有利である。したがって、〈集団や社会のレベル〉では、誰にとっても望ましくない「全員非協力」状態が発生することになる。つまり、誰もが「全員非協力」状態よりも「全員協力」状態の方が良いことを知

りながら、誰も進んで「協力行動」を選択しないため、誰にとっても望ましくない「全員非協力」状態（欠陥均衡）が起こってしまうのである。

　社会的ジレンマは、環境問題や資源問題などの公共財問題[6]において典型的に見られる事態である。具体例をあげると、フロンガスを含んだスプレー等の使用、中性洗剤の使用と家庭からの廃液、自動車の排気ガス、漁業資源の枯渇問題、雪国でのスパイクタイヤによる粉塵公害、公園や観光地でのゴミ捨て、違法駐車による道路の混雑などが指摘できる。これらの公共財問題は、どれも共通して、「非協力行動」の利益が特定の個人に独り占めされるのに対して、「非協力行動」がもたらす弊害は集団全体に拡散することから生じる。だが、人々は全体の利益を損うことを目的として行動しているわけではない。個人的利益の追求を目的として行動することの「副産物」として、知らず知らずの内に全体の利益を損ってしまうのである。こうした事態を社会学では「行為の意図せざる結果」と呼んでいる。要するに、社会的ジレンマとは、個人の利益（個別的な合理性）と社会全体の利益（社会的な合理性）の葛藤を端的に表現したものであり、人間社会にとって根本的な問題に他ならない。

2. 社会的ジレンマの解決策と問題点

　では、社会的ジレンマはどうすれば解決できるのであろうか。第1節で紹介した社会的ジレンマをゲーム理論によって定式化するというのは、「合理的選択理論」に基づいてそのメカニズムを解明し、解決策を探ろうとする立場を表している。合理的選択理論によれば、「人々は、認知された選択状況の下で、自らの価値実現の最適化を図るように行動する。ここから、社会的ジレンマ解決の方法が示唆される。第1に、選択状況の認知を変える方法が考えられる。第2に、行為者の価値基準を変える方法が考えられる。この2つはまとめて、個人的要因の制御ということができよう。第3は、選択状況

そのものを変える方法である。これを構造的要因の制御と呼ぼう。いずれにせよ、行為者が意思決定する際の認知行動においてはもはや社会的ジレンマでない、という状況を作り出すことによって、社会的ジレンマを解決するのである」（海野1991,p.147）。最初に、それぞれの制御の特徴を簡潔に記述してみよう。

(1) 個人的要因の制御

社会的ジレンマの研究では、人々がジレンマに関して議論することによって協力行動が高まることが知られている。他者とのコミュニケーションを通じて社会的ジレンマを解決する方法として、「状況の認知を変える方法と価値の変更を図る方法」（同上 p.149）が考えられる。海野（1991）は、そのプロセスとメカニズムを次のように整理している。

- 状況に関する情報や知識を提供する。

「今日の社会的ジレンマ状況の多くは、社会的損失が一般の生活者に感知できない形で生じている。したがって、われわれが日常的に行っている生活行動がいかなる影響をもたらすかという情報や知識を提供することで、行為主体の主観的期待効用を変化させ、協力行動を促進する。」

- 他者の行動に対する期待（予測）や他者に対する信頼を増大させる。

「他者がどのように行動するかについて期待や予測ができれば、行為主体はその期待や予測を前提にして選択すればよいので最悪の事態を考慮した選択からは解放される。さらに、他者に対する信頼感が高まることによって、協力行動が無駄骨に終わったり他者の自己利益行動の食い物にされる恐れが減少する。」

- 良心への訴えかけがなされる。

他者の行動に対する期待（予測）や他者に対する信頼感が高まることによって、良心への訴えかけがなされ、共通利益の達成という社会的価値が共

有される。

- 集団への帰属意識や凝集性を増大させる。

「共通の問題に関する議論を行うことによって集団への帰属意識が強くなれば、効用計算に際して他者の利得を勘案する程度が大きくなる。したがって、自分の行動を決める際に協力行動への動機づけが増大する」。また、「集団の凝集性が高まれば、相互の行動調整が行いやすくなる反面、非協力行動に対しては制裁を受けやすくなる」。したがって、自分の行動を決める際に共通利益を考慮するようになる。

(2) 構造的要因の制御

「意思決定の場、すなわち利得構造自体を変更することによって、個人利益と集団利益の両立化を計ろうとするのが、構造的要因の制御による解決である」(海野1991,pp.147-148.)。海野（1991）によると、利得構造変更の方法に関して、次のような提案がなされている。

- 選択的誘因や強制を導入する。

「『協力行動』をした者には報償を与え、『非協力行動』をした者には罰を与えることによって、『協力行動』が生じやすい（あるいは『非協力行動』が生じにくい）構造に変更しようという考え方である」。つまり、利得構造を変更することである。これらのアメとムチは選択的誘因と呼ばれている。

- 共有物の区画化や私有化をする。

「意思決定の単位を縮小することも、社会的ジレンマの構造を変える方法の一つである」。共有物の管理は、それを区画化（分割）することによって容易になる。なぜなら、すべての共有物をすべての人が合同で管理するよりも、管理の単位（区画）が小さくなり、その共有物にかかわる集団の規模が小さくなるので、意思決定に関わる行為主体の数が少なくなるからである。したがって、「集団規模の縮小は協力行動の増加に結びつく。反対に、集団規模

が大きくなるほど協力行動は少なくなる。」

(3) 制御の限界と解決のための一般原則

しかし、地球規模の環境問題を考えてみればわかるように、これらの要因を制御するだけでは社会的ジレンマを解決するためには限界がある。以下、海野（1991）や山岸（2000）の先行研究に基づいて、いくつかの主要な問題点を指摘しておきたい。

第1に、「共有物の総量の問題」がある。共有物の性質を一定にしたとき、「共有物の総量が多くなるほど、供給は難しくなる」。なぜなら、一人当たりのコストが大きくなるので、行為者はコストの負担に耐えられなくなる一方で、抜駆けをしてより大きな利益を得ることへの誘因も大きくなるからである。

第2に、「関与する人数の問題」がある。社会的ジレンマの制御という観点からみたとき、「問題としている共有物に関与する人数が多いほど、関係者相互のコミュニケーションは困難になり、そのためのコストも増大する」。したがって、個人的要因の制御は現実的には不可能だし、構造的要因の制御の場合もコストは膨大になる。

第3に、「共有物固有の性質に起因する問題」もある。「区画化と私有化によって協力行動は促進されるが、それが不可能な場合や無意味な場合がある」。たとえば、大気を分割して所有したり管理したりすることは事実上できない。道路や水泳プールや河川は分割所有することはできるが、分割すれば意味を成さなくなることは明白である。

第4に、「共有物の中には、その状態がもたらす影響の範囲に広狭がある」。大気は拡散性の大きい共有物である。地球温暖化は拡散性が大きいからこそ問題になる。

第5に、「共有物は、認知という側面からもさまざまな性質をもっており、

制御に関係する」。共有物が人々にもたらす影響には、認知しやすいものもあれば困難なものもある。オゾン層の破壊や地球の温暖化などは、一般の人間には知覚できない。精密な測定によって初めて発見ができるものだ。いずれにせよ、認知可能性が低いほど制御可能性も小さくなる。

　こうした限界はあるにせよ、社会学の知見では、社会的ジレンマを解決するための一般原則として次の3段階が必要とされている。

- 一人ひとりの「利益追求行動」が集積することによって、環境に対してどのような影響を与えているかを把握する（＝「現状を知り、学ぶ」）。
- その結果に基づいて、たとえば「環境の保全」と「個々の利益追求」という相対立した利害をどのように調停するかを判断し、人びとの「利益追求行動」の限度を確定する（＝「生き方を見直す」）。
- その上で、人びとに「どういう行動はとるべきでない」という制約条件を規範として示し、その範囲内で「利益追求行動」が行われるように、規範意識の共有や制裁の制度化などを通じて、各主体を方向づける（＝生き方を見直す）。

　以上の一般原則は、人間の行動を外在的に拘束する規範や制度によるいわば「上からの変革」を中心に、個人的あるいは構造的要因を制御して社会的ジレンマを解決しようとする方策である。しかし、こうした地球環境問題への対応策には、個人に内面化され、共通利益の達成を目的として社会的に共有される価値自体を転換するという視点が抜け落ちている。地球環境問題を深刻化させているのは、現代社会が生み出している「欲望の神格化」という風潮である。現代の資本主義社会が、人間の欲望を無制限にあおり欲望を暴走させる装置と化していることが、今日の地球環境問題の根本原因となっている。したがって、地球環境問題の解決には人々の欲望を制御する方策が問われなければならない（川田 1994, pp.142-150, pp.156-157.）。

　たしかに協力行動を生み出す方法として「上からの変革」は必要不可欠で

はあるが、それとは対極に位置するもう1つの「下からの変革」という観点も重要である。それは、現代人が共有している（もしくは呪縛されている？）価値そのものに照準を定め、地球環境問題を生み出している現代人の「欲望」を制御し生き方を見直すというやり方である。持続可能な地球社会を実現するための行動に踏み出すためには、能動的な個人を育成し「下からの変革」によって目覚めた民衆のネットワークを拡大するという教育的アプローチの重要性を無視することはできない。

　池田SGI会長は、リオ・デ・ジャネイロの「地球サミット」（1992年）から10年後に南アフリカ共和国のヨハネスブルグで行われた「持続可能な開発に関する世界首脳会議」（「国連環境開発サミット」）に環境教育を中心とした提言「地球革命への挑戦——持続可能な未来のための教育」を寄せ、「持続可能な開発のための教育の10年」（ESDの10年）の制定を提案している（池田2002）。この提言の中で池田SGI会長は、地球環境問題の真の解決のためには、法制度の整備といった「上からの改革」とそれを支え、後押しする民衆の連帯を築いていく「下からの改革」の必要性を主張し、その原動力となるものこそ「環境教育」だと位置づけている。そして、2005年から10年間の「環境教育」の進め方として、①地球環境問題の「現状を知り、学ぶこと」、②持続可能な未来をめざし、「生き方を見直すこと」、③問題解決のために、ともに立ち上がり、「具体的な行動に踏み出すためのエンパワーメント（内発的な力の開花）」という3段階（3つのステップ）を示し、「環境教育」を総合的に進めることを提唱した。この池田SGI会長の「環境教育の3段階」アプローチは、仏法（特に日蓮の教義）が地球環境問題の解決にどのような貢献ができるのかを実証するための一般的な枠組みでもある。以降の節では、この3段階アプローチの中の特に第2段階：「生き方を見直す」と第3段階：「具体的な行動に踏み出す」に焦点を当て、仏法が地球環境問題の解決に向けてどのような貢献ができるのか検討したい。

3. 仏法は地球環境問題の解決に
　　どんな貢献ができるのか？

(1) 新しい倫理観を確立し生き方を見直すための視点（環境教育の第2段階）

　現在の地球環境問題の根本には、経済発展を至上目的とする風潮とそれを支える人間の「欲望の在り方」が潜んでいる。「現代文明は科学技術文明であり、その成果として生産されるものは常に物質的なものである。人間にとっての豊かさは物質的な豊かさであり、それを測る指標は経済である。そのため経済的な発展を常に命題として位置付けてきた人類は、経済活動を支える欲望を抑制する問題を避けてきたように思われる。」(山本 2009,p.117.)

　では、仏法は地球環境問題の解決に向けてどのような貢献ができるだろうか。科学技術と比べて仏法がこの問題に積極的な関わりをもてるとすれば、まさしく人間の「欲望のあり方」と制御の問題についてであろう。なぜなら、仏法の英知は、「欲望の在り方」こそ人間の最も大きな問題の1つであることを 2000 年以上も前から洞察しているからである。たとえば山本（同上）は、仏法が貢献できる内容として、「人間活動の抑制を可能にする方法の検討やその実践、すなわちライフスタイルや価値観の転換、また、環境倫理の在り方の検討や倫理意識の醸成、またさらに大きな立場では文明の在り方の検討や転換」(p.110.)などを指摘している。

　より具体的にいうと、仏法からみた環境問題の原因や問題の性格の探究（＝現状を知り、学ぶ）、仏法における自然観の特徴と価値観の見直しの必要性（＝生き方を見直す）、仏法における環境教育や環境倫理の在り方と醸成（＝生き方を見直す・行動に踏み出す）などがテーマとして挙げられる。そして、資源の枯渇問題を含めて環境問題の解決を考える際に留意すべき点として、「人間の欲望の在り方において2つのことを考えなければならない。1つは、物質に対する欲望を抑制することであり、もう1つは欲望の向く方向を変える

ことである。」(山本 2009,p.117.)

　池田 SGI 会長は、リオでの「地球サミット」に先立って開催されたイギリスのタプローコートでの「環境開発国際会議」に、「地球環境の保全に向けて」(池田 1992) と題する論文を寄せている。その中で、仏法の視座から「地球環境問題」をどのように捉えるかという点についての基本指針を示している。すなわち、仏法の「縁起」観の1つである「依正不二」論を自然生態系と人類文化、科学、社会の段階的関連性として現代的に展開している。この論文は、環境教育の第2段階:「生き方を見直す」ための基礎となる新しい自然観や倫理観に言及していて、「煩悩」を制御する際の倫理観やライフスタイルを考える上で示唆に富んでいる。その論旨を要約すると次のようになる (川田 2008,pp.10-12.)。

　「第1に、仏法の示す自然観、環境観として"依報"地球生態系と"正報"人類は、根源の次元においては一体であり、それ故に、現象面において相互連関をなしつつ、宇宙進化のなかで、その歴史的刻印を"報"として受けている以上、この両者は"運命共同体"であるとの自然観に立つべき」である。

　「第2に、したがって、人類は"依報"のうちでも、第一次環境ともいうべき、人間－自然生態系との調和、共存のシステムに支えられなければ、存続はありえない」ということである。

　「第3に、第二次環境ともいうべき、人類の文化・社会環境としての"依報"は、人間－自然生態系の上に築き上げられるべきものであり、本来的に、大自然の法則、秩序との調和に則って展開すべき存在であります。したがって、自然生態系を破壊せず、傷つけた領域は修復しつつ、回復力、蘇生力の範囲内で、文化・社会環境を築き上げていかなければならない」ことになる。

　「第4に、以上のことから明示されるのは、人類が自然生態系にはたすべき責任、使命とは、人類が、この地球上に生物進化の頂点として出現した存

在論的意義をはたすことであります。それは、万物の尊厳性をまもる『保護者』であり、……地球生態系の創造的な進化に共鳴する『調整者』とならなければならないということ……それ故に、個人としても、又、国家や人類総体としても、自然生態系を傷つけ、破綻させ、運命共同体としての人類家族を破壊するような『貪欲』や『攻撃性』（暴力性）やエゴイズムを制御しなければならない。」

「第5に、人類は総体として、自らの創造した文化・社会環境を駆使して、自然生態系のさらなる創造的発展のために貢献してゆく『貢献者』としての役割を担っております。それは、新たな地球価値の創造であります。『未来からの使者』のために人類的価値、地球価値を創造しゆく道のなかに、『世代間倫理』も形成されていく。」

　なかでも、人間の欲望を抑制し欲望の向く方向を変えるという点では、第4と第5の視点がこの問題と密接に関連している。とりわけ第5の視点、すなわち自然生態系を創造的に発展させる「貢献者としての役割」について、池田SGI会長は「菩薩（的人間）」に触れながらこう説明している。「現代社会の真っ只中で、人類的危機に真っ正面から立ち向かって、自他ともに歓喜の人生を送ろうとする生き方を貫くのが『菩薩』である。いわば、複雑に絡み合い、重層的に織りなされた『自然―人類』生態系のなかでの自己の存在の意味を深く認識した生き方である。……人類のみならず自然生態系をも同情的、道徳的に共感しうる大境涯に立って、生きとし生けるもののために、自己のエゴイズムと煩悩をよくコントロールしつつ、他者の生命と地球生命圏の価値を創造しゆくことを生きがいとし、最高の人生として、積極的な利他の行為へとおもむこうとする（生き方）である」(1990,pp.127-128.) と。

　さらに池田SGI会長（2014）は、「自他共の幸福」を願いながら、より良き社会の建設をめざす仏法の「菩薩道」の生き方とは、私たちが日々の生活のなかで指標とする実践哲学でもあるとして、「有限の資源を奪い合い、使

い尽くしていくような飽くなき貪欲に駆り立てられた現代社会の流れを変えるために、『内なる精神の革命』すなわち『人間革命』を個々人の次元にとどまらず、社会の底流を形作るエートス（道徳的気風）にまで大きく広げていく」（池田・ヴァイツゼッカー 2014,p.34.）ことを訴えている。

　また、池田SGI会長（2014）は、宗教が果たすべき使命と責任に言及した箇所でも、この「菩薩道」の生き方に注目し、「大乗仏教では『煩悩即菩提』という法理があり、目先の欲望に囚われて自分自身を見失ってしまうのではなく、『共生と共栄』『良き社会の建設』といった、より大きな価値観と目的観をもち、真の生命の充実感と人生の幸福感を得る生き方へ転換していく方途を明かしています。現代社会に蔓延しつつある、物質的価値を最優先する風潮を見直すための視座を提示し、一人一人の生き方をより良き方向に向け、時代変革の挑戦を後押しすることにこそ、宗教が果たすべき使命と責任がある」（池田・ヴァイツゼッカー 2014,pp.281-282.）と主張している。

(2) 具体的な行動に踏み出すための視点（環境教育の第3段階）

　次に、環境教育の第3段階：「具体的な行動に踏み出す」に焦点を当て、仏法の視座が地球環境問題の解決にどう貢献できるのか、検討してみよう。

　池田SGI会長は、2016年1月に発表した「SGIの日」記念提言「万人の尊厳　平和への大道」の中で、地球的な課題の解決に向けての"民衆発の活動"の中軸に「世界市民教育」を据えている。SGIでは、教育の果たす2つの役割、すなわち①「自分自身の行動がもたらす影響を正しく見定めながら、自分にも周囲にもプラスの変化を起こす力を磨く役割」（池田 2016）と、②「困難に直面しても、くじけることなく行動する勇気を発揮していくための"学び"の場としての役割」（同上）を踏まえながら、さまざまな角度から「世界市民教育」を展開し、次の4つの柱からなるプロセスを推進することを提案している。

- 自分を取り巻く社会の問題や世界が直面する課題の現状を知り、学ぶ。
- 学びを通して培った、人生の座標軸と照らし合わせながら、日々の生き方を見直す。
- 自分自身に具わる限りない可能性を引き出すためのエンパワーメント（内発的な力の開花）。
- 自分たちが生活の足場としている地域において、具体的な行動に踏み出し、一人ひとりが主役となって時代変革の万波を起こすリーダーシップの発揮。

　環境教育の第3段階は、この中の内発的な力の開花とリーダーシップの発揮のプロセスに相当する。すなわち、具体的な行動に一歩踏み出すための「勇気」と「力」を与えることである。「いくら共通の行動規範を定めたとしても、それを自らのものとして血肉化し、実践する人々が増えなければ、厳しい現実を突き動かす力にはなりません。受身的な姿勢で、自らの意思とは関係のないものと捉えられてしまえば状況の変化次第で破られてしまう脆弱なものとなってしまいます。だからこそ、こうした倫理を自らの『誓い』として高め、それを果たしてゆくことを『使命』とし、『喜び』としていく生き方を確立することが大切」（池田 2002）なのだと。

　具体的には、池田 SGI 会長は、「エンパワーメント」（内発的な力の開花）から「リーダーシップの発揮」までの一貫した意識啓発を進めるための新たな教育的枠組みを制定することを提案し、2005 年から 2014 年までの「持続可能な開発のための教育の 10 年」（ESD の 10 年）の実績を発展的に継承する形で、新たに「持続可能な地球社会のための教育プログラム」を開始することを国連に勧告している。

　この環境教育の第3段階では、変革の担い手をどのように育成し、その行動をいかにして持続的なものにするか、という点に環境教育の目標が置かれている。いうまでもないことだが、どれだけ優れたビジョンであっても市民

社会の強力な後押しがなければ実現は不可能である。より多くの人々がそのビジョンを自分に関わる課題として"共有"し、日々の生き方に"反映"させ、行動の輪が社会に"定着"していってこそ、実効性は高まる。池田SGI会長は、牧口初代会長の教育の主眼も、実は「自分を取り巻く出来事の意味を見極め、能動的に応答する力を磨くこと」にあったとして、「この自発能動の学びに基づく『応用の勇気』こそ、状況に押し流されず、自らが望む未来を切り開く原動力となる」(2016) ことを改めて強調している。

　そこで池田SGI会長は、一人ひとりに備わる無限の可能性を引き出すエンパワーメントの重要性に光を当てる。そして、「生命の尊厳」を第一とする持続可能な地球社会の建設を目指し、皆が主役となって地域へ社会へと変革の波動を広げていく「万人のリーダーシップ」を確立する方途を論じている。この「エンパワーメント」(内発的な力の開花) から「リーダーシップの発揮」へとつなぐプロセスこそが、人間の内面の変革を機軸とした地球環境の革命の道程に他ならない。

　実はこのプロセスは、法華経で説かれた、"救いを求める側"から"人々を苦しみから救うために行動する側"への目覚めのドラマを意味している。仏法では、「苦しみを根本的に解決する力は、自分の外にあるのではない。内なる無限の可能性に目覚め、それを開花させる中で自身が変わり、周囲の人々をも『幸福』と『安心』の方向へ導いていく―― その一人の偉大な蘇生のドラマの中に、自己の苦しみさえも"社会を良くするための糧"にする道が開けてくる」(池田2012) と説いている。この点にこそ、環境教育の第3段階の核心的な視点が示されている。

4. 生き方を見直すための仏法理念――その現代的意義

　仏法の「縁起」を基盤とする自然観と、それにのっとった「慈悲」の行為、

実践への要請は、今日の「地球環境問題」への対処に有効な方法論を提示する。本章では、池田 SGI 会長が仏法の「縁起」観の1つである「依正不二」論を基盤にして、現実の「地球環境問題」を視座におさめてどのように展開しているか考察する。

(1)「依正不二」論に基づく自然観の転換

　仏法の智慧は、自然現象でも、社会現象でも、一切の事象が時間的にも空間的にも互いに関連しあっており、1つの事象の生起には、他のさまざまな事象が直接間接に、また積極的消極的に関与していると捉えている。つまり、現象世界そのものが網の目のように重々に関係しあい影響しあっていると。仏法では、「現象界での存在はいかなるものであっても、因と縁の和合によって生じ、果報をもたらすのであり、これを"因縁果報の法則"（因縁生起）と呼んでいる。因は直接原因であり、縁は間接原因を意味するから、この"縁起"の法[7]は、内外にわたる因果律を包含する」と見る。

　こうした人間生命の内奥の世界から、物理的宇宙にまで拡大する因果律の現象網のなかで、人間主体に焦点を当てて、環境との関連を解明した法理が「依正不二」論[8]である。「依正」とは依報と正報のことで、依報とは環境、正報とは生命主体を意味する。「不二」とは「而二不二（二にして二ならず）」を意味する。このうち「而二」は、「環境と生命主体が相互に関連しあいながら作用を及ぼしあっている創造的な状態」を指している。「主体－環境系の変化、流転のなかで、人間も環境も時間的空間的に因果律の刻印を受けた歴史的存在であることを明示するために、"正報""依報"と呼ぶのである。ここに"報"とは因と縁の和合が引き起こした結果が、現象化した"報い"を意味している」（池田 1990,p.122.）。"正報"と"依報"が「不二」であるとは、「人間－環境系は存在の究極においては融合し、一体であることを示している」（同上）。

日蓮大聖人は、「瑞相御書」のなかで、人間主体に焦点をあてて、「夫(それ)十方は依報なり・衆生は正報なり譬へば依報は影のごとし正報は体のごとし・身なくば影なし正報なくば依報なし・又正報をば依報をもって此れをつくる」(p.1140.) と「依正不二」論を展開している。この文には、「正報をば依報をもって此れをつくる」という一面を踏まえつつも、「正報なくば依報なし」とも述べられている。つまり、環境が生命主体をつくる側面を踏まえつつも、変革の主体はあくまでも正報すなわち人間主体に置かれている。この日蓮大聖人の「依正不二」論は、現代エコロジー論が主張している人間と自然の相即関係を深く洞察している。そして、地球環境問題に直面していわば蟻地獄に陥っている私たちは、日蓮大聖人のこの文から、問題解決に向けてのいくつかの重要な示唆を汲み取ることができる。

　第1は、主体である生命体と客体である自然とは一体であり、両者を切り離して考えることはできないという点である。すなわち、「依正不二」論の不二という考えの中には、「人間は自然との共生なしには生きていけない」という重要な理念が示唆されている。池田SGI会長は1993年にハーバード大学で行った2回目の講演の中で、日蓮大聖人の「依正不二」論を大乗仏教の縁起論と関連づけながらその自然観の骨格について次のように考察している。「人間界であれ、自然界であれ、単独で存在しているものはなく、全てが互いに縁となりながら現象界を形成している。すなわち事象のありのままの姿は、個別性というよりも関係性や相互作用性を根底としている。一切の生きとし生けるものは、互いに関係し依存しあいながら生きた一つのコスモス、哲学的にいうならば、意味連関の構造をなしている」(池田1996,pp.28-29.) と。

　しかし第2に、日蓮大聖人の「依正不二」論は単に人間と自然が一体である状態を言うにとどまっていない。その点について池田SGI会長は、同じくハーバード大学での1回目の講演で次のように述べている。「『正報』すな

わち主観世界と『依報』すなわち客観世界が二元的に対立しているのではなく、相即不離の関係にあるとするのが、仏法の基本的な生命観、宇宙観であります。と同時に、その相即の仕方は、客体化された仏の世界が一体となるといったスタティック（静的）なものではない。『依報』である森羅万象も、『正報』という内発的な生命の発動を離れてありえないという極めてダイナミックかつ実践的な色彩が強いものであります」（池田1996,pp.44-45.）と。つまり、私たち現代人にとっての要は、その「正報」である"内発的なるもの"をどう引き出すかにあるといえる。

したがって第3は、池田SGI会長が「実践的な色彩」が強いというように、「依正不二」論は環境保護に対するきわめて実践的な能動性を薫発する内容を含んでいる点である。池田SGI会長は、1995年にスペイン、アテネオ文化・学術協会で「21世紀文明の夜明けを——ファウストの苦悩を超えて」と題する講演を行い、現代文明の基調が自然を人間と対立させ支配・征服の対象として捉えられてきた結果、人類社会そのものの破局に向かっていることを指摘し、仏法の「依正不二」の原理を踏まえて、人間と環境との真の「共生」の在り方へと軌道修正することが人類にとって喫緊の課題だと訴えている。

その講演の中で池田SGI会長は、「正報なくば依報なし」と断ずるのは客観描写というよりも、もはや「宗教的確信に基づく主体的決断」（1996,p.231.）であり、その決断の根拠を「一念」（生命活動のありよう）と呼んで次のように主張している。「『正報なくば依報なし』とは、その『一念』の地平をば、時間と空間の限界を超えた、宇宙大の『大我』にまで拡大せよ、との促しであり、さらにいえば、その決断にふさわしい生き方、大乗仏教で菩薩道と呼んでいる、『小我』を去って、『大我』に則った生き方をも要請している」（1996,p.232.）原理でもある。すなわち、「依正不二」論は、一念三千論および五濁論との関連で、生命主体の一念によって、環境にも相応の影響を与え

るという原理を含んでいる。そうであるなら、人類の一念の変革によって、現在直面している地球環境問題も変革できる原理ともなるはずである。「そこでは、あくまでも人間が変革の主体であること、物質文明の転換といっても、個人自らに内在する貪欲をいかに克服するかにかかっている」（八巻2008,p.107.）ことになる。

(2)「煩悩即菩提」論にみる欲望の止揚

これまでに検討したように、「依正不二」論には、人類の一念の変革（物質文明の変革）によって、地球環境をも変革できる原理が含まれている。そこでは、あくまでも人間が変革の主体であり、物質文明の転換といっても、個人自らに内在する貪欲をいかに克服するかにかかっている。

川田（1994）は、この点に関して、「現代文明の汚濁の実体をもとめれば、結局、人間生命内在の業であり、煩悩であると主張するのが仏法の五濁論である。もし、このことが認められるならば、時代相の転換の原点は、あくまで、個々の生命主体に定められるべきであろう。個人の生命から噴出する煩悩、無明という体を、慈悲と智慧のエネルギーに変えることが一切の基盤となるであろう」(p.178.) と主張している。川田は、この点に、「依正不二」論における地球環境問題に対する人間の主体的能動性と実践性をみる。しかし問題の核心は、深層の無意識レベルに根深く冥伏し、少しばかりの縁に触れても我を失って噴出する煩悩をいかにして克服し、実際の生活の中で菩薩的行動を可能にするか、という点にこそある。

この点に関しても、大乗仏教は、深く人間生命（欲望）を捉えた論理の展開を見せている。「煩悩即菩提」の理念[9]がそれである。便利で快適な生活を手にいれ、「無痛文明」[10]にひたりきった現代人が、他人より良い生活、より多い権力や所有物を求めることで他に勝ろうとする「あくなき欲望というものを、単に意識革命による規範的生活をすることで捨てされ」と説いて

も、効果はほとんど期待できないだろう。だが、「煩悩即菩提の主張は、人間の欲望を抑制したり捨てたりするのではなく、嫉妬や優越感や権力欲に取りつかれた本能的欲望のエネルギーを利他の行動に使っていくことで解消していく、いわば『欲望の止揚』を説いている」(八巻 2008,p.109.)。この点にこそ、この仏法理念の卓越性がある。経済学者の八巻は、現実の市場経済と消費欲望を否定するのではなく、「煩悩即菩提の視点に立ち、煩悩の過剰エネルギーを他者のために役立つ方向に転換していくこと，ここにこそ意識革命の本義がある」と主張する。そして、この煩悩即菩提の哲学を浸透させることで、「市場経済システムを欲望の肥大化から『欲望調和型』に転換していくことが可能になる」(八巻 2008,pp.108-109.)と強調している。

　日蓮仏法では、人間の"欲望の克服"の問題に対して、「煩悩の薪を焼いて菩提の慧火現前するなり」(御書 p.710.)と説いている。池田 SGI 会長は、ドイツの著名な環境学者であるヴァイツゼッカーとの対談(2014)でも、この煩悩即菩提の哲理について触れ、「ここでは、欲望に流されることなく、それを統御しながら、より大きな目的のために昇華していく生き方――欲望そのものを『滅する』ことを目指すのではなく、欲望の源にある"自分を取り巻く状況を何とかしたい"という生命のエネルギーを、自己の利益のためだけでなく、『自他共の幸福』に資する方向へと向け、『質的転換』を図ること――を促していますが、このような根源的な変革の哲学によって、現代文明が抱える諸問題の解決に貢献」(pp.276-277.)することの現代的意義について指摘している。そして、この変革の哲学こそ、「文明論的課題である『持続可能な社会』を築くための道筋を示すものだ(p.278.)ということを重ねて主張している。

5. 具体的な行動に踏み出すための新たな指針
——池田 SGI 会長による環境教育の新展開

　本節では、前章で考察した池田 SGI 会長による仏法理念の現代的展開を踏まえながら、環境教育の第 3 段階：「具体的な行動に踏み出す」段階では、具体的にどのような環境教育の新展開が図られているのか、最近の池田 SGI 会長の記念提言をもとに明らかにする。

(1) 上からの改革：持続可能な開発のための新たな制度的枠組みの作成

　地球生態系の保全が国境を越えた人類共通の課題である以上、「地球益」「人類益」に立った協調行動の中心軸として期待できる組織は国連以外にはない。しかし、現在の国連は、関係諸機関の活動の重複や断片化、資金不足や調整不足などの諸問題を抱えており、「持続可能な開発」に関する取り組みが遅れている。池田 SGI 会長は、「21 世紀の世界の状況に即応した、新しい国連の運営のあり方を確立するために、先駆的なモデルとなる国際機関の樹立」(2012) を目指すべきだとして、「①国連環境計画（UNEP）と国連開発計画（UNDP）などの関連部門の統合　②希望する全ての国の討議への参加　③市民社会との協働　④青年層の積極的参画」(2012) を柱とした大胆な質的転換を果たし、「持続可能な地球機構」（仮称）を設立することを提案している。

　以下、池田 SGI 会長が指摘している国連改革の 4 つのポイント、すなわち①インクルーシブの追求、②全ての国が参加できる体制、③国連と市民社会との協働、④若者たちが関与できる仕組み、について改革案に即しながら検討してみよう。

- 改革案 1：国連環境計画や国連開発計画などの関連部門を統合する

　この問題を考える上で最も重視すべきことはインクルーシブの追及である。

その場合のポイントは、「全ての人々が参画し、その恩恵を受けることができるようにすること」(2012) である。そのためには、地球的な課題を"脅威の様相"で区分けして国連の組織が対策を講じるという現在のアプローチを改めて、「"苦しんでいる人々が何を求めているのか"を出発点にして、尊厳ある生活と人生を送るための基盤づくりを総合的に進めること」(2012) が重要である。

- 改革案２：希望する全ての国が意思決定の
　　　　　プロセスに参加できる枠組みを作る

「グローバル環境ガバナンス」の確立という面では、今のような理事会のメンバー国だけが参加できる体制では不十分であり、希望する全ての国が意思決定のプロセスに参加できる体制を整えることが重要である。こうした制度的基盤が保障されてこそ、国際社会に求められている「行動の共有」が強固となり、より大きな力を発揮するものとなるからである。

- 改革案３：「市民社会との協働」を制度的に組み込み、
　　　　　万人のリーダーシップ」の結集軸となる国連機関を作る

「国連と市民社会との協働」は、池田 SGI 会長が最も重視する新機構の柱となるものである。具体的には、「多様な行動主体からなる市民社会の広範な関与を保障する『四者構成』(各国代表を政府、NGO (非政府組織)、企業、学術研究機関の四者で構成) の原則を導入すること」(2012) を呼びかけている。現在の国連は主権国家の集合体としての性格が強く、国連の活動にも歪みが生じている。国連憲章前文の主語は"われら民衆"である。さまざまな人々が国連の活動に参加できる道が開かれ、市民社会の声が反映されるようになれば、それが国連活動の推進力となり一般市民による圧力となる。それによって、地球的問題群を扱う国際会議が少数の政府によるお決まりの外交として安易に片付けられたり、あるいは南北間の深い溝が原因で会議自体が失敗に終わることも少なくなるだろう。

実は、池田 SGI 会長のこの提案には根拠となった前例がある。40 年前にストックホルムで行われた国連人間環境会議である。同会議は「市民社会の参画」という路線を敷く原点となったものだ。そして、70 年代から 80 年代に国連が地球的問題群をテーマに開催した国際会議の方向性を決定づけた。その伝統の上に、画期的な前進を果たしたのが 92 年の地球サミットである。この地球サミットを契機に、多くの国で政府代表団に NGO のメンバーを加える流れができたことに注目したい。

- 改革案 4：次代を担う若者たちが積極的に関与できる仕組みを設ける

池田 SGI 会長の青年にかける期待は常に大きい。次代を担う変革者であり主体者は青年だからだ。次の時代は青年たちに託さざるを得ないからである。それは国連の活動においても同様である。池田 SGⅠ会長は、この青年たちの力を国連の活動の源泉にできるかどうかで、人類の未来が決まるとまで訴えている。

池田 SGI 会長の思想には、いつも青年の情熱と力を最大限に尊重して、彼らを教育的アプローチによって陶冶するという考え方や価値観が刻まれている。今回の改革案にもそうした考え方が色濃く反映している。たとえば、「世界の青年たちの代表が持続可能な未来のためのオルタナティブ (代替案) を検討し、新機構の毎年の活動方針への諮問などを行う、『未来世代委員会』の発足を提案」(2012) している点である。池田 SGI 会長は、この委員会を軸に、世界各地で若い世代による活動のネットワークを強化することを訴えている。

(2) 人道的競争による改革：温暖化防止対策についての新たな提案

池田 SGI 会長が温暖化防止対策について考える際の理念とは何か。具体的に温暖化防止対策に踏み出すためには、各国が国益のために相争う状態に終止符を打ち、互いにプラスの影響を与え合い、共存共栄する世界を建設す

る体制に転換することがポイントになる。それを実現するために、池田SGI会長は、地球環境問題への取り組みを契機に、牧口初代会長が提唱した「人道的競争」の時代を開くことを訴えている。

　牧口初代会長が提唱する「人道的競争」とは、欲望の源にある"自分の置かれた状況を何とかしたい"との思いが持つエネルギーを生かしつつ、それをより価値的な目的へと向け直すことで「自他共の幸福」につなげようとする理念である。当然のことながら、近代社会の特徴である"できること"の追求が、さまざまな恵みを社会にもたらし、発展の大きな原動力になってきたことも正当に評価している。したがって、その追求自体を否定してはいない。ただし、牧口初代会長の主眼は、利己主義に基づいて他の犠牲を顧みないゼロ・サム型の軍事的、政治的、経済的競争から脱却し、「自己と共に他の生活をも保護し、増進せしめん」と願い、「他のためにし、他を益しつつ自己も益する」競争へと質的転換を促す点にあった。

　この理念の継承者である池田SGI会長は、国連気候変動枠組み条約の締約国会議（COP）の焦点となっている温暖化防止対策についても、「より多くの国々や人々が、人道的な方式に基づく競争への質的転換に踏み出せるような、地球益や人類益に根ざしたビジョンを、目標の柱として位置付けていくこと」（2012）を訴えている。池田SGI会長による温暖化防止対策の新たな提案内容は次のようなものである。

- 提案1：グリーン経済を確立する

　2015年11月30日から12月12日まで、フランス・パリ郊外で国連気候変動枠組条約の第21回締約国会議（COP21）が行われた。この会議で、温暖化防止の新たな合意となるパリ協定[11]が採択された。世界の平均気温の上昇を産業革命以前の時代から「2度未満」に抑えなければ、深刻な事態を避けることができないとの懸念が広がる中、先進国のみならず、195カ国が"共通の枠組みの下での行動"を約束した。目標達成の義務化は見送られた

ものの、各国がそれぞれ自主的に目標を定め、国内対策を実施することが義務づけられた。パリ協定の最大の強みは世界のほとんどの国の参加を得たことである。これを機会に、各国が人類益に基づく積極的な貢献を果たす流れを作り出すことが重要である。

　では、経済的競争において、「他のためにし、他を益しつつ自己も益する」人道的方式へと踏み出す契機となる挑戦とは何だろうか。池田SGI会長（2008、2012）は、リオ＋20の主要議題ともなった「持続可能な開発及び貧困根絶の文脈におけるグリーン経済」の確立が、まさにその鍵を握っていると訴えている。温室効果ガスの発生を抑える低炭素で資源効率の高い「グリーン経済」への移行を地球的規模で進めるために、各国の成功体験や技術を蓄積し、他の国々がそれを応用するための支援を行う国際的な制度づくりを提案している。

- 提案２：「日中韓の３カ国」で温暖化防止
　　　　　のための地域協力モデルをめざす

　池田SGI会長は2008年と2016年のSGI記念提言の中で、世界の温室効果ガスの排出量の３割を占める、日本と中国と韓国の３カ国が連携し、意欲的な挑戦を先行して進めることを提唱している。「『北東アジアは一つの環境共同体』との認識に立って、温暖化防止の地域モデルをめざすことを提案する。……具体的には、省エネルギーの分野をはじめ、再生可能エネルギーや３R（廃棄物の発生抑制、再使用、再資源化）の分野などで知識や経験を共有し、その相乗効果をもって３カ国が『低炭素社会』への移行を共に加速させていってはどうか」（2016）と訴えている。「そこで私は、今年の首脳会談で、パリ協定の目標となる2030年までの温暖化防止の協力に焦点を当てた『日中韓の環境誓約』の制定を目指すことを呼びかけたい」（2016）とより踏み込んだ提案を行っている。北東アジアの３カ国が温暖化防止のための地域協力のパイロットモデルになれば、パリ協定の目標達成に向けて１つの重要な足

場になることが期待できる。

- 提案３：世界各国の都市が連携して低炭素社会への移行を加速させる

さらに、池田 SGI 会長は、こうした国家間の協力に加えて、「各国の都市が温暖化防止対策で連携し、パリ協定の推進を牽引する水先案内人の役割を担っていくこと」を訴えている（2012、2016）。その第 1 の理由は、都市の面積は地球の陸地部分のわずか 2％に過ぎないが、世界全体における炭素排出量は 75％、エネルギー消費の 60％を都市が占め、それだけ大きな環境負荷が世界の都市で生じているからである。第 2 の理由は、密集性という都市の特徴は、さまざまな問題が 1 カ所に集中し、より大きな負荷を生み出す弱点ともなっているからである。

しかし一方で、省エネルギーの推進や再生可能エネルギーの導入などのように、都市が『低炭素社会』に向けて舵を切れば、その密集性によって効果が絶大なものとなる。池田 SGI 会長は、「ひとたび都市が新しい方向に動き出せば、変化が目に見える形で現れ、その手応えがまた、多くの市民に納得と誇りをもたらす。そこから市民の協力がさらに広がり、持続可能な社会に向けた勢いが増す──。こうした都市のもつ "プラスの連鎖" のダイナミズムこそが、パリ協定の達成に向けた各国の自主的な努力を軌道に乗せるエンジンになる」（2016）と主張している。

(3) 下からの改革：「エンパワーメント」から「リーダーシップの発揮」までの一貫した意識啓発を進めるための新たな教育的枠組みの制定

池田 SGI 会長が「下からの改革」を進めるために行った新たな提案内容は、「一人一人が地域を足場に "かけがえのない尊厳" を大切にする担い手として行動できるよう、『エンパワーメント』（内発的な力の開花）から『リーダーシップの発揮』までの一貫した意識啓発を進めるための教育的枠組みの制定」（2012）である。具体的には、「現在の『持続可能な開発のための教育

の10年』（ESDの10年）を発展的に継承する形で、2015年からの『持続可能な地球社会のための教育プログラム』の開始を求める勧告を、国連総会に行う」（2012）ことを呼びかけている。

ESDの10年が2005年にスタートして依頼、「現状を知り、学ぶ」と「生き方を見直す」という面では一定の前進が見られたが、「そこから『エンパワーメント』へ、さらにその先の『リーダーシップの発揮』へとつなぐ流れを作り出さずして、現実を変革する力を大きく生み出すことはでき」ない。したがって、ESDの10年の後継枠組みでは、「この部分のプロセスを重視し、生涯を通じて"変革の主体者となり、"周囲に希望の波動を広げる存在"であり続けられる人々をどれだけ育てていくかに主眼を置くべきである」（2012）と訴えている。池田SGI会長が新たな教育枠組みの推進を強調する理由は、「生涯を通じて"変革の主体者"となり、"周囲に希望の波動を広げる存在"となる人々の育成こそが、持続可能な地球社会を築く挑戦の生命線である」（2012）と認識しているからに他ならない。

では、それを実現するための鍵となる方法は何か。池田SGI会長が重視するのは、教育的アプローチによる市民社会の意識啓発である。教育こそが、「全ての人々の持つ無限の可能性という『人類の比類なき世襲財産』を、持続可能な地球社会の建設という未曾有の挑戦のために生かす最大の原動力となる」（2012）からである。また教育は、「どんな場所でも、どんな集まりでも実践でき、あらゆる人々が主体的に関わることのできるもの」であり、「世代から世代へと受け継がれるたびに輝きを増していく」ものだからである。こうした理由からSGIは、地球環境問題の解決をめざす上でも、「民衆の民衆による民衆のためのエンパワーメント」を運動の根幹に据えている。

さらに、池田SGI会長は、「エンパワーメント」の触媒となり、「リーダーシップの発揮」を促す契機となる教育のモデルを、ワンガリ・マータイ博士のグリーンベルト運動から導出している。それは「地域」を足場にした教育

であり、自分たちが暮らす「土地から（人を）引き離すのではなく、土地に対してより多くの敬意を持つように教え込む」教育である。牧口初代会長が、「地を離れて人無く人を離れて事無し」との思想を背景としながら、「地域」を足場にした教育の大切さを訴えたのも同じ趣旨であった。

　周知のように、牧口初代会長は、あらゆる学科の中心軸に子どもたちが実際に生活している地域の風土や営みを"生きた教材"として学ぶ「郷土科」を据えた。牧口初代会長のいう「郷土科」とは、「『共生の生命感覚』を基礎に、良き郷土民として生きるだけでなく、その延長線上において、広く社会のため、国家のため、さらには人類のために貢献する生き方の萌芽を育むことまで射程に入れた教育」(2012)を意味している。そこでは、「郷土」を現在の生活の立脚点となっている「地域」の意味で幅広く捉え、この「郷土民」としての自覚が「世界市民意識」の礎になることを洞察していた。

　牧口初代会長は、身近な地域に根ざした「郷土民」、国家を形成する「国民」、世界を人生の舞台とする「世界民」という、3つの自覚をあわせ持つことの重要性を訴えた（池田2008）。その上で、国益に縛られない同じ地域に生きる人間としての"開かれた人類意識"の涵養を促している。実は、この"開かれた人類意識"を体現した「世界市民の育成」こそ、SGIが2004年に「持続可能な開発のための教育の10年」（ESDの10年）を提唱する上で基底に据えていた理念である。環境教育などのアプローチを通して、こうした"開かれた人類意識"をもった世界市民を育成し、民衆レベルの連帯による国連支援を進める点にSGI運動の大きな特徴がある。

　池田SGI会長は、こうした牧口初代会長の洞察を踏まえ、「地域」を足場にした教育を進めるために、「今後ますます重要になると思われる3つの観点」(2012)を提起している。

- 地域の風土や歴史を学ぶだけなく、郷土を愛し大切に思う心を受け継ぐための教育

- 自分を取り巻く環境がもたらす恩恵を胸に刻み、その感謝の思いを日々の行動に還元することを促す教育
- 次世代のために、何を守り、どんな社会を築けばよいのか、地域の課題として共に考え、自身の行き方の柱に据えていくための教育

　この取り組みを学校教育の場で進めるだけでなく、あらゆる世代や立場の人たちを含める形で「地域を舞台に共に学び合う機会」を積極的に設けることを提案している。

　そして、グリーンベルト運動の教訓として、参加する人々の「納得」と「手応え」を大切にしながら、活動の輪を着実に広げていくことが大切だと訴えている（2016）。どれだけ目的が立派であろうと、納得が伴わなければ、人は動くものではない。グリーンベルト運動は、粘り強い対話の末に得られた「納得」とともに、運動の成果が目に見える形ではっきりと表れ、参加した一人ひとりが確かな「手応え」を感じられたからこそ、多くの人々を次々と巻き込むことができたと分析する。池田SGI会長は、運動に参加する一人ひとりが、自分の行動が現実の変革につながっている「喜び」と「誇り」をもって活動に連なることができるかどうかが鍵になると強調している（2012）。そのためにも、「『地域』を足場に、より多くの人々が自らの行動を通じてプラスの変化を生み出し、その貢献が持続可能な未来につながっていることが実感できる、身近な目標を織り込んでいくこと」（2012）を提案している。

注
1) 「優越戦略」とは、「ある選択肢があって、相手がどんな選択をしてきたとしても、その各々において常にその選択肢を選ぶことが有利となっている」場合、その選択肢をいう。表1では、囚人Aにとっても囚人Bにとっても、「自白」することが優越戦略となる。優越戦略が存在する場合、それを選ぶことが個人にとっては合理的である、と一般には考えられている。

2) ある状態が「ナッシュ均衡」であるとは、「すべてのプレイヤーにとって、他者の選択を同一のまま所与とした上で、別の選択肢を単独で選んだとしても、彼にとって利得の改善がみられない」状態をいう。優越戦略の組み合わせで定まる状態は必ずナッシュ均衡である。表1でいうと、両者とも相手を裏切って「自白」（＝非協力行動）するという事態がこれに当たる。そのときの利得はともに－8年である。ナッシュ均衡の場合には、自分だけが単独で選択を変えても、自分の利益を大きくすることはできない。この事例では、どちらか一方の囚人だけが「黙秘」（＝協力行動）に選択を変えても、懲役年数が－8年から－10年に延びるだけである。したがって、どちらの囚人にとっても、一人だけでは進んで選択を変えようとする誘因は存在しないことから、いったんこの状態が実現すれば、いつまでも悪いままの状態（欠陥のある均衡状態）にとどまらざるを得ない。
3) 「パレート最適な状態」とは、パレート劣位ではない状態のことをいう。たとえば表1では、(－8, －8) という状態は、両者が「黙秘」（＝協力行動）することによって得られる (－2, －2) という状態に対してパレート劣位な状態である。後者の方がA、Bともに有利な利得が得られるからである。この表では、パレート劣位な状態は (－8, －8) の組み合わせだけである。他の3つの状態はすべてパレート最適な状態である。ある状態がパレート最適であるときには、相手に対して不利益をもたらすことなく、自分の利益を高めることができないという共通の特徴を有している。
4) ここでの「合理的行動」とは、ある特定の基準に基づいて自己の利益（効用）を最大化する行動であって、必ずしも「利己的行動」とは限らない点に注意してほしい。
5) この場合の「協力行動」とは、社会全体の利益にとってプラスになる行動のことで、「欲求抑制行動」ともいい換えられる。反対に、「非協力行動」とは、社会全体の利益にとってマイナスになる行動のことで、「欲求追求行動」を表している。
6) 共有資源と環境は、ともに、誰もがその利用から排除されないという性質をもった「公共財」である。だが、同じ公共財でありながら、共有資源は基本的に分割可能で消費の競合性をもった公共財であるのに対して、環境は、たとえば大気のように、基本的に分割不能で非競合的な性質をもった公共財であるという対極的な位置を占めている。
7) 「縁起」とは、万物の「相依相資性」、すなわち、すべての存在物は互いに依存しあい、同時に資けあっていくべきであるとする法理を指す。
8) 「依正不二」論は、中国の妙楽大師の立てる「十不二門（じっぷにもん）」の第六に示される法理で、「法華玄義釈籤」巻第十四に「依正既に一心に居す。一心豈能所に分たんや。能所なしと雖も依正宛然なり」（大正大蔵経第三十三巻,p.919.) とある。ここにいう「一心」とは、自己の生命主体の奥底に脈打つ宇宙生命それ自体をいう。その深淵においては、生命主体（正報）と環境世界（依報）は一体の生命であるから分けることができないが、そうでありながら、現実には自ずから生命主体と環境の関係を示していて分別することが可能、との意。

9) 「煩悩」とは、衆生の心身を煩わし悩ませるさまざまな精神作用のこと。世親は、根源的自我としての末那識に「我癡、我見、我慢、我愛」という4つの煩悩が常にまとわりついていると述べている（『唯識三十論頌』大正大蔵経第31巻, p.60.）。すなわち、「我癡」とは、他者に対する"開かれた心""開かれた自身"を見失って、みずからの小さく閉ざされた殻（小我）に閉じこもっている状態をいう。「我見」とは、その閉ざされた小我が、真の自分であると錯覚し、偏頗な見方（固定観念）にこだわりつづけて、他人との比較を始めることをいう。「我慢」とは、その小さな自分が、他人と比較して、同等であるとか、優れているとか、さほど劣ってはいない、というように慢心におちいってしまうことをいう。慢の心には常に嫉妬とか、支配欲、金銭欲、権力欲がつきまとっている。「我愛」とは、このような煩悩に覆われた自己への執着をいう。ここでいう愛とは欲愛のことで、小さな自分を守るための、あらゆる貪欲をさす。この四煩悩は、無意識の次元から働きかけて、人々の行動をつき動かしていくものである。法華経では、煩悩を離れて菩提はないと説き、煩悩をそのまま悟りへと転じていけることを明らかにした。

10) 森岡（2003）は、人間の欲望が生み出している現代文明を「無痛文明」と呼んで次のように定義している。無痛文明とは、「『身体的欲望』が『生命のよろこび』を奪い取っていくという仕組みが、社会システムの中に整然と組み込まれ、社会の隅々まで張り巡らされた文明」をいう。森岡は、苦しみを回避していくことによって、われわれがもっている生命の可能性が殺されていき、ただ快楽と安楽、予測可能な人生を歯車のように生きていく空虚さと自己アイデンティティの喪失にこそ現代文明の危機があると主張している。

11) 「パリ協定」とは、先進国の温室効果ガスの排出量削減を定めた「京都議定書」に代わる新しい枠組みのこと。新興国や途上国を含め、195カ国が削減目標を国連に提出し、国内対策を実施することを義務づけた。2023年から5年ごとに進捗状況を検証する仕組みが設けられ、21世紀後半に温室効果ガスの排出量を森林などによる炭素吸収量と相殺して「実質ゼロ」にすることも目指されている。

参考文献

Dawes, Robyn M. (1980) "Social Dilemma," *Annual Review of Psychology*, 31:169-193.
長谷川計二 1991「共有地の悲劇——資源管理と環境問題——」（盛山和夫・海野道郎編『秩序問題と社会的ジレンマ』所収、ハーベスト社）。
「法華玄義釈籤」『大正大蔵経』第33巻 所収。
池田大作（1990）「環境問題と仏教」（『東洋学術研究』Vol.29 No.1 所収、東洋哲学研究所）。
池田大作（1991）「ソフト・パワーの時代と哲学」［ハーバード大学での講演］（1996『21世紀文明と大乗仏教』所収、聖教新聞社）。
池田大作（1992）「地球環境の保全に向けて」［環境開発国際会議に寄せて］。
池田大作（1993）「21世紀文明と大乗仏教」［ハーバード大学での講演］（1996『21世紀文明と大乗仏教』所収、聖教新聞社）。
池田大作（1995）「21世紀文明の夜明けを——ファウストの苦悩を超えて——」［スペ

イン、アテネオ文化・学術協会での講演］（1996『21世紀文明と大乗仏教』所収、聖教新聞社）。
池田大作（2002）「地球革命への挑戦――持続可能な未来のための教育」［第2回国際環境開発サミットに寄せて］。
池田大作（2008）「第33回『SGIの日』記念提言」『聖教新聞』。
池田大作（2012）「持続可能な地球社会への大道」［リオ＋20に寄せて］『聖教新聞』。
池田大作（2016）「第41回『SGIの日』記念提言」『聖教新聞』。
池田大作、ヴァイツゼッカー, エルンスト・U・フォン，（2014）『地球革命への挑戦――人間と環境を語る』所収、潮出版社。
川田洋一（1981）『欲望と生命』（レグルス文庫）第三文明社。
川田洋一（1994）『地球環境と仏教思想』（レグルス文庫）第三文明社。
川田洋一（2008）「地球環境との共生――菩薩としてのライフスタイル」（東洋哲学研究所編『地球環境と仏教』大乗仏教の挑戦3所収、東洋哲学研究所）。
Luce, R. Duncan, and Howard Raiffa（1957）*Game and Decisions: Introduction and Critical Survey*, New York：Wiley.
牧口常三郎（1995）『牧口常三郎全集』第5巻、第三文明社。
森岡正博（2003）『無痛文明論』トランスビュー。
『日蓮大聖人御書全集』創価学会。
Rapoport, A., and Chammah, A. M.（with the collaboration of Carol, J. Orwant）(1965) *Prisoner's Dilemma: A Study in Conflict and Cooperation*, The University of Michigan Press.（廣松毅・平山朝治・田中辰雄 訳1983『囚人のジレンマ――紛争と協力に関する心理学的研究』啓明社）。
太郎丸 博（2011）「A.ラパポート／A.M.チャマー『囚人のジレンマ』」（井上 俊・伊藤公雄 編2011『社会学ベーシック 別巻 社会学的思考』所収、世界思想社）。
海野道郎（1991）「社会的ジレンマ研究の射程」（盛山和夫・海野道郎 編『秩序問題と社会的ジレンマ』所収、ハーベスト社）。
山岸俊男（1990）『社会的ジレンマの仕組み』サイエンス社。
山岸俊男（1998）『信頼の構造』東京大学出版会。
山岸俊男（2000）『社会的ジレンマ』PHP新書。
八巻節夫（2008）「地球環境時代と生命系経済学」（東洋哲学研究所 編『地球環境と仏法』大乗仏教の挑戦3所収、東洋哲学研究所）。
山本修一（2009）「環境問題に対する仏教の取り組み」（『東洋学術研究』Vol.48 No.1 所収、東洋哲学研究所）。
「唯識三十論頌」『大正大蔵経』第31巻 所収。

第 2 部
人間学の探究

第5章

価値を創出する仏法原理

劉　継生

1. 価値創造の世紀

　価値の概念はスコラ哲学や功利主義哲学における自然法的な思想を背景にして発展してきた。価値とは「主体の欲求を満たす客体の性能」であると言われている[1]。ここでの「主体」とは消費者、利用者、市民などを含む人間であり、「客体」とは商品、サービス、芸術、技術、公共政策などを含む創作物である。商品の価値は消費者の欲求にどの程度満足したかにあるが、公共政策の価値は市民のニーズにどれぐらい応え、社会問題をどこまで解決したかにある。また、価値は主体側の属性ではなく、客体側の属性である。例えば、公共政策の実施によって市民が暮らしやすくなったという価値が生まれた場合、その価値自体は市民ではなく公共政策側の属性となる。しかし、発想、計画、決定、推進などに携わる政策の制定者は価値の創造者となるのである。さらに、価値は客体側の属性といっても、客体自体に内在するのではなく、主体の欲求と関連する相対的概念である。例えば、ある公共政策は現時点において価値はあるが、数年後地域社会の発展や市民の新しいニーズに適合できなくなった場合、価値を失い、見直しや廃止に追い込まれるだろう。

　主体の欲求との関係性から客体の有する価値を考えるという従来の捉え方に対して、牧口は生命との関係性から新しい価値論を確立しようとした。

1931年に著した「価値論」においては、「価値の概念は評価対象と主観の関係性を意味する……その対象の中でも人間の生命の伸縮に関係のないものに価値は生じない。ゆえに価値を人間の生命と対象との関係性という」と述べた（牧口1931,p.293.）。1937年以降の価値論においては、「価値とは生命の伸縮の比重」であるとされている（尾熊2014）。また、価値の内容に対しては、従来の哲学界では真・善・美の価値が主流だったが、牧口は利・善・美の価値を提起した。そして、価値は生命と密接な関係があるため、価値を創造することを通じて生命の境界が高まることが可能となる。これは法華経の慈悲の精神が体現することでもある。「人生は畢竟価値創造の追求である」という主張は、『創価教育学体系』の中で至るところに見られる。つまり、人生の目的は幸福の追求であり、それは価値を創造しゆくことである。このように、牧口は単なる「論」だけに留まることなく、社会の中で価値を創造する行為と実践の「道」にたどり着いた。すなわち、牧口（1942）は、法華経の慈悲の精神を万人が体現できる「大善生活法」という価値創造の道を開いたのである。

　価値は生命の伸縮の比重であり、価値創造は善い人生を実現するために歩むべく道である。ここまでたどり着いた牧口の価値論を受け継ぎながら、創価大学の創立者はそれをさらに発展させた。価値をつくりだす創造が人間の遺伝子に刻まれており、創造は生命の内から発した主体的活動であり、外部から所与されたものではない。このような考えで創立者は、人々の生命の根源にある創造性を開花させ、価値創造の道に勇んでゆく生命は「創造的生命」であると提起し、こうした価値を創造する生命のダイナミズムを切り開く大道は「人間革命」であると明示した[2]。

　政治、経済、科学技術などが激しく変化している不確実性の高い現代社会では、さまざまな問題が広範な分野にまたがり、多くの要素が複雑に絡み合い、実相の解明や将来の見通しがきわめて困難となっている。このような本

質をつかみにくい問題に対して、「数年先こうなるだろう」と安直に想定し、現状に何かを足すという手法で構想された解決策は、効果を期待できないものが多くなっている。その反省として、複雑で困難な課題に挑んでいくためには、既成概念にとらわれず、常識の枠を大きくはみ出して、幅広い思考の自由によって、新たな価値をつくりだすことが必要となる。すなわち、深刻なリスクを抱えている現代社会においては価値創造が大いに求められている。「21世紀は創造の世紀である」と創立者は述べている（創価大学学生自治会 2000, 下巻 p.305.）。そこで、本稿では、創造活動をグローバル的に展開するために、創造的生命には高い創造性が具わることが必要不可欠であると考え、それに結び付く原理と方法および人格について考察してみる。

2. 創造とは何か

「創造」とは、一般的には、今までにない新しいものを生み出し、社会・文化に価値ある変化をもたらすものおよびその行為をいう。部分変更や見直しを意味する改革とは異なり、創造が既存のものが否定ないし破壊されている場合にのみ成り立つ。また、「創造の過程」とは、現状への考察を通じて問題を発見し、本質を見極めた課題設定を行い、代替案の試行錯誤を経て、最適な解決策（価値）を構築するプロセスのことである。このような創造過程の根底にあるのは創造性である。

心理学者であるマスロー（1959）は、創造性を「特別な才能の創造性」と「自己実現の創造性」に分けている（佐藤ほか訳 1972, p.177.）。前者は天才とか科学者、発明家、芸術家などの特殊な人たちにみられる創造性であり、その創造活動は、社会的に新しい価値を持つかどうかで評価される。これに対して後者は、誰でも持っていて、その活動は必ずしも社会的に評価されるものではないが、その人にとって新しい価値ある経験である。このマスローの分

類に対して、創立者が考えている創造性とは、他者を幸福にし、社会を善くするためのものであり、「自己実現の創造性」を超えるものである。つまり、「価値創造とは、社会に必要な価値を創造し、健全な価値を提供し、あるいは還元していくということである」(創価大学創価教育研究所 2007,p.182.)。本稿における創造性とは、社会のためのものであると明確にしておきたい。

創造性は誰でも持っている。しかし、創造性が普遍的であるにもかかわらずそれを生かした創造あるいは創造活動に対しては、さまざまな条件や制限を設けて拘束した歴史があった。これは人類の文明開化および精神解放の発展過程に関連するかもしれない。次に、創造の本質とは何だろうか。これまでの主な思想を整理してみる。

(1) 創造的自由

ロシアの哲学者であるベルジャーエフは、人間の主体性と創造性の観点から独自の実存主義の哲学を展開した。1916年に著した『創造の意味』では、それまでの超越的志向と内在的志向を統合する独自の立場として創造の問題を提起し、人間は創造においてこそ自由たりえ、自由は神が人間に課した召命であるとした(青山訳 2000)。つまり、創造には自由が必要となる。それを「創造的自由」という。

ある集団や社会の中で、多数者と同じであるなら安全とされ、変わり者は排除されることがよくある。しかし、創造する人は、既存の枠組みに当てはまらない奇異な発想、斬新なアイデア、ユニークな視点を持っている。これらを認めず潰されると、創造に至らず、萌芽段階で終わってしまうことになる。周囲はユニークな発想を認めて受け入れることによって、創造において何物にも制約を受けない環境を形成し、発想の自由を実現することができる。

創造的自由について、創立者は制度的、環境的自由よりも、精神的自由がもっとも大切だと考え、次のように述べている。「精神が抑圧され、あるい

は歪曲されているところに、自由な発想も、独創的な仕事もなされる道理がない。精神が解放され、広い視野をもっているとき、そこには汲めども尽きない豊かな発想が出てくるものである。ここでの精神の自由は、精神の放縦ではなく、勝手に考え、自由に振る舞うということではなく、高い自己規律性に基づいた精神の自由を意味している。さらに発想し、対話し、研磨しあうことによって自らの視野を拡大し、より広い、より高い視点に立って物事を洞察していくことこそ、精神の自由を真に拡大する道である。」(創価大学創価教育研究所 2007,pp.182-183.)

(2) 創造的進化

　進化を解明するには、目的論(現象を目的と手段の連関において説明しようとする考え方)、機械論(現象を等質的な部品の組み合わせから成る機械として捉えようとする考え方)はともに偽りの包括的説明であり、宇宙は予見不能の「創造的進化力」に満ちている。こうした新しい進化論的考えで、フランスの哲学者であるベルクソンは、生命の全体を解明する上で、完結した世界を前提とする目的論や機械論では不可能であり、生命は予測できないような飛躍によって進化する創造的活動であると説いた。また、1907 年に著した『創造的進化』の中で、生命は、生の活力「エラン・ビタール」を起爆力として、不断の変形を重ねてきたと生命の根源への思索を深めた(真方訳 1979)。

　生命の進化は創造的活動によって達成されている。その創造的活動を支えるのは生命の根源に存在する生の活力である。したがって、創造性は生命に内在するものである。これがベルクソンが私たちに伝えようとすることではないかと考えられる。デューイも創造がなければ人間の存続はありえないと考え、次のように述べている。「私たち人間は、世代から世代へ、終わりなき創造の営みを続ける創造者として創られている。そして、その創造の営みは、おそらく種そのものが途絶えるまで続く」(池田・ガリソン・ヒックマン

2014,p.37.)。つまり、宇宙の森羅万象のなかで、生命の創造的活動こそが最も重要である（同上 p.338.)。

(3) 創造的破壊

　オーストリア生まれの経済学者であるシュンペーターは、1942年に著した『資本主義・社会主義・民主主義』の中で、資本主義経済が既存の経済構造を革新し、たえず変化していくダイナミックな経済であると考えた。こうした資本主義経済の動的性格を強調し、彼は、利潤を獲得するために古いものを破壊し、新しいものを創造していく活動を、物と力の新結合による「創造的破壊」であると説いた（中山・東畑訳 1995）。この創造的破壊の過程こそ資本主義経済の本質であり、本来の発展的・動的性格である。

　創造的破壊は、理想を確立する創造には不都合な現実に対する破壊が不可欠だという意味であり、破壊の中から創造が自然発生的に生まれるということではない。これは新陳代謝と同じ原理でもある。新陳代謝とは、エネルギー源と栄養素が反応し、古くなった細胞から新しい細胞へ作り替えることである。ただし、古くなった細胞を先に排出しない限り、新しい細胞をつくりだすことはできない。これと同じように、現実に適合しない、不都合な現行の秩序を先に破壊しなければ新しい価値の確立はありえない。

　しかし、破壊は難しくてできない場合がある。とくに過去において評価されてきた価値や既成の制度を打破するには、創造より何倍もエネルギーが必要となる。このため、多くの組織や社会は破壊を避けて、既存の価値や制度という土台の上に創造を重ねようとしている。これでは創造の効果をあまり期待できず、イノベーションには至らない。したがって、破壊なき創造は、問題の根本に手を付けず、問題の先送りと同じことであり、徹底的問題解決にはならない。

(4) 創造的要素

　イギリスの詩人・批判家であるスペンダーは、1953年に、作家個人（単独者）の創造的エネルギーの観点から『創造的要素』を著した（深瀬・村上訳 1965）。スペンダーの言葉でいえば、詩人の根本は「ビジョンを見る単独者」であり、芸術家の芸とはまさにこの単独者の独自のビジョンのみであり、他に類のないこの創造的要素を抜きにして芸術は考えられない。つまり、スペンダーは、ビジョンは「創造的要素」であり、創造的活動に必要不可欠なものであると説いている。

　「創造的要素」について哲学者の西田幾多郎は全く違う観点から捉えた。西田は、行為が直観であり、直観が行為であり、両者の相互補完の関係が「行為的直観」となり、この行為的直観の特徴が、自己は「創造的世界の創造的要素」であると考え、次のように述べている。「我々は我々の歴史的身体の行為的直観において物を道具としてもつ、その極限において世界が道具となる、世界が自己の身体の延長となる。しかしそれは同時に自己が消え行くことであり、自己が否定せられることである。しかも我々の歴史的身体は創造的要素であり、我々の自己は創造的である。ゆえに我々の働きは行為的直観であり、働くことは見ることである。我々の自覚は意識的ではない。創造的なる所に、真の自覚があるのである。」（西田 1965,p.332.）

　西田の考えによると、現実の世界は「作られたものから作るものへ」と不断に自己を形成していく創造的世界である。我々の個人は、世界の一員であるから、世界の創造的要素である。世界は不断に発展していく創造的世界である。その世界を創造するのは人である。すべての人は創造的世界の創造的要素である。自分の意志的行為が環境を作る、それにより環境が変わるが、無数の個人の自由意志によって共通の世界が作られる。共通の世界は予想や制御しにくいが、個人は創造する道に進み、共通の世界を作ることに参画することができる。

(5) 創造的生命

　デューイは、「価値を創造する力は、すべての人間に具わっているものである。大切なのは、いかにこの力を引き出すかである。そのための教育環境づくりである」と述べている（池田・ガリソン・ヒックマン 2014,pp.143-145.)。つまり、創造性は人間のだれにも具わっている特徴である。では、その創造性は人間のどこに存在するのか。「脳」に存在する可能性は否定できない。一方、ベルクソンは創造性の根源が生の活力「エラン・ビタール」にあると考えた。残念なことに、エラン・ビタールは抽象的であり具体的イメージは描かれなかった。これに対して、創立者は、人間の内なる無限の可能性である生命の世界に目を向け、創造の源泉は創造的生命の開花（ヒューマン・レボリューション）にあると考えた（創価大学創価教育研究所 2007,pp.218-220.)。

　創立者は、創造と生命とは一体的であると捉え、創造的生命の概念を提起した。「創造的生命」とは、人生行動のたゆみなき練磨のなかに浮かび上がる生命のダイナミズムである（同上）。言い換えれば、創造は新しい価値をつくりだす一種の生命活動であり、創造的生命は絶え間なく創造の源泉を湧き出す生命のダイナミズムである。こういった創造的生命には次のような特徴があると考えられる。

　第1に、創造と生命は一体的である。創造的生命は人間だれにも具わる一種の生命力であり、普遍的に存在するものである。これについて創立者は次のように述べている。「生物学的に直立し、理性と知性を発見しえたことのみが、人間であることの証明にはならないのである。創造的生命こそ、人間の人間たるゆえんであろう」（同上）。つまり、創造的生命は人間の証になるのである。創造は生命の自由意志の働きであり、生命は創造によって光り輝き、両者は一体的である。

　第2に、創造的生命を鍛えなければ発揮することはできない。創造性は生命の深層に存在するため、顕在化させないと単なる眠っている宝物にすぎな

い。創造性をどのようにして発揮できるか、創立者は次のように説明している。「創造という言葉の実感とは、自己の全存在をかけて、悔いなき仕事を続けたときの自己拡大の生命の勝どきであり、汗と涙の結晶作業以外の何者でもない。……甘えや安逸には創造はありえない。愚痴や逃避は惰弱な一念の反映であり、生命本然の創造の方向を腐食させてしまうだけである。創造の戦いを断念した生命の落ちゆく先は、万物の"生"を破壊し尽くす奈落の底にほかない」（同上）。このように、安逸や逃避では創造的生命を鍛えることはできない。困難な環境であればあるほど、創造的生命が磨かれ、強くなり、善い価値をつくりだすことができる。

　第３に、創造的生命は「善い社会の実現」と「大我の確立」をめざす。創造を他人の幸福のために、社会が善くなるために行う。この過程を通じて自己完成につながり、大我を確立することになる。また、創造的生命は周りを触発し、変革の力の役割を果たすことができる。この点について創立者は次のように述べている。「創造は、いかなる環境にあっても、そこに意味を見いだし、自分自身を強め、そして他者の幸福へ貢献しゆく力のことである」（創価大学創価教育研究所 2007,p.226.）。「創造的生命を、私どもの"生き方"からいえば、自己完成への限りなき能動的実践として顕れるともいえましょう。菩薩道の実践の場を、荒れ狂う厳しき人間社会の中にあえて求め、そこでこそ自身の生命が磨かれ、小我を超えた大我の確立へといえたことを説いている。」（池田 1996,pp.134-137.）

　第４に、創造的生命は功利や時代を超えた人間至高の道である。創造には終点が存在しない。生命がある限り創造を行ってゆく。たとえ挫折しても失敗しても止まらずに次の新たな挑戦へと進む。なぜなら、創造的生命は人間の内面世界を成長させる大道だからである。この点について創立者は次のように述べている。「創造はきしむような重い生命の扉を開く、もっとも峻烈なる戦いそのものであり、もっとも至難な作業であるかもしれない。……そ

こには嵐もあろう、雨も強かろう、一時的な敗北の姿もあるかもしれない。しかし創造的生命は、それで敗北し去ることは決してない。やがて己の胸中に懸かるであろう、さわやかな虹を知っているからである」(創価大学創価教育研究所2007,pp.218-220.)。「逆境への挑戦を通して開かれた、ありとあらゆる生命の宝を磨きぬくにつれて、人間は初めて真の人間至高の道を歩みゆくことができる」(同上)。そして、この人間至高の道を確立したことは、「創造的生命の開花」という境涯にたどり着くことになる(池田・ガリソン・ヒックマン2014,p.408.)。

(6) 創造的思考

　創造的生命は「目的」であるとすれば、創造的思考は「手段」という位置づけになる。創造を行う際に、対象とする問題に対する観察だけではなく、アイデアを生み出すための直観、イメージを描くための想像、概念・判断・推理を展開するための思考などが重要な役割を演じる。こういった創造に働く思惟活動を総じて創造的思考という。「創造的思考」とは、ある目的達成または問題解決をはかるために、新しい社会的・文化的に価値あるものをつくりだすスキルのことである。言い換えれば、さまざまな情報を結合して新しい価値を生み出す知力である。創造的思考は、直観的思考と倫理的思考とが統合されたものとして捉えることができる。その流れは、一般に直観→想像→思考となる。すなわち、アイデアを直観力が生み出し、そのイメージを想像力が展開し、その合理性を思考力が確かめる(高橋ほか1993,p.9.)。

　直観は、その人のニーズや関心、願望、価値観を含み、概念に先行し、合理性にとらわれず、概念よりも深い次元に達する可能性がある。創造における直観の重要性について、創立者はトインビーとの対談の中で次のように述べている。「物事を帰納法的に探究していく科学的理性と、演繹的に把握する直観は、互いに補完関係にあると私は思います。といいますのは、理性は、

その前提として必ず直観が働くものですし、また直観が把握したものは理性によって正され、あるいは明らかにされます。また理性の鍛錬が積み重なって直観智を啓発します。また理性は、複雑な対象を単純な構成要素に分析する働きをします。これに対して、直観は対象を全体として把握し、直接その内部の本質に迫るものといえましょう。このように、両者は互いに対立するように見えても、実際には人間の英知の二つの面であり、両者が相まって人間性を高めていくものと考えられますが、いかがでしょうか」(池田・トインビー 1975,pp.58-59.)。このような考えによると、直観の特徴は、知覚的であり、飛躍的であり、全体的であり、論理をもって筋道をたどらないことである。もちろん短所もある。直観は多分に主観的であるため、一歩誤れば独善になりがちである。したがって、直観が覚知したものがはたして正しいかどうかは、理性的分析によって論理的に検証されなければならない(同上 p.62.)。

想像には、過去の経験のイメージを思い浮かべる再生的想像と、過去の経験を組み合わせて新しいイメージをつくりだす創発的想像がある。とくに後者には制限や拘束がないため、思考を広げていく力がある。想像できないことは実現しえない。また、想像があってもそれが弱まると最善の創造にたどり着かない。さらに、「想定外」のような後遺症を起こさないためには創造段階での想像は十分発揮しなければならない。こうした想像の重要性について創立者は、「想像性を排除した、合理性のみの論理的思考では、真理に到達することはできない。探究者は、想像的感情に動かされて、取捨選択を行うのである」と述べている(池田・ガリソン・ヒックマン 2014,p.391.)。

直観と想像は質的思考(感性)である。これらを排除した合理性のみの論理的思考(理性)では、よい創造は達成できない。質的思考と合理的思考を融合した創造的思考は、単なる現状の延長ではなく、問題解決における最適な案や斬新な解を導き出すことが可能となる。

3. 「円成実性」による創造の対象の明確化

　創造は、社会問題を解決するための公共政策、地方創生の道筋を示すための将来ビジョン、紛争を調整するための共通理念、人々の暮らしを高めるためのニューコンセプトなどをつくりだすことである。そこで、公共政策、将来ビジョン、共通理念、ニューコンセプトは創造の対象となる。これらはさまざまな要素が絡み合っている複雑な社会現象でもある。このような現象に対して創造を成功するためには、問題の発見、課題の設定、目標の確立などを行う必要がある。このための前提は、現象の本質を正確に把握せねばならない。しかし、現象を観察して直ちにその実相にたどり着くことはできない。現代認知科学の説明によると、人間が見ている現象は、網膜に投影された映像から、人間の脳の中で3次元イメージを推定した結果なのである。つまり観察の結果は、人間がその現象に対して脳の中でつくり上げた「像」にすぎない。この像は実相（リアリティ）ではなく、虚相（バーチャリティ）である。しかも同じ現象を観察しても得られた像は人によって異なる。この意味で、現象に関する像は相対的な虚相である。像は実相に近ければ現象の本質に迫ることができる。一方、像と実相がかけ離れることもある。このような的外れの像を用いて創造を進めると失敗に終わってしまうだろう。

　仏法はすでに2000年前に人間の認識の構造を根本的に説いている。それが、あらゆる存在は心がつくり出した仮の存在にすぎないという「九識論」の思想である（劉 2006）。人間の認識作用は六根が六境に縁して六識をつくりだすことである。生命主体の側には「六識」（主観）という意識の作用がある。これらの六識が顕在化する身体の場としての「六根」（感覚器官）がある。それに対応する形で環境の側からは「六境」（客観）という対境が作用して来る。六根→六境→六識の三者の協働によって認識作用が成立する。また、六識の奥に根源的な自我執着意識である「末那識」と、あらゆる表象として

の存在を生み出す根本識として、そのメカニズムを担う種子を蔵している「阿頼耶識」、さらに迷いや汚れを捨て去った根本清浄な生命の境地に達する「阿摩羅識」の３つの深層心理が存在する。

　また、識を得るために六根がどのようにして六境に縁しているのか。仏法では、六根と六境の相互作用のパターンを「遍計所執性」「依他起性」「円成実性」の３つに分けて、「三性説」を用いて説明している（横山 2005,pp.47-75.）。第１の「遍計所執性」では、主観と客観がそれぞれ独立に実在するとし、主観は自分の都合で客観を捉えるため、得た識は仮構された存在形態となる。このように、遍計所執性の識は真実を離れて独善に落ちる可能性がある。第２の「依他起性」では、主観は複数の要素および要素間の関連性から客観を捉える。個々の要素が他の要素とつながって協働している状態を描いた識は、他に依存している存在形態となる。第３の「円成実性」では、客観が実在するとし、主観が独立に存在するのではなく実相と一体になって得た識は、完成された存在形態となる。したがって、円成実性は諸法の実相に近づける識の理想態である。こうした方法によって現象の本質を把握することが可能となる。

　マスロー（1964）は、認識の形態をＤ認識とＢ認識の２つに分けている（上田訳,第２版,1998）。Ｄ認識は一般的な認識である。自分と対象とが分かれ、世界は私たちの欲求を満足させてくれるものだという独善で対象を認識する。Ｂ認識とは、対象と自分が一体となり、ありのままの姿において対象を認識することである。Ｄ認識においては、あくまでも利己的な見地から「識」が組織され、自分の欲求や価値観と関係のない特徴は軽視されたり、切り捨てられたりする。これが「遍計所執性」の特徴に近いと考えられる。これに対し、Ｂ認識とは自分の欲求や価値観とは無関係に、対象のありのままの姿を第一義的に考えて認識することである。これが「円成実性」の特徴に近いと考えられる。

創造の対象を明らかにしようとする際に、対象の外部に立って己の先入観やことわりで観察すると、「遍計所執性」の「識」しか獲得できず、対象の本質とはかけ離れることになる。これに対して、己を固執せずに対象の内部に入り、内部に立って物事の構造を見るよう努めるべきである。これによって「円成実性」の「識」を獲得することができる。これが対象の本質に近づける理想的な認識でもある。また、対象の内部に立つというのは、対象になり切り、対象と一体になることである。言い換えれば、自分自身が対象になってその中から物を眺めるのである。例えば、地域環境をどのように保全するかという問題を考えるとき、「もし自分が環境になったら、どんなケアが必要だろうか」と自問してみる。これが「人格転換」とも呼ばれる。

また、仏法の四法印の1つである「諸行無常」は、この世にあるあらゆる現象は常に変化していると説いている。「諸行」とはすべてのものやことであり、「無常」とは一瞬たりとも同じ状態に止まることはないということである。この法理によると、創造の対象も一瞬一瞬変化する動的なもの(ダイナミック)であり、静的なもの(スタティック)ではなく、創造は、こうした変化に柔軟に対応できるものでなければならない。無限の変化への捉え方について、創立者は1993年9月24日ハーバード大学での講演で次のように述べている(池田 1996,pp.17-18.)。「時間的にも、人間界であれ自然界であれ、すべては変化、変化の連続であり、一刻も同じ状態にとどまっているものはない。……これを宇宙観からいえば"成住壊空"、つまり1つの世界が成立し、流転し、崩壊し、そして次の成立に至ると説いている」。したがって、創造は時間流転の中にあると捉えるべきである。現時点において創造された成果は、そのままにしておくと、数年後、変化に適応できなくなり、「想定外」が発生する可能性がある。大事なことは持続的に創造することである。すなわち、環境の変化を常に取り入れて創造をし続けることである。

4.「縁起」による関連要素の体系化

　創造の対象を明確にすることによって解決する問題や達成すべき目標などがはっきりわかるようになる。その次に行うべきことは、こうした問題解決や目標達成のためにどれぐらいの要素がどのように関わっているかを詳細に調べ、ばらばらになっている個々の要素をまとめて、1つの全体として体系化しなければならない。創造の対象は、一般的にさまざまな要素が複雑に絡み合っている複合体である。要素は互いに無関係で存在するのではなく、いかなる要素も他の要素に依存して存在するのである。創造においては、個別の要素だけでなく、要素間のつながりや関連性をも発見したり設定したりすることによって新たな全体を構築する必要がある。この全体を正しく構築できなければ創造の成功はありえない。

　複数の要素を集めて1つの全体を構築する際に、縁起の発想がきわめて重要となる。「縁起」とは、一切のものがそれぞれ他のものを縁として生起し、各々が相互に依存、影響しあう関係性を説いた仏法の重要な法理である。この法理によると、この世のすべての現象は、分かちがたい関係性の網で結びついており、その相互連関を通じて瞬間瞬間、世界は形づくられている。これには、あらゆる現象が現象間の相互関係の上に成立するので、不変的・固定的実体というべきものは何もないという仏法の「無我」あるいは「空」の思想を理論的に裏づけている。

　縁起には2つの意味合いがある。第1に、全宇宙に存在するあらゆる実体や生起する現象は、すべて縁によって成立し機能するとみる。これは、縁を中心において存在の原理を問いつめていることでもある。すなわち、宇宙の仕組みを現象相互の依存関係から説明しようとする空間的存在論である。創立者も同じような考えで、「縁起が、縁りて起こると書くように、人間界であれ自然界であれ、単独で存在しているものはなく、全てが互いに縁となり

ながら現象界を形成している。すなわち、現象のありのままの姿は、個別性というよりも関係性や相互依存性を根底としている。一切の生きとし生けるものは、互いに関係し依存し合いながら、生きた一つのコスモス、意味連関の構造を成している」と述べている（池田 1996,pp.28-29.）。

　第2に、時間流転の視点から現象の生起や推移に注目する「起」の次元である。これは、宇宙万物が何から生じ、どのように流転転生したかの推移を時系列に把握しようとする時間的存在論である。これについて創立者は次のように述べている。「すべての現象は関係性の中に生ずると言い換えてもよいのであるが、ただ関係性というと、空間的なイメージが強くなってしまう。それに対し、仏教の縁起とは、時間の要素も加わった、多次元的な捉え方となるのである」（同上 pp.134-137.）。

　要するに、縁には「結合の力」と「生起の力」がある。社会現象であれ自然現象であれ、何らかの縁によって起こってくるのであり、それ自体のみで存在するものは何もない。例えば、お茶や生け花、庭などは、それ自体として価値や意味をもつというよりも、ふさわしい生活空間の場の中に位置づけられることによって、初めて、その本来の光を発揮する。すなわち、場に結縁することによって価値や意味を生じてきたのである（同上）。縁の力を発揮する重要性について創立者は、「縁に紛動されるのは、人間として最も情けない、哀れな姿である。反対に、自分が縁を紛動させていくのである。これが価値創造の生き方である」と述べている（創価大学学生自治会 2000, 下巻 p.32.）。

　創造において、現象と関連性のある要素を漏れずにすべて探し出して、これらを縁によって結び付け、新たな全体を構築することはきわめて重要となる。強い縁や善い縁によって結合すれば、全体は生きた1つのコスモスになりうる。これは理想である。逆に弱い結合や要素が欠落した結合によって強引につないだ全体は、長続きができず、短期間に崩壊するだろう。

5. 「因果」による相互関係の構造化

　縁起によって結合された創造の全体は「機械」ではなく「有機体」であることが望まれる。機械は環境の変化に適応しにくい硬直的なものであるが、有機体は、環境の変化に応じて自身の構造を調整し、柔軟に対応することのできる自己組織体である[3]。創造の全体を有機体にするためには、それぞれの要素および要素間の相互関係を最適に構造化しなければならない。つまり、要素の個別性より、もはや関係性のほうが重要となってくる。そこで、次に示すような3つの作業が必要となる（劉・木村 2012,pp.151-152.）。第1に、各要素の属性を決める。つまり、全体の中で要素それぞれの位置、役割、働きを設定することである。第2に、要素間の相互関係を決める。要素と要素の間につながりの緊密度、業務の上位と下位、位置の左右、時間の前後などを設定することである。第3に、各要素の働きを協調して1つの全体に統合する仕組みを決める。全体に中枢が存在する場合は、中枢から各要素へのコントロールや制御を設定することである。また、一部の要素の働きが止まった場合、それをカバーできるような仕組みを用意する必要もある。さらに、ありとあらゆるリスクを想定してその対策を導入しなければならない。

　要素の属性、要素間の相互関係、統合の仕組みなどに対する検証と設定を通じて、有機体を形成するためには、硬直な機械をつくりだす目的論や機械論を切り捨て、因果法則がもっとも有効な思考法となる。つまり、諸要素を因果の連鎖として構造化することである。因果は元来仏法の法理から由来した思考法である。仏法では業の思想と結びつき、自己の存在のあり方にかかわる因果性をいう。「善因善果・悪因悪果」という言葉で表現されるように、例えば、人間として生まれるという善の結果を、あるいは地獄・餓鬼・畜生として生まれるという悪の結果を得るのは、前世の自己の善業あるいは悪業を原因とするという考えである。仏法の説くこのような因果応報から導き出

された現代の思考法は、自然科学における因果法則なのである。

　因果法則とは原因と結果の関係性のことである。一般には、事象Aが事象Bを引き出すとき、AをBの原因といい、BをAの結果という。そしてこのとき、AとBの間には因果関係があるという。すなわち、事象Aが起これば常にそれに伴って事象Bも起こる。また、1つの原因が1つの結果を引き出す場合があれば、複数の原因が1つの結果を引き出す場合もある。さらに、1つの原因は複数の結果にかかわっている場合もある。重要なことは原因と結果の論理を明確に見極め、結果を示す従属変数と原因を表す独立変数を組み立てることである。複雑な相互関係を明確にしようとするとき、まず、1つの要素を結果として捉え、その結果を生み出す原因となるべき要素を探り出すことである。結果は現在のみでなく将来に顕れることもある。将来の結果を導き出すため、いまはその原因をつくる（高根1979,pp.32-45.）。

　結果を一定の原因と結びつけてなぜという問に対する明白な回答を与えるのは、必ずしも容易なことではない。見通しが困難な関係については、ある特定の原因は特定の結果を引き起こすのではないかという仮説を立てる。仮説を検証することを通じて原因と結果とを明確に説明することが可能となる。検証は脳の中にあるバーチャルな像をリアルな世界と照らし合わせて、その間に相違があるか否かを調べる過程である。しかし、現実の世界は極めて複雑であるため、何が原因であるか見当もつかない場合が多い。そこで、創造者の経験・知識・知恵を総動員することはもちろんだが、ひらめきが出てくるまで仮説の設定とその検証を繰り返し行うことも大切である。つまり、仮説を立て、その妥当性を試してみる。その仮説が気に入らない場合は捨てざるを得ない。次に、気を取り直してまた新しい仮説を立てて再び試してみることである。それを何度も繰り返す作業を忍耐強く続けていると、仮説がしだいに練り上げられ、ついには誰もが簡単には思いつかないような因果関係にたどり着くことができる（東大EMP,横山2014,pp.1-11.）。

物事には必ず原因があって結果が生じる。創造の対象にかかわるすべての要素は原因と結果の連なりである因果で成り立っている。こうした要素間の相互関係を構造化する過程は、自分の思考や理念をさらし出し、自分と環境の融合、生涯の向上ともつながる。この深い意味について、創立者は「時間的にも空間的にも無限に因果の綾なす宇宙生命に融合している大きな自分、すなわち大我を指している」と述べている（池田 1996,pp.28-29.）。

6. 創造における能力と人格

円成実性、縁起、因果などといった創造の原則や思考法が同じであっても創造性は人によって異なる。それが、創造性は知識と知恵および人格などによって規定されているからである。知識の量が増えれば増えるほど創造性が高くなると一般的に考えられる。確かに両者の間に密接な関係があるが、その関係はどのようなものだろうか。創立者は、知識は創造性の糧であり、社会へ貢献する自覚と責任はその知識を創造へ転ずることができると考え、次のように述べている。「知識それ自体は創造性とイコールではない。内なる可能性の発露が創造性であり、知識はそれを引き出す起爆剤と言ってよい。では、知識を創造へと転ずる力とはいったい何か。それは、社会を担う人間としての自覚と責任である。人々の現実生活を凝視し、その向上、発展のために習得した豊饒な知識を駆使するなかに、創造性の開花があると言えるのである。」（創価大学学生自治会 2000, 上巻 pp.147-148.）

創造性の糧は知識であるのに対し、創造性の源泉は知恵である。知識を使いこなす知恵があってこそ創造性が豊かになる。知恵を深めることによって創造性を高めることができる。創造性における知恵の重要性について創立者は次のように述べている。「生命であれ、社会であれ、新たなものを創造しようとする努力が、はじめから成功することなど、まったくありません。創

造というのは、そんなに、なまやさしい仕事ではないのです。試行錯誤の過程を通して、はじめて究極の成功に達するのである。悩みを通して、得られる知恵によって、成功のチャンスがもたらされるのです」(同上, 下巻 p.231.)。また、「知識を知恵と錯覚しているのが、現代人の最大の迷妄である。当然、知識を学ぶことも重要であるが、問題なのは、その知識をどのように活かして活用していくか、という能力の養成である。つまり、知識を活かす知恵が、どうしても必要である、ということです。その知恵とは、まさに価値を創造する力なのです。」(同上, p.466.)

　人格も創造性に大きな影響を与え、創造性を決める重要な側面となっている。知的好奇心が旺盛で、新しいこと、新しい解決法に強い興味を持ち、変化に対して開かれた態度を持っている人に創造性が期待できると一般的に考えられる。こうした創造性における人格は、単一の特性ではなく、主体性、自発性、機敏性、柔軟性などのいくつかの要因によって構成される複合体である。創価大学本部棟に立つレオナルド・ダ・ヴィンチ像を創作したとき[4]、人格が創造を決める重要な側面であると体験した彫刻家の平田は、「彫刻は一瞬を切り取ったものだが、見る側の視点は無限である。"多く語る"より"深く語る"彫刻でありたい。そのためには広い視野と深い人格が必要となる」と述べている(『聖教新聞』2016年2月29日付)。

　米国の心理学者であるギルフォード(1967)は、創造性を支える人格の特徴について「知的特性」と「態度特性」との2つの構成に分けた[5]。知的特性については次の6点が取り上げられた。①問題に対する敏感性、②思考の流暢性、③思考の柔軟性、④思考の独創性、⑤思考の精緻性、⑥問題を再定義する能力。また、態度特性については次のような内容が取り上げられた。①あいまいさに対して寛容である、②チャレンジ精神がある、③自信が強い、④独創性を重視する、⑤変化を好む、⑥達成心が強い。ギルフォードは、こうした知的特性と態度特性を具える人に創造性が期待できると考え

た。もちろん、こうした人格の特性を用いて人間を差別してはいけないが、教育における人材育成や能力開発においては意義があると考えられる。

　創造の道は平坦でない。さまざまな困難、ハードル、苦労があり、これらを乗り越えなければ目標にたどり着くことはできない。したがって、創造活動を長期にわたって持続する根気よさや辛抱強さも必要不可欠な人格である。企業の新規プロジェクトの開発期間は平均3年と言われている。新しい創造に要される期間は対象にもよるが、数年もかかるだろう。そこで、中断半端であきらめない強い精神力、失敗を恐れない勇気が求められる。これについて創立者は次のように述べている。「価値ある人生、勝利の人生を創造しゆく源泉は強さです。勇気です。そして力です。強き心、勇気の実践、そして底力の発揮から、計り知れない価値が創造されゆくことを、私は確信してやみません」（創価大学創価教育研究所 2007,pp.232-233.）。また、創立者の期待を込められたメッセージ「労苦と使命の中にのみ、人生の価値(たから)は生まれる」は、創価大学キャンパスのブロンズの台座に刻まれている。

　創造活動の多くは個人のみではなく、みなの知恵を結集して達成するものである。この場合は、多くの人が参加して協調作業を行い、合意形成を促すことが必要となる。そこで、対話や交流を通じて参加者から知恵を引き出した上で、全員に共有される1つのクリエーションを創り上げるためには、マネジメントやコーディネートの能力も創造のリーダーに求められる。創立者も同じように考えている。「他者との"対話"と"交流"と"参加"は、一つ一つが、価値を創造する貴重なチャンスである」（同上）。「開かれた対話が、新しき人間の創造性を薫発するとともに、人類の融合への瑞々しい英知を結集しゆくことを、確認してやなまい。」（創価大学学生自治会 2000, 中巻 p.429.）

おわりに

　世界で幅広く読まれている儒教古典である『論語』は、「学」について多くを説いているが、創造については触れなかった。その後、儒教が発展するにつれて「五常」（仁・義・礼・智・信）が伝統的徳目として確立された。そのなかの「智」とは物事の道理を知り、正しい判断を下す能力のことである。「智」を徳目の1つとして強調することはよかったが、問題は、保身のための賢さや知力を求めることを目的とした点である。結局、「智」が目指していたのは「小我」にすぎず、己を捨てて社会に価値をもたらす「大我」の道は開けなかった。これが、儒教が現代社会の発展に対応できなかった原因の1つではないかと考えられる。こうした問題意識をもとに、本稿では、伝統仏教を現代社会に蘇らせ、世界へ広がった価値創造の大道の特徴について考察を行った。

　仏教と儒教の間には意味の通じる教義や人間主義の理念が多くあった。例えば、宇宙即我と天人合一、慈悲と仁、仏性説と性善説などがあげられる（劉2007）。しかし、儒教には社会倫理、人生観、処世術を説く法則が多くあるが、自然現象や社会現象、心理現象を説く法則は少なかった。一方、仏教には縁起、因果、九識論などの法理があり、これらは自然と社会および心理におけるさまざまな現象を説いたり思索したりするために方法を提供している。こうした仏法哲理の上に牧口価値論、創立者の創造的生命や人間革命の思想が成り立っているのではないだろうか。

　価値とは生命の伸縮の比重である。人生は畢竟価値創造の追求である。さらに、創造は生命の深層に埋め込まれた種子であり、創造活動は生命の内から発した主体的行為であり、外部から所与されたものではない。創立者は、人々の生命の根源にある創造性を開花させ、価値をたえず創造しゆく生命のダイナミズムは「創造的生命」であると説いている。創造と生命は一体であ

る。創造なき生命は自己完成ができず、落ち行く先は奈落の底のほかにない。創造を通じて生命の境涯が高まり、生命境涯の向上が更なる創造を進める。「21世紀は創造の世紀」であるといわれるように、価値創造の大道が人類社会の至るところに広がってゆくことを期待する。

注

1) 価値（value）とは何か。『世界大百科事典』（第2版）では次のように解説している。価値とは、「主体の欲求をみたす、客体の性能」である。すなわち価値とは、人々の欲求に最終的な基礎をおくものである。欲求とは、道徳的、芸術的、宗教的、社会的欲求をふくむあらゆる分野において、あるものを"望ましい"とする傾向のすべてである。
2) 「創造的生命」という思想は、創立者池田大作先生が1973年4月9日、創価大学第3回入学式で行われたスピーチ「創造的人間たれ」を通じて全世界に広がった。
3) オーストリア生物学者であるフォン・ベルタランフィ(1901-1972)は、1925年ごろ、生命体が「有機体」であると提唱した。有機体は諸要素から成る1つの全体である。その全体は諸要素の加算総和と区別し、諸要素の相互作用による特性を示す。要素に細分化することができるという機械に対して、有機体は分割不可能であり、分割された時点でその性質が変化する。これによって要素還元主義にブレーキをかけた。ベルタランフィの思想については、『一般システム理論』（みすず書房1973年）を参照されたい。
4) 創価大学本部棟に立つレオナルド・ダ・ヴィンチ像は、彫刻家の平田道則が1999年に完成した作品である。台座を含めて高さ4.8m、右手にノート、左手にペンという姿になっている。彼方を見つめる風貌は威厳に満つ。
5) ジョイ・ギルフォード（1897-1983）はアメリカの心理学者である。人間の知能について因子分析法を用いて研究を行い、1967年に著した『人間の知能の本質』(*The Nature of Human Intelligence*)は心理学に大きな影響を与えた。本稿では『世界大百科事典』より間接参照した。

参考文献

ベルクソン（1907）『創造的進化』（真方敬道訳）岩波書店1979年。
ベルジャーエフ（1916）『創造の意味　弁人論の試み』（青山太郎訳）、『ベルジャーエフ著作集』第4巻、行路社2000年。
池田大作（1996）『海外諸大学講演集―21世紀文明と大乗仏教』聖教新聞社。
池田大作・ガリソン・ヒックマン（2014）『人間教育への新しき潮流―デューイと創価教育』第三文明社。
池田大作・トインビー（1975）『二十一世紀への対話』（上）聖教新聞社2002年。

劉継生（2006）「池田先生の科学観」『創立者池田大作先生の思想と哲学』第2巻3-27頁、第三文明社。
劉継生（2007）「仏教と儒教の二千年対話」『創立者池田大作先生の思想と哲学』第3巻223-246頁、第三文明社。
劉継生・木村富美子（2012）『はじめて学ぶ情報社会』昭和堂。
牧口常三郎（1931）「価値論」『創価教育学体系』第2巻第3篇、『牧口常三郎全集』第5巻、第三文明社1982年。
牧口常三郎（1942）「宗教論集・書簡集」『牧口常三郎全集』第10巻、第三文明社1987年。
マスロー（1959）『創造的人間―宗教・価値・至高経験』（佐藤三郎・佐藤全弘訳）誠信書房1972年。
マスロー（1964）『完全なる人間―魂のめざすもの』（上田吉一訳）誠信書房、第2版1998年。
西田幾多郎（1965）『論理と生命』、『西田幾多郎全集』第8巻、岩波書店。
尾熊治郎（2014）「ニーチェ的生と牧口価値論（1）」『東洋哲学研究所紀要』第30号201-221頁。
シュンペーター（1942）『資本主義・社会主義・民主主義』（中山伊知郎・東畑精一訳）東洋経済新報社1995年。
『聖教新聞』2016年2月29日、第3面。
創価大学学生自治会編（2000）『創立者の語らい』（上・中・下）、創価大学学生自治会。
創価大学創価教育研究所編（2007）『創立の精神を学ぶ』創価大学出版会。
スペンダー（1952）『創造の要素』（深瀬基寛・村上至孝訳）筑摩叢書1965年。
高橋誠ほか（1993）『創造力事典』モード学園出版局。
高根正昭（1979）『創造の方法論』講談社現代新書。
東大EMP・横山禎徳（2014）『デザインする思考力』東京大学出版会。
横山紘一（2005）『唯識とは何か―法相二巻抄を読む』春秋社。

第6章
ポジティブ心理学における ウェルビーイング理論の展開と 池田思想における幸福観

吉 川 成 司

1. 人間が、より豊かな心で幸福でいるためには何が必要か

　始めに、池田が創価学会世界広布新時代第9回本部幹部会（2015年1月11日開催）に寄せたメッセージの一節を紹介したい。

　「近年、イギリス政府が、世界の多くの研究者と協力して行った研究調査があります。そのテーマは、『人間が、より豊かな心で幸福でいるためには何が必要か』についてです。そこでは、日常の生活の中で実践できる5の項目が勧められています。すなわち、身近な家族や友人、地域を大切にして、生き生きと活動する。社会や環境に積極的に関わり、学ぶことを怠らず、人のために献身する——ここに、豊かな心で幸福に生きるための要諦があるというのです。私たちの日々の学会活動には、この全ての要素が含まれていると、いってよいでしょう。皆さんが、毎日、行学の二道に励んでいること。そして、友のために動き、語り、励ましの笑顔を贈り、地域に友好を広げ、社会貢献を積み重ねていること。その最も地道な積み重ねこそ、最先端の科学の知見に照らして、最も充実した生命の軌道なのであります。」（2015年1月12日付『聖教新聞』「世界広布新時代第

9回本部幹部会:名誉会長のメッセージ」より)

　ここで紹介されている調査研究とは、イギリスの独立系シンクタンク、ニュー・エコノミクス財団（nef：new economics foundation）が、2008年にイギリス政府のフォーサイト・プロジェクト（foresight project）によって、世界400人以上の科学者の学際的な研究成果を概観するよう委嘱されたものである。その目的は、個人個人が日常生活の中で幸福を向上させていくための行動を特定することであった。先のメッセージにおける5つの項目とは、その報告書の中にボックス記事の形で、幸福を促進することができる、根拠に基づく明確な5つの行政措置（The five ways to well-being as policy levers for change）として示されている。それらを簡潔に示すと次のとおりである。

- 周りや地域の人々とつながること（connect）
- 活動的であること（be active）
- 関心を持つこと（take notice）
- 学び続けること（keep learning）
- 人に何かよきものを与えること（give）

　ほんの一例に過ぎないが、多岐にわたり重層的な池田思想の1つの位相に幸福観があり、それは、現代盛んに展開されているウェルビーイングに関する研究成果と矛盾するものではないことがわかるであろう。

　本稿は、池田思想における幸福観をめぐって、特にポジティブ心理学におけるウェルビーイングに関する諸研究をふまえて考察するものである。

　さて、池田とポジティブ心理学との出会いは、1997年9月20日、セリグマン（Seligman,M.E.P.）との会談にさかのぼる。その会談の模様や内容は、1997年9月21日付の『聖教新聞』に詳しい。当時、次期アメリカ心理学会会長に推挙されていたセリグマンは「楽観主義（オプティミズム）の心理学」を、池田はSGI（創価学会インタナショナル）会長として、「仏教は『永遠の希望』の生命学」をそれぞれ語り、「幸福への意識革命を－仏教と心理学は同

第 6 章　ポジティブ心理学におけるウェルビーイング理論の展開と池田思想における幸福観　183

志」であることが語り合われた。

　また、2001 年 4 月 22 日付の『聖教新聞』には、「学ぼう!!『希望』の作り方」とのタイトルで、「池田 SGI 会長の素晴らしき出会い」（第 14 回：アメリカ心理学会元会長セリグマン博士）が掲載されている。この記事で池田は、セリグマンとの会談をふまえつつ、楽観主義と悲観主義に関する説明スタイル理論について、「こんな『心のつぶやき』が人生を不幸に 『どうせ、だめだ』『いつも、こうなんだ』」と指摘し、「悲観的に考える『くせ』が人を萎縮させ失敗させる」「楽観的に考える『くせ』が人を強くし成功させる」と、具体的に展開している。そして「楽観主義の技術は一生、役に立つ」「『心』が描いた通りになる!!　仏法は最高の"希望の心理学"」であると力強く結論づけている。

2. ポジティブ心理学とウェルビーイング

　近年、セリグマン（2014）は、ポジティブ心理学の立場から、自身がこれまで論じてきた幸福理論（authentic happiness theory）から、ウェルビーイング理論（well-being theory）への転換を論じている。すなわち、ポジティブ心理学のテーマは、明るい快の感情、満足度などを意味する経験としての幸福（happiness）ではなく、5 つの要素から成る、構成概念としてのウェルビーイング（well-being）であることを強調しているのである。

(1) ポジティブ心理学とは

　まずは、ポジティブ心理学とは何かについてだが、ポジティブ心理学の代表的なテキストから拾い出してみよう。

　ピーターソン（2012）は、ポジティブ心理学とは、「私たちが生まれてから死ぬまで、またその間のあらゆる出来事について、人生でよい方向に向かう

ことについて科学的に研究する学問」(p.5.) であると述べ、「心理学において新たに命名されたアプローチであり、人生を最も価値あるものにする事柄を研究の主題として、真剣に取り組む学問」(p.5.) としている。

また、ボニウェル (2015) では、「人間の生活におけるポジティブな側面、つまり、幸福やウェルビーイング (よい生き方、心身ともに健康な生き方)、繁栄 (flourishing) について研究する学問」(p.22.) としている。

この両者は、いずれも、セリグマンとチクセントミハイ (Seligman,M.E.P. & Csikszentmihalyi,M., 2000) による、ポジティブ心理学の宣言書ともいうべき論文で述べられているように、「心理学者は、普通の人々がどのようにしたらより良い状況で成功 (flourish) できるかについてはほとんど知らない。第 2 次世界大戦以後、心理学は、その大部分が治療の科学となってしまったのであり、人間機能の疾患モデルの範囲内でダメージを治療することに専念しているのである。このように、専ら病状のみに注目するだけで、充実した個人や繁栄する社会のあり方には目を向けていないのである」(p.5) との反省をふまえたものであり、「ポジティブ心理学の目的は、心理学の主眼を、人生における最悪のことを修復することにのみ執着することから、ポジティブな質の構築へと変えていくための触媒になり始めることである」(p.5) との展望を示していることに基づくものである。

同論文の主旨をふまえると、ポジティブ心理学とは、「人間が最大限に機能するために、個人や共同体を繁栄させる要因を発見し促進する科学的な研究である」ということになろう。なお、ポジティブ心理学には、さまざまな誤解や問題点もあり、誤解についてはピーターソン (2012) の第 1 章に、問題点についてはボニウェル (2015) の第 15 章に詳しい。

このような立場に立つポジティブ心理学では、さまざまな理論や概念を生み出しつつ研究領域を広げているが、その中の有力な 1 つがウェルビーイングである。

(2) ポジティブ心理学におけるウェルビーイング理論

　ここで、ポジティブ心理学におけるウェルビーイングについて、先述のセリグマン (2014) による幸福とウェルビーイングの立て分けに着目したい (表1)。

　表1のなかの5つの尺度は、それぞれ頭文字を取って PERMA (パーマ) と呼ばれている。

　P = Positive Emotion (幸福感、生活・人生の満足度)
　E = Engagement (エンゲージメント、またはフロー状態を生み出す活動への集中)
　R = Relationship (関係性)
　M = Meaning and Purpose (人生の意味や意義、目的の追求)
　A = Achievement (何かを成し遂げること。ただし「達成のための達成」も含む

表1「幸福理論」と「ウェルビーイング理論」(セリグマン 2014, p.29.)

	幸福 (Authentic Happiness) 理論	ウェルビーイング (Well-being) 理論
テーマ	幸福	ウェルビーイング
尺度	人生の満足度	・ポジティブ感情 ・エンゲージメント ・意味・意義 ・ポジティブな関係性 ・達成感
目標	人生の満足度の増大	(上記要素の増大による) 持続的幸福 (Flourishing) 度の増大

ため、必ずしも社会的な成功は伴わなくてもよい）

　5つの尺度それぞれに関する解説は割愛するが、これらは、どれ1つとして単独でウェルビーイングを定義する要素はないが、各要素がウェルビーイングに寄与するものであること、これらは自己報告により主観的に測定される側面と客観的に測定される側面があることがセリグマン（2014）の第1部第1章で論じられている。

　さらに、ウェルビーイングについては、自分の頭や心の中に存在しているだけではなく、その時その時の快適感と同時に、実際には、意味・意義、良好な関係性、そして達成から構成されているものである、と述べられている（pp.48-52.）。すなわち、幸福理論における一元論の問題点を指摘しつつ、ウェルビーイング理論の多次元性が主張されているのである[1]。

　このように、ウェルビーイング理論に基づくポジティブ心理学の目的は多次元的であり、各人の人生と世界における持続的幸福（flourishing）を増大することであると述べられ、理論的に類似した研究成果として、ハパート（Huppert,F.）らによるEU各国における持続的幸福に関する調査研究が紹介されている（pp.53-57.）。なお、本稿冒頭で紹介したnefの報告書でもハパートらの調査が中心的に大きく取り上げられ理論的な支柱になっている。

　さて、セリグマンによる幸福理論とウェルビーイング理論の立て分けに類似して、ボニウェル（2015）は、「幸福と主観的ウェルビーイング」（happiness and subjective well-being）と「ユウダイモニックな幸福」（eudaimonic well-being）を立て分けている。

　前者は、「ヘドニズム（快楽主義）、つまり、最大限の喜び（ポジティブ感情）と最小限の苦痛（ネガティブ感情）を追求する考え方」（p.115）であるが、ボニウェルは、よい人生を送るのにそれだけで十分なのだろうかと問いかけている。後者は、ユウダイモニズム（幸福主義）の幸福観である。すなわち、アリストテレスに由来する考え方であり、「欲望のうちのいくつかは快楽をも

たらすものだとしても、『よい人生』につながるものではないとし、『真の幸福とは、徳のある人生を生き、価値ある行為をすることによって得られる』」（p.116.）ものであるとし、このように潜在的な可能性を実現することが人間にとって究極的な目的であるという考え方である。なお、このような考え方の系譜として、心理学的でも20世紀の中頃に、人間は誰でも自己実現傾向を内在させているとする人間性心理学がある。

　後者の傘下にさまざまな理論が展開されている。その中の1つが持続的幸福を目的とするセリグマンのPERMAであり、伝統的なユウダイモニズムの一元論を乗り越える視点を展開している点に特徴がある。他のユウダイモニックな幸福に関する諸理論をふまえて（pp.118-131.）、ボニウェルは、次の2つの視点を提案しており、1つは個人的発達（personal development）、もう1つは超越（transcendence）である。

　個人的発達とは、「変わろうと努力すること、自分自身や世界について理解を深めようと努力すること、人間として成長し、自らが選んだ分野や自らが生きる場所でより成功を収めようと努力すること」を意味する（p.132.）。このプロセスは、「しばしば努力が必要とされるプロセスで、外的・内的にかかわらず試練や壁を乗り越える」経験を伴う（p.132.）ことが指摘されている。そこで、「責任を取ること」「試練に立ち向かうこと」（p.134.）はユウダイモニックな幸福に伴うものものであり、「欲望を満たすのを遅らせること」「不屈の精神」「感情のコントロール」（p.134.）は、個人的発達にとって必要な人格的特徴であると述べられている。

　他方、超越とは、「自分以外のものや人に献身し、自分の人生に目的を見つけ、その目的に合致した行動を取ること」を意味する（p.135.）。さらにその目的とは必ず「自分自身よりも大きなもの（子ども、意義ある仕事、より大きな共同体、信仰の道など）である必要であり、自分を見失うことなく、個を超えて、貢献しなくてはなりません」（p.135.）と述べられている。

(3) 持続可能で多様な幸福の拡張－形成モデル

　以上のように、ポジティブ心理学におけるウェルビーイング研究は活況を呈しているが、多様な諸研究をふまえつつも、それらを統合的に捉える試みもなされている[3]。この点、島井（2015）は、持続可能で多様な幸福の拡張－形成モデルを提起している。

　まず、多様性については、セリグマンのPERMAに準じて、①感情、②対人関係、③適応、④仕事への関与、⑤日常生活、⑥人生の意義と宗教性の6つの側面を示し、「多重幸福モデル」を提案している（図1）。

　さらに、これらが拡張－形成していくための要件とそのプロセスの明示が試みられている（図2）。このモデルでは、①動機づけ・エンゲージメント、②活動の多様性、③個人資源と社会資源の形成が重要視されている。

　このように、ポジティブ心理学におけるウェルビーイングに関する膨大な研究成果をふまえて、統合的な理論・モデルが検討され始めているのが現状である。この点、以下に述べる池田思想における幸福観、いわば仏法的ウェルビーイングは、多種多様なウェルビーイング研究を統合する上で示唆的であると考えられる。

3. 池田思想における幸福観

　これまでのように、ポジティブ心理学におけるウェルビーイング理論、特にユウダイモニックなウェルビーイングは、池田思想における幸福観を展望する上でも大いに示唆的である。ここでは、池田思想における幸福観の視座についてその素描を試みる。

(1) 自他共に

　ポジティブ心理学のルーツの1つが人間性心理学であり、そこで重視され

第 6 章　ポジティブ心理学におけるウェルビーイング理論の展開と池田思想における幸福観　*189*

図1　6側面をもつ多重幸福モデル（島井 2015, p.78.）

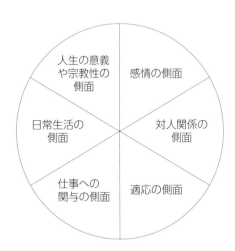

図2　持続可能で多様な幸福の拡張ー形成モデル（島井 2015, p. 252.）

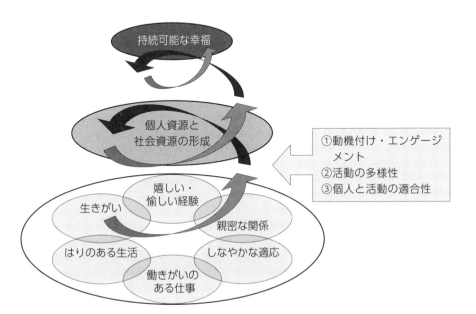

たのが自己実現だが、小さな自分を実現して満足していたり、自己中心で周囲に迷惑をかけるようであったらそれは自己実現ではないだろう。他者の自己実現、いわば他者実現と調和してこそ本当の自己実現ではないだろうか。他者ばかりでなく、これは社会との関係、国際関係、生態系との関係などにも広く当てはまることであろう。

　同様に、自分の中だけの自己満足なポジティブ、バーチャルなポジティブも本物ではないだろう。自己中心的で、迷惑を及ぼして、他者のポジティブを損ねるポジティブも違う。他者のポジティブを促進するとともに、自分もポジティブであってこそであろう。

　この点について、島井（2015）は、アメリカ社会における政治的文脈の視点から、「セリグマンの楽観性に関して、社会制度の変革までは求めず、変わらない社会での現状の中での自己の充実をはかろうとする、アメリカの保守的な社会層のもつ世界観や思想との暗黙のつながりがある可能性」(p.178.)があると論じている。確かに、ポジティブ心理学の研究テーマとして、ポジティブな制度（家庭、学校、職場、社会など）や、研究領域の階層として社会的階層があるが、筆者もポジティブ心理学を学びながら、自分をポジティブにする発想だけが前面に出ており、他者をポジティブにする発想の見えなさを感じてきた。つまり、ポジティブ心理学に個人主義的なスタンスは、ウェルビーイングに関する文化・政治・経済などの影響が色濃く反映し、多様なものなのであろう。この点について、島井（2015）は、「幸福の追求と国のあり方」（第8章）を論じられている。また、大石（2009）は、西洋哲学と東洋哲学を比較対照しつつ、文化心理学の視点から「文化と幸せ」について論じている。

　さて、池田が幸福について論じる際に、しばしば依拠するのが、次の一節である。「喜とは自他共に喜ぶ事なり（中略）然るに自他共に智慧と慈悲と有るを喜とは云うなり」（『日蓮大聖人御書全集』p.761.）

確かに、「自分だけ」では利己主義に陥りやすく、「人だけ」というのは偽善が見え隠れする。自分も人も共に幸せになっていくのが真の「喜び」であろう。

その「幸せ」の内容が、「智慧」と「慈悲」と示されている[2]。智慧があっても慈悲に欠けていては、閉ざされたものに過ぎない。また、それでは真の智慧ではないだろう。慈悲があっても智慧がなければ、自分も人も幸福にすることはできない。それでは慈悲があるとは言えない。「自他共に智慧と慈悲」をもっていてこそ人間としてのウェルビーイングではないだろうか。池田が創立した関西創価学園の「平和教育原点の碑」には、池田の指針が明快に示されている。「他人の不幸の上に自分の幸福を築くことはしない」と。池田思想における幸福観、いわば仏法的ウェルビーイングとは、個人の幸福と社会の繁栄をともに実現しようとする視座にあるといえよう。

(2) 幸福をつかむという能動性

「幸福をつかむ信心」——これは、池田が恩師と仰ぐ、創価学会第2代会長・戸田城聖が1957年に創価学会本部幹部会において示した創価学会の3指針の1つである。

この永遠の3指針をふまえつつも、池田は、将来を展望し、2003年に新たに2項目の指針を加えて、「創価学会インタナショナルの永遠の五指針」を提唱した。

池田（2016）は、次のように述べている。「（戸田）先生は、『幸福をつかむ信心』と言われました。この『つかむ』という一言には、深い深い哲学があります」(p.37.)。「幸福は、他の誰かから与えられるものではない。自分の意志や努力と無関係に、いつか突然やってくるのを待つのでもない。究極は、各人が、自分自身で『つかむ』しかありません。必ず『つかむ』ことができる信心なのです」(p.37.)。

この「つかむ」との能動性について、ポジティブ心理学では、エンゲージメント（engagement）と言い、活力、熱意、没頭などによって特徴づけられる心理状態が研究されているが、これに関わるのが、ライアンとデシ（Ryan,R.M. & Deci,E.L.,2000）による自己決定理論（self-determination theory）である。自己決定理論では、自律性（autonomy）、有能感（competence）、関係性（relatedness）が満たされていることによって、ウェルビーイングやモチベーションが促進されるとしている。「幸福をつかむ」という能動性・内発性は、これらの理論と軌を一にしている。
　また、ポジティブ心理学の前史に位置づけられるであろう、フロム（Fromm,E）は、『希望の革命』において、「希望は生命と成長との精神的不随物である」（p.32.）と述べ、次のように、「受動的な希望」と「能動的な希望」を立て分けて議論を展開している。
　「希望を持つとはどういうことか。それは多くの人が考えているように、願望や欲望を持つことだろうか。もしそうなら、より多くの、より良い車や家や小物類をほしがる人は希望を持つ人ということになる。ところが違うのだ。彼らはより多くの消費を求める人であって、希望を持つ人ではない。」（p.23.）
　「私たちの文化の総体が活動――それはせかせか動いているという意味であり、せかせか動いているというのは忙しい（仕事に必要な忙しさ）という意味だ――という歯車のかみ合わせから成っているのだ。（中略）たいてい自分が〈忙しさ〉にもかかわらず極端に受動的であるという事実に気づいていない。」（p.31.）
　受動的な希望が「いつか、誰かがどうにかしてくれる」という姿勢につながるのに対して、能動的な希望は「自分が何とかしてみせる」という姿勢につながるだろう。フロムの見解と照らし合わせると、「幸福をつかむ」との能動性・内発性の意義が認識できよう。

(3) 心の財だけは絶対に壊されない

2011年3月16日、池田は東日本大震災で被災された方々にメッセージを送った。次はその一節である。「御書には、災害に遭っても『心を壊る能わず（＝心は壊せない）』」（『日蓮大聖人御書全集』p.65.）と厳然と示されています。『心の財』だけは絶対に壊されません。いかなる苦難も、永遠に幸福になるための試練であります。すべてを断固と『変毒為薬』できるのが、この仏法であり、信心であります」。「心の財だけは絶対に壊されない」——ポジティブ心理学では、これに関連した概念がある。

その1つがレジリエンス（resilience）である。レジリエンスとは精神的健康に必要な「回復力」「復元力」「再起力」などを意味する。困難で脅威を与える状況に直面しても、適切に対処し、正常な精神的平衡状態を維持することができる特性のことである。

レジリエンスについて、池田（2014）は、個人に内在する回復力の意味だけでなく、「社会を回復する力」という意味合いでも注目されるとして、地域と社会を根底から支える人々の意思と生命力という意味でのソーシャル・キャピタルに着目している。そしてさらに、「レジリエンスの概念に内包される豊かな可能性を『脅威に備えて対応する力』の範疇にとどめず、より積極的に『希望の未来を開くために発揮すべき力』へと拡張」して、未来の創出を目的に据えるべきであると論じている。

レジリエンスとソーシャル・キャピタルとの関係について、池田（2014）では、「深い信頼を育む磁場」となり「日常の活動に根ざした人間関係」を築くための足場となるソーシャル・キャピタルが、レジリエンスを引き出す鍵であることを論じている。すなわち、ソーシャル・キャピタルは、混乱に対処し傷を癒やす緩衝地帯として、相互に共感的に心情の吐露を促したり、人を支え励ますことができる意義をもつということである。

もう1つ注目されるのが心的外傷後成長（PTG：Post Traumatic Growth）で

ある。「心的外傷後ストレス障害（Post Traumatic Stress Disorder）」と対極を成すものである。単に傷ついた精神が元に戻ることではなく、危機的な出来事や困難な経験での精神的なもがきや闘いの結果生ずる、人生観などに関するポジティブな心理的変容の体験のことである。

　この点について、ボニウェル（2015）では、第二次世界大戦中にナチスドイツの強制収容所に送られた壮絶な体験を綴った、フランクル（1971）の『夜と霧』から次の一節を引用している。「人が強制収容所の人間から一切をとり得るかも知れないが、しかし、たった一つのもの、すなわち与えられた事態にある態度をとる人間の最後の自由、をとることができない」（p.166.）。

　池田（2014）も、フランクルの態度価値について、次のように論じている。「それは『どのような条件、どのような状況の下でも人生には意味がある』との思いを奮い起こし、苦難と向き合う中で」、その生命の輝きが苦しみを抱える他の人々を勇気づける光明となり、『自分個人の悲劇を人間の勝利に変える』道をも開く価値創造に他なりません」。レジリエンス、心的外傷後成長と仏法には相通じるものがあり、池田思想における幸福観、いわば仏法的ウェルビーイングとは、逆境に負けずにそれを乗り越える生命力であり、個人を起点としつつも、他者、さらに社会へと貫き広がる視座を内包している。

(4) 善悪の二分法・抽象化を超えて

　ポジティブ心理学でも、決してポジティブ＝善、ネガティブ＝悪という単純な二分法の図式に基づくものではないが、ややもするとそのように受け取られがちである。

　ボニウェル（2015）は、一面的でバランスを欠いてしまう可能性を、ポジティブ心理学の問題点として挙げているが、ウェルビーイングについても同様であろう。さらに、ポジティブ心理学の未来を描き、その理想像として次

第 6 章　ポジティブ心理学におけるウェルビーイング理論の展開と池田思想における幸福観　195

のように述べている。「ポジティブ心理学がいわゆる『ネガティブ心理学』や、その豊かな伝統と統合してジンテーゼに行き着き、利用可能な手法の多様性を受け入れ、ポジティブなものとネガティブなものを統合し、人間という世界一素晴らしく魅力的な主題について、わかっていることと、まだわかっていないことを一貫性のある全体像にまとめ上げることです。」(p.329.)

　このようにポジティブをネガティブと単純に対立させない発想に関連して、池田・ガリソン・ヒックマン（2014）において、池田は、大乗仏教の思想に基づき次のように論じている。「大乗仏教の思想とも、深く響き合うものです。仏教には、『善悪無記』という考え方があります。日蓮仏法では、『善に背くを悪と云い悪に背くを善と云う、故に心の外に善無く悪無し此の善と悪とを離るるを無記と云うなり、善悪無記・此の外には心無く心の外には法無きなり』（御書全集 563 ページ）と説かれています。ここでいう『無記』とは、『善』とも『悪』とも定められないということです。」(p.402.)

　さらに、デューイ（1968）から一節[2]を引用して、デューイは、伝統的な哲学や神学における大きなテーマである「善」と「悪」の問題に対して、固定した二元論ではなく、実践的な課題としてのアプローチを提示していると論じている。

　すなわち、「『善』や『悪』といっても、それは何か固定的な実体があるわけではなく、環境と自身の一念との関係性のなかにおいて変化し、顕在化していくもの」（池田 2012,p.403.）[4]であるということである。

　さらに池田は、固定的・概念的な認識の問題点を、2010 年発表の『SGI の日』記念提言をふまえて、次のように指摘している。「私は、人間の実像から乖離した『善』と『悪』、『味方』と『敵』といったように、人々や物事を単純に固定化する『抽象化の精神』の危険性について述べさせていただきました。仏教の『善悪無記』の考え方は、その『抽象化の精神』の落とし穴を乗り越え、自身と目の前の事象をまっすぐ見据え、生成流動して止まない

〝現実〟と向き合うことを促す思想なのです。」(p.403.)⁵⁾

　確かに、世界で起きているテロリズムなどを知るにつけ、「抽象化の精神」が跋扈している状況は深刻である。

　話を戻して、ポジティブもネガティブも決して何か特定の実体ではない。ポジティブとネガティブを特定化しようとする抽象化の精神は、因により縁により生成流動する人間の生命感覚から乖離するしかない。ネガティブもポジティブも可変的なものであり、相互関係の上に成り立っているのである。ネガティブを否定したポジティブは、表層を浮遊するだけのポジティブであり、狭く閉じたポジティブでしかないだろう。ネガティブの苦悩に対して無感情になり傍観したり、他者のポジティブを羨み攻撃的になったりするだけではないだろうか。

(5) 子どもの幸福のための教育

　池田が先師と仰ぐ、創価学会初代会長・牧口常三郎は、『創価教育学大系』の著者であり、そこには、価値と幸福を目的原理とする教育学が展開されている。このような教育理論との連関は、「自他共に」の議論と関連して、池田思想における幸福観、いわば仏法的ウェルビーイングの特徴であろう。

　「幸福以上に人生の理想はあるであらうか。幸福以外にもしも人生の理想があるとせばそれは何か。恐らくはそれは幸福の内容の見解の相違するによつて現はれたものではないか。」(牧口1982,p.127.)

　「被教育者をして幸福なる生活を遂げしめる様に指導するのが教育である」(牧口1982,p.124.)

　「被教育者それ自身の生活を教育活動の対象となし、その幸福を図るを以て、教育の目的とする」(牧口1982,p.124.)

　一言にすれば、子どもの幸福のための教育、と言えよう。

　さらに注目すべきは、「価値を目標とせよ」と、牧口が新教育学建設のス

ローガンの1つとして提唱している点との連関である。教育の目的に関する原理として、価値と幸福とが関連づけられているのであり、幸福の内容を価値の観点から捉え、価値創造それ自体が人生の幸福と考えられている。

なお、今日でも、牧口の理論を1つの淵源とした、ネル・ノディングズ（Nel Noddings）の展開があり（『幸せのための教育』（2008）など）、その時代を超えた普遍性を物語っている。この点、ポジティブ心理学およびウェルビーイングに基づく教育の研究と実践への展開が期待される。

子どもの幸福のための教育、これを敷衍したところに、池田が2000年の「『教育のための社会』目指して」との教育提言において論じた「教育のための社会」がある。池田は、牧口の教育理念を継承し、教育は子どもの幸福のために、人間のための教育を、そして教育のための社会をと訴え続けてきた。この人間教育の理念と符合するものに、2014年にノーベル平和賞を受賞した、当時16歳のマララ・ユスフザイの有名なスピーチの一節がある。「1人の子ども、1人の教師、1冊の本、そして1本のペン、それで世界を変えられます。教育こそがただ一つの解決策です。エデュケーション・ファースト（教育を第一に）！」（2013年7月12日、ニューヨークの国連本部にて）

子どものための教育、教育のための社会という池田の人間教育の理念と重なるものであり、池田（2014）のSGIの日記念提言において、彼女の信念の行動を、価値創造のあり方の1つ「常に希望から出発する価値創造」の例として紹介している。

4. 結びと今後の課題

以上、ポジティブ心理学におけるウェルビーイングに関する諸研究をふまえて、5つの視点から池田思想における幸福観について、その素描を試みてきた。これらは、相互に密接な連関構造を成している。

たとえば、自他共のウェルビーイングを志す姿勢は、子どもの幸福のための教育を追求する方向性と軌を一にしている。また、善悪の二分法が自己と他者の対立と重なることを考えたときに、自他共のウェルビーイングを志向することの意義が浮かび上がってくる。さらに、幸福はつかむものという能動性・内発性と、壊すことのできない心の財は、子どもの幸福のための教育において、子どもに育てるべきものを示唆している。

なお、本稿では論じることができなかったが、島井（2015）では、「現在の幸福を生み出すもの」「過去と幸福の関係」「未来への希望を支えるもの」と、時間的展望の視点を設定してウェルビーイング研究について概観している。池田思想においても仏法に根ざして、「現当二世」（過去に縛られるのではなく、今現在を大切にし、未来に向かって生きていくことの大事さに関する教え）「因果倶時」（因は果を具し、果は因に即して一体であり、決して切り離すことは出来ないものであるとの教え）が人生哲学の1つとして論じられている。ポジティブ心理学におけるウェルビーイング研究においても、池田思想における幸福観においても、時間的展望は重要な視点であり、この点に関する考察は今後の課題として受け止めている。

また、高齢者等の医療、福祉、介護などの視点から、食事・更衣・移動・排泄・整容・入浴など生活を営む上で不可欠な基本的行動を指すADL（activities of daily living）のためのサービスにとどまらず、生きがいや幸福観を含めたQOL（quality of life）を考慮に入れたサービスが重視されている。教育とともに、医療や福祉の分野が池田思想の幸福観の展開として重視されるべきであろう。

注

1) なお、島井（2015）は、これらの要素は階層構造を成しているのか、並列構造なのか、それにより理解の仕方、ひいては研究の方向性に違いが生じてくることを論じている（第Ⅰ部第3章）。
2) たとえば、リュボミルスキーほか（Lyubomirsky, S. et al.（2005））などがある。
3) このうち智慧については、ポジティブ心理学では「興味、能力、達成」（interests, abilities, accomplishments）に関する研究領域（たとえば、ピーターソン（2012）の第8章）が関係深く、慈悲については、「ポジティブな対人関係」（positive interpersonal relationships）に関する研究領域（たとえば、ピーターソン（2012）の第10章）との関係が深い。
4) 「個人にしろ、集団にしろ、或る固定した結果への接近によって判断するのでなく、進む方向によって判断することになろう。悪い人間というのは、今まで善であったにせよ、現に堕落し始めている人間、善が減り始めている人間のことである。善い人間というのは、今まで道徳的に無価値であったにせよ、善くなる方向へ動いている人間のことである。私たちは、こういう考え方によって、自分を裁くのに厳格になり、他人を裁くのに人間的になる」（デューウィ（1968）pp.153-154.）
5) 池田・ガリソン・ヒックマン（2014）において、ガリソンは、池田（2012）を熟読したことを述べつつ、悪を克服する方途を見いだすことの重要性を初めて深く自覚できたとし、特に「善」と「悪」に関する理解が深まり大きく転換した、次の一節が心に残っていると述べている。「善も悪も実体ではない。空であり、関係性によって生じる。だからこそ、たえず善に向かう心が大事であり、行動が大事なのです」（池田（2012）p.26-27.）。

   そこで、このテーマについて、デューイの A Common Faith に、次の一節を見つけ、その一致に感嘆を示している。「この世には、善と悪の混合が存在する。もし少しでもそれらを理想的な目標に示される善の方向へと再構築しようとするなら、それは絶えざる協調的な努力によって行われなければならない」（池田・ガリソン・ヒックマン（2014）p.406）。

   なお、原文は下記の通りである。

   The position of natural intelligence is that there exists a mixture of good and evil, and that reconstruction in the direction of the good which is indicated by ideal ends must take place, if at all, through continued cooperative efforts.（In Boydstone, J.A.（1986）p.33.）

   邦訳には次のものがあり、この箇所は同書の72ページに記載されている。デューイ，J. 栗田修（訳）（2011）『人類共通の信仰』、晃洋書房。
6) 池田（2001）は、「教育力の復権へ　内なる『精神性』の輝きを」と題する「教育提言」を公表し、無関心やシニシズムの問題点を指摘しつつ、善も悪も可変的な実在であるという善悪無記の教えを展開し、他者不在の病理を論じている。このように、教育に関する議論において、池田はしばしば善悪無記を援用している。

参考文献

ボニウェル, I. 成瀬まゆみ（監訳）（2015）『ポジティブ心理学が1冊でわかる本』、国書刊行会。(Boniwell,I. (2012). *Positive Psychology in a Nutshell: The Science of Happiness.*)

Dewey, J.（1934）A Common Faith, In Boydston,J.A.（ed）; Sharpe,A.（textual editors）; Baysinger,P.（assistant textual editor）; Konvitz,M.R.（with an introduction）.（1986）. *The Later Works, 1925-1953 / John Dewey. Vol.9, 1933-1934.* Electronic edition. Southern Illinois University Press, Carbondale. (https://www.uio.no/studier/emner/uv/uv/UV9406/dewey-john-（1986）.-essays-a-common-faith..pdf#search='A+Common+Faith')

デューウィ, J. 清水幾太郎・清水禮子（訳）（1968）『哲学の改造』、岩波文庫。

フランクル, V. E. 霜山徳爾（訳）（1971）『夜と霧：ドイツ強制収容所の体験記録』新版、みすず書房。

フロム, E. 作田啓一, 佐野哲郎（訳）（1970）『希望の革命：技術の人間化をめざして』、紀伊國屋書店。

池田大作（2001）「教育力の復権へ　内なる『精神性』の輝きを」（21世紀開幕記念「教育提言」）。

池田大作（2012）『法華経の智慧：二十一世紀の宗教を語る』（中）普及版、聖教新聞社。

池田大作（2014）「地球革命へ価値創造の万波を」（第39回「SGIの日」記念提言）。

池田大作（2016）「池田SGI会長講義　世界を照らす太陽の仏法　第10回　創価学会永遠の五指針②　幸福をつかむ信心　－自他共に遊楽の人生を」『大白蓮華』2016年2月号、聖教新聞社。

池田大作, ガリソン, J., ヒックマン, R.（2014）『人間教育への新しき潮流：デューイと創価教育』、第三文明社。(Jim Garrison, Larry Hickman, Daisaku Ikeda (2014). *Living as learning: John Dewey in the 21st century.* Dialogue Path Press,Cambridge, Mass.)

Lyubomirsky, S., Sheldon, K.M., & Schkade,D.（2005）Pursuing Happiness：The Architecture of Sustainable Change. *Review of General Psychology*, 9, 111-131.

牧口常三郎（1982）『牧口常三郎全集』第五巻・創価教育学体系（上）、第三文明社。

New Economics Foundation（2009）. *National Accounts of Well-being Report.*（http：//www.neweconomics.org/publications/entry/national-accounts-of-well-being）

ノディングズ, N. 山崎洋子・菱刈晃夫（監訳）（2008）『幸せのための教育』、知泉書館。

大石繁宏（2009）『幸せを科学する　―心理学からわかったこと』、新曜社。

ピーターソン, C. 宇野カオリ（訳）（2012）『ポジティブ心理学入門：「よい生き方」を科学的に考える方法』、春秋社。(Peterson,C. (2006). *A Primer in Positive Psychology.*)

Ryan,R.M., & Deci,E.L.（2000）. Self-Determination Theory and the Facilitation of Intrinsic Motivation, Social Development, and Well-Being. *American Psychologist,* 68-78.

Seligman,M.E.P.,&Csikszentmihalyi,M.(2000) Positive psychology:An introduction. *American Psychologist* 55. 5-14.
セリグマン, M.E.P.宇野カオリ（監訳）（2014）『ポジティブ心理学の挑戦:"幸福"から"持続的幸福"へ』、ディスカヴァー21。(Seligman, M.E.P. (2011). *Flourish: A Visionary New Understanding of Happiness and Well-being*).
島井哲志（2015）『幸福の構造』、有斐閣。

第7章

池田大作の女性観
―「平和の文化」の担い手―

栗原　淑江

はじめに

　創価大学の創立者・池田大作の思想と行動の領域は多岐にわたっているが、そのなかで一貫しているものの1つが、平和構築への強固な思いである。平和について深く思索し、広く提言を発し、全世界的規模で行動を起こしている。そうした活動の原点として、池田は、フェリックス・ウンガー博士との対談で、①自身の戦争体験、②師の精神の継承、③宗教者としての社会的使命をあげている。
　すなわち、
　「私の平和活動の原点の一つには、私自身の戦争体験があります。
　第二次世界大戦で私は、出征した長兄を喪い、空襲で家も失いました。気丈な母が、長兄の遺骨を抱きかかえ、身体を震わせて悲しんでいた姿が忘れられません。『国家悪』が一家の平和を奪ったのです。
　私は、一人の青年として、身をもって、戦争がいかに愚劣で醜悪で無惨なものか、いかに嘘で塗りかためられているものか、痛いほど知りました。
　二つには、師の精神の継承です。

第7章　池田大作の女性観——「平和の文化」の担い手——　203

　第二次世界大戦のさなか、生命尊厳の哲学である日蓮大聖人の仏法の精神のままに立ちあがったのが、創価学会の牧口常三郎初代会長であり、私の直接の師匠である戸田城聖第二代会長でした。

　軍国主義と戦った両会長は逮捕され、牧口会長は獄死しました。生きて出獄した戸田会長は、師匠・牧口会長の精神を継いで、平和の闘争を開始しました。

　私も今、戸田会長の精神を、まっすぐに受け継いでいるつもりです。『この地上から悲惨の二字をなくしたい』——この戸田会長の『夢』の実現に向かって行動することが、私の人生のすべてなのです。

　そして三つには、宗教者としての社会的使命です。

　現代においても、多くの民衆が苦しんでいます。直接的暴力にせよ構造的暴力にせよ、あらゆる種類の暴力によって。これが現実です。

　この苦悩する人々を前にして、座して思索にふけるのではなく、『抜苦与楽』のために立ちあがっていく——燃え上がる『同苦』と『行動』にこそ、大乗仏教の魂があります。私どもが信奉する日蓮大聖人は、この仏法者の使命を『立正安国』として教えておられます。

　暴力におびやかされる民衆の悲惨を救うために戦わずして、自己自身の魂の救済などありえません。その暴力の最たるものが戦争です。」(池田2007,pp.16-18.)

　そうした池田の平和思想の特質の1つとして、女性が果たす役割への大きな期待がある。もちろん、平和構築は男女が共働して実現すべきものであるが、従来、女性が主体的にかかわる機会が少なかったことを考えると、重要な指摘であると考えられる。

　本稿では、池田の平和思想・行動を、とくに国連が提唱する「平和の文化」、およびその担い手としての女性への期待という視点から考察するとともに、そうした呼びかけを受けてSGIの女性たちが実際に展開している平

和運動についてみてみたい。

1.「平和の文化」をめぐって

(1)「平和の文化」とは何か

　「平和の文化（The Culture of Peace）」は、国連が主唱し、推進してきたものであるが、今や21世紀のキーワードの1つになりつつある。国連は1999年、国連総会において「平和の文化に関する宣言と行動計画」を採択し、翌2000年を「平和の文化国際年」とした。また2001年から2010年を「世界の子どもたちのための平和の文化と非暴力の国際10年」と定めた。国連は、「平和の文化」の構築を21世紀における主要な課題と位置づけ、精力的にこの問題に取り組み始めたのである。

　「平和の文化に関する宣言」第1条には、次のようにある[1]。

　「平和の文化とは次にあげるような価値観、姿勢、行動様式、生活様式である。

(a) 教育・対話・協力を通じて、生命を尊重し、暴力を終わらせ、非暴力を拡大し、実践すること。子どもの権利への尊重と子どもの権利の促進と保護を強化していくこと。

(b) 国連憲章と国際法に則り、国家の主権・領土保全・政治的独立を尊重する。国内法の下にある諸問題には干渉しない。

(c) あらゆる人権と基本的自由を尊重し、促進すること。

(d) 紛争の平和的解決への決意をすること。

(e) 現在・未来の世代が開発・自然環境の両方の恩恵を受けられるよう努力すること。

(f) 発展の権利を尊重し、促進すること。

(g) 男女平等と機会均等を尊重し、促進すること。

⒣表現・思想・情報の自由を尊重し、促進すること。
⒤社会・国家のあらゆる面において、自由・正義・民主主義・寛容・連帯・協力・多元主義・文化的多様性・対話・相互理解という理念を守ること。そして、平和の文化は、平和に貢献する国内的および国際的環境によって促進される。」

また国連は、この8つの行動領域を日常生活で実践するためにわかりやすく表現した「私の平和宣言・マニフェスト2000」をまとめ、世界中で署名運動を展開してきた。これには、ネルソン・マンデラ、ミハイル・ゴルバチョフ、ジョセフ・ロートブラット、アドルフォ・P・エスキベル、ベティ・ウィリアムズらのノーベル平和賞受賞たちが大きく関わり、署名の数は全世界で1億人に達している。

その項目とは、
①私は、あらゆる人の生命を尊重し、差別をしません。(Respect all life.)
②私は、積極的に非暴力を実践し、弱い人への暴力を許しません。(Reject Violence.)
③私は、自分の時間と物質的資源をみんなと分かち合い、独り占めしません。(Share with others)
④私は、常に対話をしながら、表現の自由と文化的多様性を守ります。(Listen to understand.)
⑤私は、地球環境を守るために、資源を無駄にしません。(Preserve the Planet.)
⑥私は、すべての人とともに新しい連帯を創造していきます。(Rediscover Solidarity.)

である。このように、「平和の文化」運動は、世界中のあらゆるレベルで活発に展開されつつあるのである。

(2) 池田の「平和の文化」観

　従来、創価学会およびSGI（創価学会インタナショナル）は、国連の動きに対して大きな関心をもち、賛同し、国連支援の活動に精力的に取り組んできた。そうしたことが評価され、創価学会は1981年に国連広報局のNGO（非政府機関）として登録され、SGIは1983年に、国連経済社会理事会との協議資格を有するNGOとして登録されている。

　またSGIは、1995年に制定した「SGI憲章」において、その目的と原則の第1項として、「SGIは生命尊厳の仏法を基調に、全人類の平和・文化・教育に貢献する」とし、グローバルな人間尊重・平和をめざすことを明記している。これは、「平和の文化」の精神と通底するものである。

　池田は、1998年に発表した「SGIの日記念提言」において、次のように指摘している。

　「昨年の国連総会で、2000年を『平和の文化の国際年』に制定する旨決議されましたが、私たちは『平和の文化』を創出するための確固たる理念を、今一度、『人間』というすべての原点に立ち返って、真剣に模索すべき時を迎えているのではないでしょうか。

　　人類が真摯に対話を重ねるなかで揺るがぬ足場を見いだし、すべての人々が『平和の文化』を創造する共同のパートナーとして歩んでいくならば、自他ともに輝く『第3の千年』の地平は、『人間主義』の旭日に照らされて洋々と開かれゆくと、私は強く強く確信するのです。」（池田1998）

　そして、2006年8月30日に提出された国連への提言「世界が期待する国連たれ」において、勝鬘（しょうまん）夫人の逸話を引きながら、仏教者としての立場から、国連の活動に大きな共感と期待を寄せている。

　「国連が目指す道は、『平和』『平等』『慈悲』を説く仏法の思想と相通じております。ゆえに、その国連への支援は、私ども仏法者にとって"必然"ともいうべき行為なのです。

仏典には、勝鬘夫人という一人の女性が、釈尊に次のような誓願を立てる話が説かれております。『私は、孤独な人、不当に拘禁され自由を奪われている人、病気に悩む人、災難に苦しむ人、貧困の人を見たならば、決して見捨てません。必ず、その人々を安穏にし、豊かにしていきます。』そして彼女は、自ら立てた誓願のままに、生涯、苦悩に沈む人びとのための行動を貫き通したのであります。私どもの信奉する日蓮大聖人の仏法には、そうした大乗仏教の精神が脈々と流れ通っております。

したがって、現代世界において、人間の尊厳を脅かす脅威に立ち向かい、その解決のために努力を続ける国連を支援することは、勝鬘夫人に象徴される菩薩道的生き方の一つの帰結にほかならないのであります。とくに国連が近年、力を入れている『人権』『人間の安全保障』『人間開発』、さらにまた『平和の文化』や『文明間の対話』といった分野は、仏法を貫く平和思想ともきわめて親近しており、私どもは大いに共感を抱いてまいりました。」（池田 2006）

このように、池田は、仏教思想と通じる国連の理念に、現代世界を変革しゆく希望を見出しているのである。

さらに、池田は、「法華経」の比喩を引きながら、「平和の文化」のイメージを示している。

「対立と破壊の『戦争の文化』を、どうすれば、対話と協調による『平和の文化』へと変えていけるのか。

　まず私は、仏教者が理想とする『平和の文化』の具体的なイメージを示してみたいと思います。

　私自身が考える『平和の文化』とは、地球の構成員であるすべての生命が、それぞれの『独自性』を発揮しながら、『平等』に『共生』していく文化です。

　法華経（薬草喩品）には、仏教者の描く『平和の文化』のイメージを示

唆する一つの譬えが説かれています。『三草二木の譬え』といって、名前も形も特質も異なるさまざまな木や薬草が、ともに生長する様子を描いたものです。

経文には、『一雲の雨らす所なるも、其の種性に称いて、生長することを得、華果は敷き実る』とあります。

大地に繁茂する多様な木々や薬草が、天から降り注ぐ雨の恵みを『平等』に受け、それぞれの『差異』に応じて、特質、個性を発揮しながら、華を開き、たわわに実をつけていくという姿です。

この経文の『草木』が人間の『文化』を象徴し、『大地』と『天雨』が永遠なる大宇宙、大自然の恵みを象徴するものと考えれば、『三草二木の譬え』は、多様な『文化』が、それぞれの個性を発揮しながら、地球上において豊かに共生し、繁栄していく『平和の文化』のイメージとなるのではないでしょうか。」(池田 2007,pp.164-165.)

各々の草木が、個性を発揮しながら平等に共生している姿は、地球上のすべての人々が独自の個性を保ったまま伸びやかに繁茂する様子を象徴していて、理解しやすい。

さらに、池田は、「平和の文化」を創出するための条件として、「多様性の尊重」「対話の実践」「普遍性への洞察」の3点をあげている。すなわち、

「まず第1の条件は『多様性の尊重』です。

これは、自分とは異なる他者を認め、そして敬い、学び、吸収することでもあります。そのような『開かれた精神』をもてば、個人であれ、団体であれ、国家であれ、つねに自らを刷新し、成長していけるでしょう。反対に、自分とは異質なものを認めないばかりか、排除するような『閉ざされた心』では、結果的に自らを矮小化してしまいます。……

『平和の文化』によってはじめて、異文化同士が有意義に触発し合いながら、豊かな『地球文明』へと方向づけられていくことでしょう。そのた

めには、『積極的寛容』の精神が不可欠です。……

　歴史上、人類は文明や文化、人種の差異にとらわれて、どれほど多くの悲劇を繰り返してきたことか。この悲劇を乗りこえるものこそ『積極的寛容』の精神にほかなりません。異なる文化がもつ世界観や倫理観を互いに尊重し、謙虚に学び合う精神です。」（池田 2007,pp.166-167.）

このように、差異にこだわらず、多様性を尊重することの重要性については、1993年にハーバード大学で行った講演においても指摘されている。すなわち、自身と異なる他者を認めることができないことを象徴する「抜きがたき矢」としての「差異へのこだわり」を除去することが喫緊の課題であり、異なるからこそ豊かである、異なるからこそ学びあえるという考え方が重要であるとの指摘である。

次に、第2の条件として、次のように論じている。

「『多様性の尊重』に続く、平和の文化の第2の条件は『対話の実践』です。ここに、寛容の精神を育んでいく具体的方法があるからです。

　『平和の文化』は、他者に対して開かれた文化です。『戦争の文化』が『自文化優先主義』に立ち、異文化に対して閉鎖的であるのに対して、『平和の文化』は異文化に対して開放的です。

　異なる文化同士の接触は、トインビー博士が『外国の文化を受け入れるということは苦痛と同時に、非常な危険を伴う』と述べているように、必ずしもスムーズに運ぶわけではありません。かといって、衝突を運命づけられているわけでもありません。

　クーデンホーフ＝カレルギー伯爵は、私に語られました。

　『どんな偉大な文化でも、よく考えてみますと、他の文化を吸収し、それを基盤としたものが多いのです』と。

　そこで、他の文化に開くための具体的実践が『対話』だと思うのです。……

"対話こそが、互いの差異を乗りこえ、世界を一つに結ぶ力である"
——これが私の信念です。今日まで、各国の識者やリーダーと『文明間対話』を重ねてきたのも、この信条からです。……
　対話とは、ただたんに相手の意見を聞くことではありません。対話は相互の理解をもたらし、相互の信頼を高めます。ですから、まず自分自身が確固たる信念、哲学をもたなければ、相手を深く理解することもできず、結局、真の対話は成立しないでしょう。
　そして、対話がなければ、人間は『独善という暗闇』をさ迷い続けなければなりません。そんな冷たい暗闇の中で、互いの足元を照らし、進むべき方向を示す灯火となるものこそが、対話ではないでしょうか。
　そして、『対話の光』が照らしだす広大な地平には、やがて両者にとって"普遍なるもの"が浮かび上がってくるでしょう。」（池田 2007,pp.168-171.）
　池田が、A・トインビー博士をはじめ多くの識者、社会活動家、宗教者たちと対談を行い、多くの対談集を編んできたことはよく知られている。心開かれた対話によって、異なる歴史的、文化的、宗教的背景をもつ人々と心を通わせ、信頼を強めてきたのである。私自身、そうした対話の場面に同席させていただいたこともあり、一流の人物同士の対話に感動したものである。池田のそうした活動については、多くの識者が高く評価している[2]。
　さらに第3の条件は、以下のものである。
「その意味において、私は、『平和の文化』の第3の条件として、『普遍性への洞察』をあげたいと思うのです。
　さまざまな文化や文明と広く対話し、交流し、時には生活をともにするということは、『自文化の深層』への洞察を深めます。自身の拠って立つ文化や伝統を深く掘り下げることは、それを形づくってきた良質の精神性の源流に立ち返る作業であり、『個別性のなかに普遍性を見いだしていく』作業でもあります。というのは、偉大な文化・文明を形づくってきた

精神的エネルギーの基盤には、"永遠なるもの"に根差す普遍的価値があるからです。

そのような『普遍的価値』に基づく倫理観が求められています。それを、現代文明との対応のなかから形成し、さらに実践することが必要です。

それが、宗教者に課せられた役目ではないでしょうか。

一個の人間を全体としてとらえ、さらには社会や自然環境との調和を目指す宗教は、それぞれの文化や社会のなかに『普遍的価値』を追求しつつ、しかも『独自性』を発揮させる重要な役割を担うものと考えます。……

21世紀の宗教は、それぞれの『宗派性』をこえた大きな志向性をもって、人間の幸福のために努力し、貢献すべきです。人類の平和のために、宗教のもつ『普遍的価値』すなわち『永遠なる生命価値』を深く掘り下げ、『地球市民』として対話を重ねていくべきです。これこそが、現代に生きる宗教の使命であると私は信じます。

具体的には、『積極的寛容』の精神を、一人ひとりの心に育むことです。

SGIは、発足以来、こうした観点から、一人ひとりが自身の人間革命に取り組むとともに、よりよき社会の建設に努力してまいりました。これからも、地道にして着実な努力を続けてまいります。」(池田2007,pp.171-173.)

ここからも明らかなように、SGIにとっては、「平和の文化」は目新しい概念ではなく、SGIが長年にわたりめざしてきたものであり、SGIが描く1つの理想社会のあり方であるといえる。SGIは、国連が「平和の文化」を提唱する以前から、いわば創立当初から、「平和の文化」の理念を掲げ、その実現のための活動を展開してきたということもできる[3]。

そうしてみると、現在、SGIが「平和の文化」に賛同し、その構築に邁進しているのも、当然のことといえるだろう。なかんずく、池田は、その実践の主体者として、女性に大きな期待を寄せているので、次にそれについて考察する。

2.「平和の文化」と女性

(1)「平和の文化」の担い手としての女性

池田は、2000年の「SGIの日記念提言」で、次のように述べている。

「人類の長い歴史のなかで、戦争や暴力、圧政や人権抑圧、疫病や飢饉など、社会が混乱や不安に陥った時、最も苦しめられてきたのが女性たちでありました。にもかかわらず、社会の歩みを絶えず『善』なる方向へ、『希望』の方向へ、『平和』の方向へと、粘り強く向けてきたのも、女性たちであったといえましょう。

マハトマ・ガンジーが"もし『力』が精神の力を意味するのであれば、女性は計り知れないほど男性よりもすぐれている。もし、非暴力が、私たち人間の法則であれば、未来は女性のものである"と強調していたように、希望の未来を開く鍵は女性が担っているのです。」(池田 2000)

また、次のようにも指摘している。

「20世紀は『戦争の文化』の時代であった。計り知れないほど多くの母たち、女性たちの悲しみの涙が流された。だからこそ、21世紀は、母と女性が主役に躍り出て、晴れ晴れと『平和の文化』を創造しゆく時代とならねばならない。」(池田 2003,p.59.)

人類史において、女性たちは「女子ども」とひとくくりにされ、一人前の人間として歴史・社会の主体者となるよりは、脇役を演じることが多かったといえる。そして戦争や暴力の被害者になることが多かった。しかし、池田は、苦しみを知っている女性たちこそ、新たな「平和の文化」の担い手であると、期待を寄せているのである。

こうした視点からして興味深いのは、国連における女性をめぐる動きへの、池田の対応である。

(2)「国連安保理決議 1325 号」をめぐって

　国連は、長年にわたり、国連女性開発基金（UNIFEM）などの機関を通じて、女性の地位向上や社会参加をめざす活動に精力的に取り組んできた。

　2010 年 10 月には、「ＵＮウィメン（United Nations Entity for Gender Equality and the Empowerment of Women）」を設立し、2011 年 1 月に活動を開始した。これは、従来の国連女性開発基金（UNIFEM）、女性の地位向上部（DAW）、国連国際女性調査訓練研修所（INSTRAW）、ジェンダー問題と女性の地位向上に関する事務総長特別顧問室（OSAGI）の四組織を統合したものである。

　2010 年 9 月に、前チリ大統領のミシェル・バチェレ氏が UN ウィメンの初代事務局長に就任。2013 年 7 月には、元南アフリカ副大統領のプムズィレ・ムランボ＝ヌクカ氏が第 2 代事務局長に任命され、8 月に就任している。

　UN ウィメンの優先課題領域としては、次のようなものがあげられている。
「1　女性のリーダーシップと参画を拡大
　2　女性の経済的エンパワーメント及び機会の増進
　3　女性と女児に対する暴力の予防及びサービスへのアクセス拡大
　4　平和・安全・人道的対応における女性のリーダーシップの拡大
　5　あらゆるレベルの計画と予算におけるジェンダー平等への対応の強化
　6　ジェンダー平等と女性のエンパワーメントに関するグローバルな規範、政策、基準の構築」[4]。

　こうした女性をめぐる国連の活動のなかで興味深いのは、国連が、2000 年 10 月に「安保理決議 1325 号」を採択したことである。これは、「安全保障理事会決議としてはじめて、戦争が女性に及ぼす独特の、不当に大きな影響を具体的に取り上げ、紛争の解決と予防、そして平和構築、和平仲介、平和維持活動のあらゆる段階への女性の貢献を強調した」[5] ものである。

　その具体的な行動目標の一部を抜粋する。

「1　紛争の予防、管理、解決に向けた活動を行う国内・地域・国際組織および機関のあらゆる意思決定レベルにおいて女性の参加がさらに促進されるよう加盟国に促す。……

3　よりよい事務所形態を追求するために、より多くの女性を特別代表や使節として任命するよう事務総長に促す。そのために人材登録名簿を定期的に更新し、よき人材を事務総長に提供するよう加盟国に求める。

4　国連の現地活動、特に軍事監視、民間警察、人権及び人道に関する活動において女性の役割と貢献が拡大されるよう事務総長に促す。

5　国連安全保障理事会は平和維持活動において、ジェンダーの視点に立った活動が行われることが望ましいことを表明する。適性に応じて現地の活動にジェンダーの要素を取り入れることを保障するよう事務総長に促す。……

8　和平協定の交渉および実施に際しては、全ての関係者がジェンダーの視点を取り入れることを求める。……

15　安全保障理事会は、ジェンダーに基づく配慮と女性の権利を考慮しつつ任務を遂行することを表明する。これらは、現地および国際女性団体との対話等をも通じて行われる。

16　事務総長に対し、武力紛争が女性および少女に与える影響や、平和構築における女性の役割、和平プロセスと紛争解決におけるジェンダーに関する側面の研究を実施するよう招請する。またさらに、安全保障理事会に研究結果を報告し、すべての国連加盟国がこの報告を活用できるようにするよう招請する。

17　事務総長に対し、平和維持活動やその他の女性や少女に関わる活動におけるジェンダー主流化の進展について、必要に応じて安全保障理事会への報告に盛り込むよう求める。」[6]

このように、この決議は、平和をめぐるあらゆるレベルで女性の参加を増

大させ、女性の保護に注意を払い、紛争終結後にも女性の視点を取り入れるとともに、国連の平和活動にジェンダーの視点を取り入れようとするものである。これにより、平和の創出に果たす女性の役割が具体的に示された。従来、もっぱら戦争の被害者として扱われることが多かった女性を平和創出の主体者をして位置づけた、画期的な決議であるといえる。

このように国連は、女性をめぐる諸問題に対して、世界的規模で精力的に取り組んできた。女性をめぐる課題はまだまだ山積しているが、グローバル時代にふさわしい取り組みが各地域・各領域で行われているのは心強いことである。

池田は、「安保理決議1325号」について、制定に尽力した国連元事務局次長のチョウドリ氏（Anwarul K. Chowdhury）との対談で、次のように語り合っている。

チョウドリ氏が、「2000年3月8日の『国際女性デー』は、私にとって特別な日であり、これからもそうであり続けるでしょう。人類にとっても歴史的な日となりました。……安保理は、女性が権力構造に平等にかかわり、全面的に参加することを支持し、また、女性が紛争の予防と解決のあらゆる努力に全面的に関与することが、平和と安全保障の維持と推進には不可欠であると明言しました。

声明は、平和と安全保障に関して、『政策や活動全般にジェンダーの視点を取り入れる積極的で明確な方針作りを推進することの重要性』を強調しています。

女性に本来備わる『平和』と『安全保障』における役割が、国連の創設以来、長く認識されてこなかったのは残念なことです。女性は長いあいだ、戦争や紛争の無力な被害者と見なされてきました。しかし、2000年3月8日、これまで不可解にも見過ごされてきた女性の役割への認識が変わりました。その結果、この概念的、政治的大転換によって、8カ月後に安保理決議1325

号が全会一致で採択されたのです。

　そして、この安保理決議 1325 号は、今や、和平プロセスを含む全ての意思決定レベルへの女性の参加の必要性を説く国際社会の主張として、世界中に知られるようになりました」（池田 2010,pp.334-336.）と発言したのに対して、池田は、「その通りですね。『加盟国に対し、あらゆる意思決定レベルにおける女性の代表の増員を要請する』、そして『国連事務総長に対し、紛争解決と和平プロセスの政策決定レベルにおいて、女性の参加を促す戦略的行動計画を実施するよう要請する』等々——この 18 項目からなる決議は、非常に画期的なものでした」（池田 2010,p.336）と応じている。

　さらに、チョウドリ氏の「2000 年の決議採択により、これまで平和構築や紛争後の計画に、繰り返し質的改善をもたらしてきた女性たちが長年待ち続けた"チャンス"という扉が、ようやく開かれたのです。この決議は、世界中の女性をはじめ多くの男性をも活気づけました。閉鎖的なクラブとして知られている安保理でさえも、女性と平和、そして安全保障に関する４つの関連決議を採択し、前向きな姿勢を示したのです。……安保理の決議は、総じては国際社会に、別しては国連のすべての加盟国と組織に義務として適用されます。その結果、NGO、特に女性の分野の NGO が誕生する機会が大いに増えました」（池田 2010,pp.336-338.）との発言に対して、池田は、次のように応じている。

　「よく存じ上げています。その後、『女性と平和・安全保障』の議題は、何度も安保理で取り上げられ、和平プロセスに女性が絶えず参加すべきであることを確認する議長声明も出されてきました。

　毎年、決議 1325 号が採択された月である 10 月に、安保理では同決議がどのように実施されてきたかを検証する実質的な討議が行われてきましたね。……

　毎年の『SGI の日』記念提言などを通して、私も平和の創造に果たす女

性の役割や、女性のエンパワーメントを進めていくことの重要性を論じ、訴えてまいりました。

　世界の多くの識者との語らいのなかでも、地球的問題群を解決するためには、常に『女性の視点』や『母親の視点』を反映させる必要があるという点で深く一致してきました。」(池田 2010,pp.339-341.)

このように、池田は、この安保理決議に賛同し、女性が平和の創出に力を発揮することを期待しているのである。

また、2010年の「SGIの日記念提言」でも、次のように指摘している。

「私は、新機関の発足にあたって、女子教育の拡充を含む『女性のエンパワーメント』の推進とともに、安保理の1325号決議をフォローアップする作業を、活動の柱に盛り込むことを呼びかけたい。

　和平プロセスへの女性の参加一つをとってみても、国連の平和構築委員会がブルンジやシエラレオネの復興を進めるにあたって、決議を重視する動きが見られた一方で、世界全体では、平和合意の署名者に女性が占める割合は2％以下、交渉者については7％を占めるにすぎず、まだまだ決議の精神が本格的に浸透するまでにはいたっていない状況があります。

　本年は、第4回世界女性会議で女性政策の国際基準となる『北京行動綱領』が採択されてから15周年にあたり、安保理の1325号決議の採択から10周年の佳節を迎えます。

　今年をさらなる飛躍への出発点として、国際社会における『女性のエンパワーメント』の力強い前進を期すとともに、決議の履行に向けて積極的に取り組む『1325号に関するフレンズ国（有志国グループ）』の輪を広げて、平和構築における女性の関与を本格的に高めるには何が必要かを討議し、現状の打開を図ることを望むものです。」(池田2010)

また、

「私たちの社会は女性や母たちの声に、もっと真摯に耳を傾けていかねば

ならない。そして、その豊かな知恵と鋭い感性、持続性に富んだバイタリティーを、より良き社会の創造のために、最大に尊重していくべきではないでしょうか。

それができれば、世界はもっと人間らしい、そして、もっと平和で住みよい世界になると、私は確信しております。……

私どもSGIも、女性を最大に大切にし、女性が幸福を満喫できる社会を築くことを、大きな目標としてきました。それが、仏法の精神でもあるからです。

SGIが世界192カ国・地域で進める平和・文化・教育の『人間主義』の運動の最大の担い手も、ほかならぬ庶民の女性たちであり、母親たちです。

名もなき女性たちを徹して大切にし、その幸福のために闘い抜く——それが、創価学会とSGIの伝統精神なのです。」(池田 2010,pp.320-329.)

こうした池田の呼びかけに呼応して、SGIの女性たちは、さまざまな平和活動を展開してきた。次にそれをみてみよう。

3. 平和をめざすSGIの女性運動

(1) 草の根の運動

SGIの女性たちは、長年にわたり、日常の信仰活動においてまた地域の活動において、草の根の平和運動を展開してきた。また、平和活動をもっぱら担う組織として創価学会女性平和委員会が1980年に結成された。まず、草の根の運動についてみてみよう。

SGIの平和運動で目立つのは、女性たちが主体的に活動を展開していることである。いうまでもなく、平和構築は男女ともに取り組むべき課題であるが、生命の再生産や日常生活の大きな部分を担う機会が多い女性は、その体験からして、社会のあり方に対してさまざまな選択肢を提示することができ

るだろう。しかし、歴史をひもといてみると、女性たちの発想や発言、行動が社会に影響を及ぼすことが少ない傾向にあったのはたしかである。

そうした状況に対して、池田は、後述するようなSGIの女性たちの手による反戦出版活動や、意識啓発のための展示や講演会などの活動を紹介した後、重要なのは、日々の生活のなかでの草の根の運動であると語る。すなわち、

「こうした取り組みとともに欠かせないのが、日々の生活の中で『平和の文化』を具体的に創造していく挑戦でありましょう。"一人ひとりが日々、粘り強く平和の振る舞いを持続する過程の中に『平和の文化』が存在する"と訴える平和学者のエリース・ボールディング博士は、とくにこの面での女性の役割を重視しています。平和といっても遠きにあるものではない。他人を大切にする心を育み、自らの振る舞いを通して、地域の中で友情と信頼の絆を一つ一つ勝ち取っていく中でこそ、世界は平和へと一歩一歩前進するのです。

毎日の振る舞い、そして地道な対話を通し、『生命の尊厳』『人間の尊厳』への思いを高め合う中で、『平和の文化』の土壌は豊かになり、新しい地球文明は花開くのです。女性に限らず、一人ひとりの人間が目覚め、立ち上がることこそ、社会が『戦争の文化』へと暴走するのを押し止めるブレーキとなり、平和の世紀を築く原動力となりましょう。

SGIでは、自他ともの幸福を目指す仏法の理念に基づき、『人間革命』という名の、"民衆の民衆による民衆のためのエンパワーメント運動"に取り組んできました。ここでいう、エンパワーメントとは、人間誰しもに本来備わっている無限の可能性と力を最大に引き出すことに眼目があります。そのために、人々と積極的に関わり合い、生命と生命との触発作業を繰り返すなかで、自他ともの平和と幸福が実現され、世界平和への礎は、より強固となると私たちは考えるのです。

世界各地でSGIのメンバーが、悩み苦しむ友を励まし、生きる勇気と希望を引き出す地道なエンパワーメントの実践に取り組む一方で、よき市民として平和・文化・教育の運動を通して『民衆の連帯』を築き上げてきたことに、私は大いなる喜びと、強い自負を感じます。この『人間と人間の連帯』『心と心の連帯』の拡大こそが、『平和の文化』のほかならぬ実践であることを、改めて確認しておきたい。平和が人間一人ひとりの心の中に根づいてこそ、『平和の文化』を全地球的規模に広げることができ、永続化させることができると私は確信するのです。」（池田 2010）

また、2010年に発表された「SGIの日記念提言」においても、次のように指摘している。

「さまざまな脅威に翻弄されてきた女性たちに教育の機会を広げ、女性たちが、危機を打開する主体者として立ち上がり、自らが望む方向へと時代の流れを変えていく—そのためのエンパワーメントの種子を蒔いていくことが喫緊の課題だと思うのです。

思えば、創価学会の牧口初代会長も"女性たちこそ未来の理想社会の建設者"との信念で、女性の地位が著しく低かった100年前の日本で、女子教育の普及に情熱を注ぎました。……

SGIでは、女性が主役となっての平和運動を世界で進め、日本では、平和学者エリース・ボールディング博士の監修で制作した『平和の文化と女性』展や、地域における啓発の場としての『平和の文化フォーラム』の開催などに力を入れてきました。

これらの活動に込めた"女性こそピースメーカー（平和の創造者）"とのメッセージは、牧口会長の信念を現代に蘇らせたものであると同時に、2000年10月に国連の安全保障理事会で採択された1325号決議の精神とも通底するものです。」（池田 2010）

そして今、世界192ヵ国・地域において、さまざまな地域、世代、立場の

女性たちが、家庭や職場、地域社会などにおいて、地道で広範な活動を展開しているのである。

池田は、ルー・マリノフ博士との対談においても、次のように述べている。

「女性の"朗らかな声"は、"前進の響き"です。女性の"賑やかなスクラム"は、"平和の光"です。……平和のため、生命の尊厳を守るために、今、出来ることから始めよう――身近なところから『平和の文化』の種を蒔き、地道に育てゆく試みこそが最も確かな希望の力です。

今、女性たちの手によって、それぞれの地域に快活な語らいと友情の花が咲き薫っています。女性こそ『平和の哲学』の探究者であり、『平和の文化』の創造者です。」(池田 2011,p.118.)

そして、そのスクラムは、SGIメンバーのみならず、さまざまな文化的、歴史的、宗教的背景をもつ女性たちへと拡大しているのである。

(2) 創価学会女性平和委員会の活動

最後に、そうした池田の思想と提言に呼応して展開されている具体的な例として、創価学会女性平和委員会の活動を手短かに紹介したい[7]。

創価学会婦人(現：女性)平和委員会は、1980年12月に発足した。池田が開いてきた平和への道を継承し、女性が先頭に立って訴えていきたいとの思いが結晶したものの1つである。そのスローガンは「『平和の文化』の太陽たれ」、モットーは「女性の平和意識を啓発　生命尊厳の思想を次代へ継承　『平和の文化』のネットワークを拡大」(2002年決定)である。同委員会は、「平和は一人の心の変革からはじまる」との信念に基づき、草の根の平和運動を展開し、ネットワークを広げてきている。

具体的な活動としては、戦争体験の証言集をはじめとする出版活動、講演会やセミナーの開催、展示活動、体験談発表大会などがある。

とくに反響を呼んだのは、1981年から10年間にわたって出版された、戦争体者の証言集である。証言集の出版活動については、『聖教新聞』が次のように伝えている。

「この日は、同委員会の具体的な活動として予定している戦争体験の証言集の編さん、平和・文化講座の開催について、今後の進め方を協議した。

　とくに、戦争体験の証言集の編さん方針としては、過去の戦争体験の記録にとどまらず、『今後けっして戦争を引き起こさないために何をなすべきか』『どのように平和運動に取り組んでいけばいいのか』など、仏法を基調として平和運動を推進する婦人の立場からの平和への叫びを盛り込み、次の世代に伝えていく内容にしてはどうか、との意見が出された。」[8]

戦争の記憶を風化させてはならないと、メンバー一人ひとりが、戦争体験者のもとを訪れ、重い口を開いて語ってもらった証言を筆に起こしていったのである。結成の翌年に第1巻が刊行され、その後10年間をかけて『平和への願いを込めて』全20巻が完成した[9]。

さらに、終戦・被爆60年の2005年には、戦争体験を継承し、記録する運動を展開した。その際、180名の証言を映像に収め、それをもとに31名の証言を収録したDVD『平和への願いをこめて——女性たちの戦争体験』を制作した。すなわち、①被爆・広島、②被爆・長崎、③沖縄戦、④引き上げ、⑤戦火の中の看護師たち、⑥戦時下の女性と子どもたち、⑦空襲、である。

これをもとに、5言語（英語、スペイン語、フランス語、中国語（繁体字・簡体字））版DVD『平和への願いをこめて——広島・長崎　女性たちの戦争体験』を作成した。これは、小中学校や、地域のセミナーなどで教材として用いられ、好評を博している。

こうした活動のなかで、特筆すべきは、原水爆禁止、核兵器廃絶への強い思いである。同委員会は、核兵器廃絶に向けての活動として、最初の被爆

第 7 章　池田大作の女性観 ——「平和の文化」の担い手—— 　223

国を生きる者の使命として、①核兵器の悲惨さを世界へ訴える、②「核兵器のない世界へ」の世論を喚起する、③対話を通し、平和への意識を啓発、をめざしている。

またこれは、同委員会のみならず、創価学会、SGI の平和運動の最重要の主張である。その原点となっているのが、1957 年 9 月 8 日に戸田城聖創価学会第 2 代会長が発表した「原水爆禁止宣言」である。そこで戸田は、大要、次のように宣言した。

「核あるいは原子爆弾の実験禁止運動が、今、世界に起こっているが、私はその奥に隠されているところの爪をもぎとりたいと思う。それは、もし原水爆を、いずこの国であろうと、それが勝っても負けても、それを使用したものは、ことごとく死刑にすべきであるということを主張するものであります。なぜかならば、われわれ世界の民衆は、生存の権利をもっております。その権利をおびやかすものは、これ魔ものであり、サタンであり、怪物であります。」10)

この宣言から 52 年後の 2009 年 9 月 8 日、池田は、「戸田第 2 代会長生誕 110 周年記念講演」として、「核兵器廃絶へ　民衆の大連帯を」を発表した。そこでは、次のように述べている。

「かつて核軍拡競争が激化した時代に、こうした核兵器が人々にもたらす脅威や恐怖という民衆の側からの視点に立って、核兵器廃絶を訴えたのが、師の戸田第 2 代会長でした。

　逝去の 7 カ月前、戸田会長は病の小康状態の中で、青年を中心とした 5 万人を前に核廃絶を遺訓の第一とする『原水爆禁止宣言』を、52 年前の今日 9 月 8 日に発表したのです。現在の状況に照らして、私が重要と考える宣言の柱は、『政治指導者の意識変革』『核兵器禁止の明確なビジョン』『人間の安全保障のグローバルな確立』の 3 点です。

　第 1 の柱は、『われわれ世界の民衆は、生存の権利をもっております。

その権利をおびやかすものは、これ魔ものであり、サタンであり、怪物であります』と述べ、核保有の奥底にある国家のエゴイズムを厳しく指弾し、指導者の意識変革を強く促した点です。

『サタン』や『怪物』といった表現は、いささか唐突で奇異な印象を与えるかもしれませんが、核抑止論の底流には、自国の優位や安全のために人類を犠牲にすることも辞さない、常軌を逸した非情の論理が脈打っていることを人々にわかりやすく伝えるとともに、指導者に内省を求めることに主眼がありました。……

第2の柱は、『もし原水爆を、いずこの国であろうと、それが勝っても負けても、それを使用したものは、ことごとく死刑にすべきである』と述べ、いかなる理由があろうと、いかなる国であろうと、核兵器の使用は絶対に許されないと　明言した点です。……

第3の柱は、『核あるいは原子爆弾の実験禁止運動が、今、世界に起こっているが、私はその奥に隠されているところの爪をもぎ取りたいと思う』と述べ、核実験への抗議もさることながら、多くの民衆の犠牲の上で成り立つ安全保障思想の根絶を図らない限り、本質的な解決はありえないことを指摘した点です。」(池田 2009)

このように指摘した池田は、その後の半世紀の歩みをひもとき、核兵器廃絶へのさらなる決意を披瀝している。

「『いやしくも私の弟子であるならば、私のきょうの声明を継いで、全世界にこの意味を浸透させてもらいたい』との師子吼を、私は一日たりとも忘れることなく、その場で胸に焼き付けた直弟子として、核廃絶への潮流を高める挑戦を続けてきました。……

こうして私どもは、師の『原水爆禁止宣言』を時代精神へと高めるべく、半世紀にわたり行動を続けてきました。今後も、民衆次元から核廃絶を目指す運動に、更に全力であたっていく決意です。……

このまま座して地球の脅威を看過するのではなく、私たちが生きるこの時代に『核兵器のない世界』の実現は不可能ではないことを、民衆自身の力で示そうではありませんか。」(池田 2009)

こうした池田の主張の根底には、核兵器がもつ悪魔性についての認識がある。仏教では、人間や自然の奥底には「宇宙生命」ともいうべき根源の一法が脈打っていると考えるが、核兵器は、人間や自然のすべてを破壊し尽くす点で、最大の悪であると強調しているのである。

先にあげた『平和への願いを込めて』全20巻のうち、第4巻 広島・被爆その後編『ヒロシマの心・母の祈り』、第13巻 被爆二世(長崎)編『終わりはいつですか』に、被爆体験が収録されている。また、5言語版DVD『平和への願いをこめて──広島・長崎 女性たちの戦争体験』のなかで、①被爆・広島では、21歳の時に被爆した塩田キクエさんが証言。地獄絵さながらの広島市内を逃げまどい、翌日、14歳の妹の焼け焦げたモンペを発見。10歳の弟は大火傷を負い、母も原爆症で1カ月後に亡くなったことを語っている。また、②被爆・長崎では、子どもとともに被爆した橋本トヨミさんが証言。被爆以来、原爆症に苦しみ、出産した子どもにも後遺症が残る。被爆者として国連総会にも出席し、原爆を3度許してはならないと訴えたことが報告されている。

同委員会のみならず、創価学会、SGIは、戸田第2代会長の遺志を受け継ぎ、展示活動や、署名活動、出版など、精力的に核兵器廃絶運動を展開してきている[11]。

一方、同委員会は、平和・文化講座を開催し、内外の多くの研究者、実践者を招き、平和に果たす女性の役割、歴史にみる宗教の戦争へのかかわり、戦争を阻止するために女性はいかに力を発揮できるか、等の視点から平和運動の在り方を考える場として開催してきた。

また、同委員会は、展示活動にも力を入れている。国連の「平和の文化」

の提唱を受け、2002年には「平和の文化と女性」展を開始。2007年には全面的にリニューアルして日本国内を巡回している。平和学者のエリース・ボールディング博士が監修に当たったこの展示は、日本で50以上の都市で開催され、110万人以上が鑑賞している。

　私も、同委員会のメンバーとしてこの展示の作成に関わった。ボストンのボールディング博士の自宅を訪問した際には、監修の御礼として、展示の内容と反響を収めたアルバムをお届けしたが、博士は、時おり感嘆の声をあげながらすべてのページを丹念に見てくださり、「お役に立てて本当にうれしく思います。平和委員会をはじめ、SGIの女性たちがこのような活動をしていらっしゃることはとてもすばらしいことです」と称えてくださった。85歳の博士とのこの会見は、強い印象で今でも心に残っている。

　同委員会は、現在も活発に活動し、SGI内外の友と平和の輪を拡大している。これは、SGIの一部の機関の活動であるが、池田が「ご近所から始まる世界平和」を提唱したように、「平和の文化」創出のための地道な活動が、192カ国・地域で展開されているのである。

おわりに

　SGIでは女性の活躍が目立つことがよく指摘される。その根底には、池田が強調するように、ブッダの男女平等観、「法華経」における竜女の成仏、日蓮の女人成仏論などに脈々と流れてきた、一筋の女性解放思想の系譜が存在する。池田の女性観は、その系譜に連なるものである[12]。

　このように女性の尊厳を強調し、女性に期待を寄せる池田の思想の根底には、仏教、なかんずく「法華経」における平等思想があると考えられる。「法華経」には、「万人の成仏」「永遠なる仏」「菩薩道の実践」の三大思想が説かれているが、このうち、「万人の成仏」が、平等思想を示している。「法

華経」においては、一切衆生が一念三千の当体であるとの考え方に立った「皆成仏道」の教えが説かれている。「方便品第二」に、「如来は但一仏乗を以っての故に、衆生の為に法を説きたもう」とあるが、一仏乗とは、一切衆生を等しく成仏させる教法のことである。

そうした立場から、「二乗作仏」や「女人成仏」が説かれたのである。とくに、竜女の成仏が描かれた「提婆達多品第十二」において、諸経典においては忌避され、資格を剥奪され、成仏を拒否されていた女性に、成仏の道が示された。これは画期的なことであり、女人成仏というと「法華経」が真っ先にあげられるゆえんである。

現代社会において創立され、発展してきたSGIも、仏教の「平等思想」に立ち、人種、民族、性別、職業、出自などの属性にとらわれず、多様な人々を主体者として活動を展開してきた。「桜梅桃李」の理念が示すように、さまざまな人々が各々の「仏性」を顕現し、自分らしく、自己実現と社会貢献の活動に邁進しているのである。

人類的課題が山積している現在、人類の運命を転換し、混迷に満ちた人類社会を平和へ、生命尊厳の方向へと転轍し、人間を最優先に考える社会を構築することが緊急の課題となっている。池田は、そうした潮流の主体的な担い手として、なかんずく女性に大きな期待を寄せている。痛みを知る人は、他者の痛みを聞き、汲み取り、慈愛をもって同苦するまなざしをもっている。従来無視されがちだった女性の視点・発想・行動に、未来を開く可能性がある、と。そうした立場から、各国の女性識者との対話を重ね、対談集も編んでいる。

それに呼応して立ち上がり、仏教の深い哲理に根ざした女性たちの連帯の輪は、今や世界的規模へと拡大している。そして、21世紀を、人間が大切にされ、男性も女性もともに責任を分かち合い、人間として伸びやかに自己実現し、社会に貢献しつつ、幸福感を満喫できる世紀とすべく、活発に活動

を展開しているのである。

注
1) 平和の文化をきずく会訳『平和の文化に関する宣言（国連文書）』（http://homepage2.nifty.com/peacecom/cop）
2) たとえば、ガンディー研究者であるN・ラダクリシュナン博士は、次のように指摘している。「『驚異的な』という言葉は、池田博士が過去40年間にわたって行ってこられた一連の対話を言い表すにはおだやかすぎるでしょう。博士は、人権、平和と文化、戦争と暴力、宗教と精神性、経済学と社会福祉、科学と人類の生存などのテーマについて、光明を発しながら語り、世界中に平和のネットワークを織り成す作業を開始しました。その言葉は、人類にとっての大きな希望に満ちています。

博士が対話を通じて織り成す壮大な構想には、すべての大陸と地域が含まれています。個々人における革命は、おそらく人類の新たな夜明けを予告するものであり、第三の千年紀を、もっとも素晴らしい智慧という虹によって輝かせるでしょう。したがって、池田博士の対話は、新たな世界にとってのカギであると同時に、新たな方向性を探求する人々を導く"灯台"なのです。」（ラダクリシュナン 2006, pp.16-17.）

また、ハーバード大学教授のドゥ・ウェイミン教授は、「対話の基本となるものは、他者や他文明を認める寛容の精神です。それがなければ、対話は始まりません。しかし、それだけでは不十分です。"認める"だけでは、『否定はしないが、無視もする』という心根を脱却できないからです。ゆえに、真の対話には、"相互の尊敬"という要素が不可欠となってきます。さらに、これは難しい挑戦になりますが、"差異を讃える"という大いなる心根をもつことが大切となってくるのです。

この点、池田会長は、トインビー博士との対談以来、そうした真の文明間の対話を一貫して持続してこられました。社会と文化の変革のための唯一の方途は対話にあるといっても過言ではありません」（池田大作・ドゥ 2007,p.12.）と指摘している。
3) 仏教の視点からすれば、先にあげた6項目の「私の平和宣言」はまさに同じ精神の表れと捉えることができよう。すなわち、

「①私は、あらゆる人の生命を尊重し、差別をしません」は、すべての人が「仏性」をもつ尊い存在であるとの、仏教の生命尊厳、人間尊厳の思想と通ずる。「②私は、積極的に非暴力を実践し、弱い人への暴力を許しません」は、不殺生（アヒンサー）の思想と通ずる。「③私は、自分の時間と物質的資源をみんなと分かち合い、独り占めしません」は、仏教の少欲知足の思想、および人間と人間、人間と自然との共生の思想に通ずる。さらに「④私は、常に対話をしながら、表現の自由と文化的多様性を守ります」は、すべての人が多様性をもち、その差異を認め合う「桜

梅桃李」の思想と通ずる。「⑤私は、地球環境を守るために、資源を無駄にしません」は、環境と人間の一体性を説く「依正不二」の思想と通ずる。最後に、「⑥私は、すべての人とともに新しい連帯を創造していきます」は、すべての人が互いに関連しあって存在しているとする「縁起」の思想と通ずる、といえよう。
4) 国連広報センター公式サイト。http://www.unic.or.jp
5) 同上。
6) 同上。
7) 本節の記述については、創価学会女性平和委員会編『女性平和委員会ハンドブック』2014年版（非売品）を参照、引用させていただいた。
8) 『聖教新聞』1980年12月18日付。
9) 『平和への願いを込めて』全20巻、1981-91年。タイトルは以下の通り。
　　第1巻　引揚げ編『あの星の下に』
　　第2巻　従軍看護婦編『白衣を紅に染めて』
　　第3巻　戦後生活（関西）編『雑草のうた』
　　第4巻　広島・被爆その後編『ヒロシマの心・母の祈り』
　　第5巻　学童疎開編『思慕と飢餓のはざまで』
　　第6巻　基地の街（神奈川）編『サヨナラ・ベースの街』
　　第7巻　女たちの戦禍編『うたかたの花嫁』
　　第8巻　聞き書き（千葉）編『母たちの戦場』
　　第9巻　戦争未亡人（埼玉）編『女ひとりの戦後』
　　第10巻　女教師編『戦禍の教室で』
　　第11巻　樺太・千島引揚げ（北海道）編『フレップの島遠く』
　　第12巻　沖縄戦後編『いくさやならんどー』
　　第13巻　被爆二世（長崎）編『終わりはいつですか』
　　第14巻　農村婦人（東北）編『この土あるかぎり』
　　第15巻　女子挺身隊（中部）編『白紙に消えた青春』
　　第16巻　満蒙開拓（長野）編『永遠の大地もとめて』
　　第17巻　国防婦人会（大阪）編『かっぽう着の銃後』
　　第18巻　四国編『息子をもどいとうせ』
　　第19巻　戦争孤児（東京）編『孤児たちの長い時間』
　　第20巻　外地編『祖国はるかなり』
10) 戸田城聖「原水爆禁止宣言」、1957年9月8日。
11) 展示活動としては、1982年から開催されている「核兵器――現代世界の脅威展」がある。これは、国連広報局及び広島・長崎市と協力し、ニューヨークの国連本部を皮切りに世界24カ国39都市で開催したものである。広島、長崎の被爆写真、被爆物品の展示をはじめ、核の脅威を余すところなく浮き彫りにし、同年の国連軍縮特別総会での「世界軍縮キャンペーン」実施の決定に、大きなインパクトを与えた。北京、モスクワ、ウィーン、パリ、ベルリンなど、核保有国はもとより、イデオロギーや社会体制の異なる各国に巡回展示され、核廃絶、軍縮への世論を

喚起した。見学者は世界で170万人に及び、核軍縮に向けての世界的な世論の潮流をつくり出してきた。

　また、2007年から開催されている。「核兵器廃絶への挑戦と日本精神の変革」展は、戸田第2代会長の「原水爆禁止宣言」50周年を記念して制作されたものである。核兵器廃絶のためには、人間の精神の変革が不可欠であることを訴え、広島・長崎をはじめとする日本国内、ジュネーブ国連欧州本部をはじめ世界各国で開催されている。

　また、署名運動としては、1975年に核兵器廃絶を求める1000万人署名をニューヨークの国連本部に提出した。さらに、1998年からは、「アボリション2000」署名運動を展開。「アボリション2000」は、核保有国に対し期限付きで核兵器の廃絶をめざし、具体的な前進を求めていく地球的なネットワークを持つ運動である。創価学会は、各時代財団会長のディビッド・クリーガー氏の呼びかけに賛同し、1997年秋から翌年にかけて1300万以上の署名を集め、ニューヨークの国連本部に提出した。

　さらに、2010年からは、「核兵器禁止条約」の制定を求める署名運動を展開している。これは、池田SGI会長が2009年9月に発表した「核廃絶提言」などを具現化するため、青年部が全国で実施した署名運動で、227万人の希望の声が集まり、2010年5月に国連に提出された。この結果、同月に開催されたNPT（核拡散防止条約）の再検討会議において、はじめて「核兵器禁止条約」の言及がなされた。

　被爆70周年の2015年8月には、平和運動に携わる23カ国の青年が集い、広島で「核兵器廃絶のための世界青年サミット」が開催された。これは、広島市や長崎市、広島平和文化センター、核時代平和財団、核戦争防止国際医師会議などが後援したもので、会議の合間には世界の青年たちが平和記念公園や原爆資料館を訪れ、核兵器廃絶への誓いを新たにした。

　さらに、2015年10月には、キューバの首都ハバナで「核兵器なき世界への連帯」展を開催した。これは、2012年8月、広島での核戦争防止国際医師会議（ＩＰＰＮＷ）世界大会で初公開以来、世界各国で行われてきたもので、同10月にハバナで開催された「宗教間対話と世界平和のための国際会議」にあわせて行われたものである。開幕式には宗教者ら約450名が出席。大きな反響を呼んだ。

　このように、SGIは、戸田城聖の遺訓の実現のため、世界中で核兵器廃絶にむけた活動を展開している。

12)　池田先生の女性観を仏教の視点から考察したものとしては、栗原（2007）を参照のこと。

参考文献

チョウドリ，アンワルル、池田大作（2010）『新しき地球社会の創造へ　平和の文化と国連を語る』潮出版社。

池田大作（1998）「第23回SGIの日記念提言」。

池田大作（2000）「第25回SGIの日記念提言」。

池田大作（2003）『新・女性抄』潮出版社。
池田大作（2006）「提言　世界が期待する国連たれ」。
池田大作（2009）「核兵器廃絶へ　民衆の大連帯を」。
池田大作（2010）「第35回SGIの日記念提言」。
池田大作、ドゥ・ウェイミン（2007）『対話の文明─平和の希望哲学を語る』第三文明社。
池田大作、ウンガー，フェリックス（2007）『人間主義の旗を　寛容・慈悲・対話』東洋哲学研究所。
栗原淑江（2007）「池田先生の女性観─仏教思想の視点から」創価大学通信教育部学会編『創立者池田大作先生の思想と哲学』第3巻、第三文明社。
マリノフ，ルー、池田大作（2011）『哲学ルネサンスの対話』潮出版社。
ラダクリシュナン，N.（2006）『対話の達人・池田大作─衝突から対話へ』栗原淑江訳、鳳書院。

第8章
牧口常三郎の「郷土民、国民、世界民」思想緒論

高橋　強

序

　2015年9月、牧口常三郎著『人生地理学』(1903年)の中国語版(劉焜輝訳『人生地理学(1)』正因文化)が出版された。『人生地理学』発刊直後の20世紀初頭に4種類の中国語版が発刊・出版されて後、久しく中国語版の出版という業績は見当たらなかった。ところが21世紀に入って2004年に中国語版(陳莉、易凌峰訳『人生地理学』復旦大学出版社2004年7月)が出版され、そしてこの度の出版ということであったので、多くの研究者が注目をしているところである。

　翻訳者の劉焜輝教授は「訳者の言葉」の中で、「地理学のなかで使用される"人生"の概念は独創性に富んでいる」(劉2015,p.11.)と述べているが、筆者も同感である。筆者は牧口が使用した「人生」には、「人間の生き方」という意味が込められていると考える。そのように考えて見ると、同『人生地理学』「緒論」に展開されている「郷土民、国民、世界民」概念は、「人間の生き方」を検討する際に有益な示唆を与えていると思われる。一人の人間は郷土、国家及び世界と、如何に関わり合いながら生きていけばよいのか、またその関わり合いの中で人間は何を得ていくのか等の視点から検討していく。本稿の目的は、「郷土民、国民、世界民」概念が「人間の生き

方」を含めて示唆するところは何かを考察することである。

1. 「郷土民、国民、世界民」概念

　まず「郷土民、国民、世界民」概念の出発点を確認する。牧口は、一人の人間は郷土民であり、また国民であり、更に世界民であるという自覚に立つことが重要であると述べている。すなわち「吾人は数百乃至数千の一郷民たるが上に五千万の一国民たり。しかしてなお、十五億万の一世界民たることを自覚するをうべし」(牧口 1996,p.29)。そして具体的には「吾人は郷土を産褥として生まれ、かつ育ち、日本帝国 (20世紀初頭当時の名称) をわが家として住し、世界万国を隣家として交わり、協同し競争し、和合し衝突し、もってこの世を過ごしつつあるものなることを自覚するをうべし」(牧口 1996,p.29.) と述べている。

(1) 世界民

　牧口はまずそれぞれの自覚の内容について、世界民そして国民の順で述べている。世界民の自覚とは何か。牧口は多くの例をあげて述べている。その1つにスイス製の脱脂粉乳の例がある。すなわち、子どもが生まれて母乳に欠いたので、脱脂粉乳で代替することにした。日本製は品質がよくないので、医者に頼んでスイス製を入手して、子どもに与えた。その際にミルクを生産するために苦労したユラ山麓の牧童に対し感謝の気持ちを表現している。また防寒のために着ている綿衣を見ると、インド人が炎天下に流汗を拭きながら栽培している姿を想起する等とも述べている。世界民の自覚とは、このような共感、同苦、慈悲、感恩の情をもって、生命のレベルでは世界と繋がり、世界がわが家でなおかつそこが活動の範囲であると言ったものである。ただし、意味のない小さい事柄で争うことのないように大局観に立つ一方で、偽

りの博愛に陥る世界主義者になってはいけないとも述べている（牧口 1996,pp.25-26.）。

(2) 国民

　次は国民の自覚とは何かである。国家は西洋列強（20世紀初頭の状況）から自身を守り、国内においては自身の自由を認め、なおかつ生命財産を保護している。自身が安心して生活を送れるのは自国のお陰で、そのことには感謝しているが、他方、偏狭な国家主義には偏しない。以上のような内容である（牧口 1996,p.28.）。ちなみに牧口は国家と国民の関係をどのように考えていたのであろうか。牧口は国家には4つの任務があると考えていた。すなわち、①内乱を防止する等の内憂に対する国民の保護、②国家の独立を維持する為の軍事や外交を通した、外患に対する国民の保護、③犯罪の防止等を中心として、個人の自由は神聖不可侵であるとの原則に立ち、国民の権利自由の保護に関する活動、④経済制度の確立等を中心として、国民の幸福を増進する活動である（牧口 1997,pp.13-25.）。

　宮田幸一氏は、この牧口の国家と国民の関係について次のように評価している。「結論的にいって、牧口は国家の任務に関して、国家は国民の安全、自由、幸福を増進するために奉仕すべきだという論点を強調していることが明らかである」「天皇だけが『神聖不可侵』とされていた時代にあって、個人を『神聖不可侵』とする思想は、時代にはるかに先んじたものであった」（宮田 1995,pp.149-151.）と。

(3) 郷土民

　次は郷土民の自覚の内容であるが、牧口は、自覚についてよりはむしろ、郷土は人間に対し如何なる「力」を養成するかについて言及している。まず一人の人間は「郷土民、国民、世界民」という位置づけを理解してはじめて、

①正当で着実な立脚点を自覚でき、②務めなければならない職分を確定することができる。次にそれによって、人間は正当で着実な行動ができ、世界的競争（衝突）の中で、世界の共同生活（協同、和合）を指導することができる。このように郷土は不可思議な力をもっており、人間に国家的、世界的な活動をさせる原動力を与えている。したがって人々は郷土の恩恵に対し感謝するべきである、とさえ述べている（牧口 1996,p.29,p.36.）。

　それでは郷土のもつ不可思議な力とは、具体的に言うとどのようなものであろうか。世界各地で起きている諸現象は、郷土において観察することができるので、その原理を理解する力を身につけることができる、というものである。牧口は次のように述べている。「世界各地の物産は、私たちが住む片田舎の小さい町にも、辿り着いている。地球上の諸事象は通商などの経済的な営みをはじめ、人間同士の連関性によって結ばれている」（池田・ガリソン・ヒックマン 2014,pp.247-248.）と。

　また郷土の自然現象は、人々に啓発を与え、その中で人々に智力を養成している。更に家族、友人、隣人、学校、団体等は人々に趣を喚起し、人々に慈愛、好意、友誼、親切、真摯、質朴等の高尚なる心情を養成している。牧口は郷土のもつ不可思議な力について、多くの紙面を割いて言及している（牧口 1996,pp.39-42.）。ここからいかに重視しているかが分かる。

　郷土の重要性については、池田は次のように述べる。すなわち、郷土は友情を結び行く「開かれた心」を育むことができ、「開かれた心」と前向きな生き方は世界市民の資質であると（マリノフ・池田 2011,p.344.）。さらに池田は、人間は小状況（郷土と考えてよい）で生きる喜びや実感を得て足場を確立することができるが、大状況（国家、世界と考えてよい）ではそれが僅かである、と述べ、その足場を確立していなければ、国家と対峙した個人は無力感を感じ、全体主義の餌食になってしまう、と警告している（池田 1995,p.26.）。国家主義の名の下に、純粋な愛国心が利用され、歪められ、踏みにじられてきた

多くの史実を振り返るとき、郷土にて足場を確立することの重要性を改めて痛感する。

この不可思議な力をもつ郷土であるが、牧口はその範囲は、成長段階、立脚点、縁に従って変化すると捉えている。例えば、幼児にとっては、その居室や庭園が郷土の範囲となるが、小学校に通う少年にとっては、範囲はその部落にまで拡大される。さらに大人になり都会に移り住み、ある時出身県あるいは出身地方の集まりに参加すると、その出身県あるいは出身地方が郷土として強く意識される。また海外に移り住んでいて、ある日街の路上で同胞に遭遇すると、自国が郷土として想起される。牧口の郷土の範囲の変化は、極めて興味深いし、この考え方に立つが故に、一人の人間の中で郷土民、国民、世界民の自覚が多層化されることになる（牧口1996,pp.36-37.）。

他方、牧口は郷土を、その人が住みかつ諸活動を行い、実際に見たり、聞いたり、感動したりしている直接に観察できる範囲に限定している。それは、議論が虚妄の概念に陥らないようにするために、議論の基礎を、直接観察できる郷土に置こうとしたためである（牧口1996,p.38.）。

(4) 郷土にて養成される力

牧口は、郷土のもつ不可思議な力を、人間と郷土との交流の観点から考察している。すなわち人間は郷土との交流の中で、如何なる力を養成することができるかである。牧口はまず知的交渉と情的交渉に分けて考察している。さらに前者を①知覚的交渉、②利用的交渉、③科学的交渉、④審美的交渉、⑤道徳的交渉に分け、また後者を①同情的交渉、②公共的交渉、③宗教的交渉に分けて考察している。以下、それぞれを紹介する。

知的交渉。①「知覚的交渉」：新知識を加え、智力を養成する。②「利用的交渉」：人間の生存や生命の維持に有利な事物を利用し、危害を加えるものを排除する力を養成する。③「科学的交渉」：事物相互間の因果関係の理

を探求し、全体を包括する概念を構成する力を養成する。④「審美的交渉」：現象相互間の全体と部分、部分と部分等が、調和がとれ、均一を保ち、全体の目的に適応する等は、人々の感官を刺激し、興奮させ、賞賛を博する。人々はこれらを善悪や美醜の規準により判断し、感動する。その際人間の心情は純潔、清浄となる。そして詩を詠じ、歌を歌い、絵を描き、彫刻という行動に至る。⑤「道徳的交渉」：自然界の美を賛嘆することと、人間界の善を賛美することはその出所は同じである。その場合、道徳的な美はすなわち善という行為により表現されることになる。

　情的交渉。①「同情的交渉」：父母、兄弟、友人及び隣人等との顔色言動を通して表現される喜怒哀楽は、心情を動かし、憐れみの心を養成する。なおその心は禽獣、草木、無生の物にも向けられる。②「公共的交渉」：人間はある社会に属し、その恩恵を受けることにより、その社会と運命を共にしていることを感じる。そしてその公共心は更に公益の精神、愛郷の念、愛国心、人道等の公徳の基礎を形成する。③「宗教的交渉」：人類の歴史やその運命を探求し、複雑な変遷の中に整然たる秩序や法則を見出す（牧口1996,pp.48-57.）。

(5) 人道的競争形式

　郷土民、国民、世界民はそれぞれ競争状況の中で生きている。それでは如何に生きていけばよいのか。牧口は「人道的競争形式」を提唱する。人類はこれまで①軍事的競争の時代、②政治的競争の時代、③経済的競争の時代を経験してきたが、これからは人道的競争形式に基づくべきであると主張する。個人間の生存競争の最終形式が人道的競争であることが判明したので、将来国家間においても人道的競争の時代が到来するであろうことを述べている。それでは人道的競争形式とは如何なるものであろうか。牧口は、次のように述べる。すなわち「無形の勢力をもって自然に薫化するにあり。す

なわち威服の代わりに心服をなさしむるにあり。自己主義にその領土を拡張し、他国を征服せずとも、風を望み、徳に懐き、おのずから来るところの仁義の方法これなり。人道にかなうことこれなり」と。そしてその重点は、その目的を利己主義だけに置かないで、自己と共に他の生活をも保護し、増進させることで、他のためにし、他を益しつつ自己も益する方法であるとも述べている（牧口 1997,pp.177-184.）。

2. 価値創造論への示唆

　牧口は彼の著作『創価教育学体系』（1931年）において、「美」「利」「善」の価値創造論を展開している。「利」とは何か。それは人間生命の伸張（牧口は伸張という言葉を使ったが、発展、開発とも言い換えられると考える）に役立つもので、生命の短縮（伸張の反対の意味）をもたらすものを「害」と言う（宮田・稲生 1999,p.131.）。

　池田はこの「利」に関して次のように解釈している（池田・顧 2012,pp.313-314.）。すなわち、牧口が価値に「利」を入れたのは、現実生活において、経済的価値を含めた「利」の価値が、人間にとっていかに重要であるかを知悉していたからである、と述べている。また牧口の「社会的共同生活を害しない限りにおいてのみ、許さるる所で、害さなければ利的活動それ自身は、無意識に社会の幸福に貢献する訳である」に対し、牧口が説く「利」とは、経済的に自らが潤うことのみ目指すのではなく、それによって他者に貢献しゆく「善」の価値を生むことを最終的に志向していた、と高く評価している。池田はよく「他人を害することで、自己の利益を図ってはならない」、あるいは「他人の不幸の上に、自らの幸福を築いてはならない」と強調する。この背景には上記の「利」と「善」との関係が存在するのであろう。

　次に「善」とは何か。牧口はそれを公益と定義している。そして公益とは、

自分や家族だけの利益ではないことで、私と公の利害が対立した場合、公益を無視した私利は悪とされる。個人の利を優先する行為は、「仁義を後にし（略）目的観が不明瞭なため」に引き起こされる。牧口はこれらの問題を克服するために、「道徳を大事にする精神生活」の重要性を強調している（宮田・稲生 1999,pp.146-147.）。ここにおいて仁義や道徳に注目していることが分かるが、これらには「人道的競争形式」の発想が背景にあるように思われる。

次に「美」とは何か。それは人間生命に快い軽快な驚異的感情を引き起こす感覚的対象に対して「美」という評価を与えている（宮田・稲生 1999,p.141.）。

なお「美」「利」「善」の3つの関係を、牧口は次のように整理している。すなわち「利と美とは、個人的な価値であり、善は、社会的価値である。利や美に対して善が大事であるとする理由は、利や美の評価主体は、社会の一要素に過ぎない個人であるのに対して、善の評価主体は、社会それ自体であるということによる」（宮田・稲生 1999,p.150.）と。

これら「美」「利」「善」の価値創造の内容と、『人生地理学』「緒論」で言及されていた「審美的交渉」「利用的交渉」「公共的交渉」の内容は極めて類似していることが分かる。「審美的交渉」「利用的交渉」「公共的交渉」の内容は、「美」「利」「善」の価値創造論に大きな示唆を与えていると言うことができる。

3.「世界市民」思想への示唆

池田は世界市民の条件として次の3点をあげている（池田・顧 2012,p.401.）。第1は「勇気の人」である。勇気の人は、人種や民族や文化の「差異」を恐れたり、拒絶したりするのではなく、その差異を尊重し、理解し、成長の糧とすることができる。『人生地理学』「緒論」において言及されていたが、郷土においては世界各地の諸現象が観察することができ、世界を理解する原理

を研鑽し磨くことができる。牧口は郷土からさまざまな力を養成してもらっているので、むしろ報恩の気持ちで研鑽することを勧めている。なおこのような力は、主として「知覚的交渉」を通して養成されると考えられる。

　第2は「智慧の人」である。生命のレベルでは全ての存在は相互に関連していることを知ることである。この内容も郷土に居ながらにして世界に繋がっていることを感じることができる。まさに『人生地理学』「緒論」の世界民の自覚のこと、すなわち共感、同苦、慈悲、感恩の情をもって、生命のレベルでは世界と繋がっていることを自覚することである。なおこのような力は主として「科学的交渉」や「宗教的交渉」を通して養成される。

　第3は「慈悲の人」である。身近に限らず、遠いところで苦しんでいる人々にも連帯してゆくことできることである。この内容も郷土において養成された慈愛によって可能となる。なおこのような力は主として「同情的交渉」や「公共的交渉」や「宗教的交渉」を通して養成される。

　池田の世界市民の3つの条件は、牧口の言う所の「郷土」において十分に整う条件であることが分かる。上記条件には、一般的な世界市民像、例えば外国語が堪能な人や、各国を行き交う仕事に従事している人といった内容は含まれていない。池田は一体どのような人々を念頭においていたのであろうか。池田は次のように述べている。すなわち「必ずしも国際的な業務などに携わっていなくても、地域に根を張りながら、地球規模で物事を考え平和を希求し行動している、まさに『世界市民』と呼ぶに相応しい草の根の人々がいます」（池田・ガリソン・ヒックマン 2014,p.245.）と。池田の世界市民の発想の根底には、むしろ牧口の「郷土民、国民、世界民」概念が存在していると考えられる。

　池田は上記「智慧」「勇気」「慈悲」の3つを、仏法の相依・相関性の原理を基にして、3者の関係を以下のように展開している。「生命の連関に気付くとき、他者への共感が生まれる。仏法はこうした「生命」の深き共感性に

基づく「智慧」を耕しゆくことを促している。なぜなら、この「智慧」が「慈悲」の行動と連動しているからである。仏法で説く「慈悲」とは、好きとか、嫌いとかという人間の自然な感情を、無理やり抑えつけようとするものでは決してない。そうでなく、たとえ嫌いな人であったとしても、自身の人生にとって価値を秘めており、自己の人間性を深めてくれる人となり得る。こうした可能性に目を開きゆくことを、仏法は呼びかけている。また「その人のために何ができるのか」と真剣に思いやる「慈悲」の心から、「智慧」は限りなくわいてくる。さらに仏法では、すべての人間の中に「善性」と「悪性」がともに潜在していることを教えている。したがって、どのような人であったとしても、その人に備わる「善性」を信じ、見出していくという決意が大切である。その「勇気」ある行動の持続に、「慈悲」は脈打っていくのである」(池田 2004,p.47.) と。智慧、慈悲、勇気の3つの条件のこのような動的な捉え方に立つと、地域に根差した、草の根の世界市民の存在がいかに重要であるかが改めて分かる。

　池田は、さらに世界市民を国際人の視点から展開して、その要件として2点をあげている。第1は人間として立派な人格である。創価教育で言う所の人格とは、「美」「利」「善」の価値を創造できる人格のことを指すので、「審美的交渉」や「利用的交渉」や「公共的交渉」を通して養成されることになる。第2は友情を結び、友情を拡大することができる、ということである。この要件も郷土において養成される心情の1つである「友誼」によって可能となる。国際人の要件も郷土において十分に養成されることが分かる。

4. アイデンティティーの多層化への示唆

　牧口の「郷土民、国民、世界民」というアイデンティティーの多層化については、種々の評価がなされている。まず杜維明は、3つのアイデンティ

ティーを併せ持つ牧口の提唱は、排他主義や攻撃的原理主義を含む新しい伝統が台頭している現代にあって示唆深い、と述べている（池田・杜 2007,p.154.）。またマジッド・テヘラニアンは、牧口の考え方は、近年提唱されている地球市民社会にも通じる先見性があり、アイデンティティーを１つに限定せず、多層化させることで、地域や世界にも開かれていく、と述べている（池田・テヘラニアン 2000,p.359.）。

　さらに池田は、牧口の提唱は人間のアイデンティティーを「民族」や「人種」などの特定の視野から限定するのでなく、多元的な視点をもってアイデンティティーの視野を広げ、同じ「人間」という共通の土台に立ち、共に「良き隣人」「良き市民」「良き地球人」として生きていくことを促している、と高く評価している（池田・杜 2007,p.154.）。池田の評価からは、牧口の提唱のなかに共生の思想さえも感じられる。

　このアイデンティティーの視野の拡大は、牧口の「郷土民、国民、世界民」概念から考えると十分に可能であると思われる。なぜならば、前述の「郷土の範囲」の中で、その範囲は成長段階、立脚点、縁に従って変化すると捉えているからである。なおアイデンティティーの視野の拡大は、生命の相関性を認識する「智慧の人」にも通ずる。

　次に牧口の「郷土民、国民、世界民」概念が、実際にアイデンティティーの視野の拡大に繋がっていったと思われる事例を紹介する。牧口の『人生地理学』は20世紀初頭、中国人留日学生によって翻訳され、すでに中国語版が出版されていた。現在確認されているものは、①『浙江潮』（1903年）に掲載された「植物与人生之関係」と「地人学」の２つの文章、②『江蘇師範講義・地理』（1906年）、③『最新人生地理学』（1907年）、④『人生地理学』（1909年）の４種類の雑誌および書籍である（高橋 2012,pp.29-45.）。

　①については、同雑誌の目的の１つが実学を通した郷土の復興および発展であったので、翻訳された２つの文章の内容も郷土の農業や水産業の振興

に関連付けられたものになっている。例えば前者について言えば、『人生地理学』「果樹類」（第17章第2節）の中から浙江省に必要な項目のみを翻訳し、新たにレイシ、龍眼、ミカン、ザボンを加えている。また後者については、同書「海洋と産業」（第10章第8節）等を抄訳しながら浙江省の水産業の振興を訴えている。郷土民意識を強く感じさせるものである。

　②の書籍は、教科書として出版されたものである。当時、国家として統一した教科書の必要性が提起され、同書はその政策に基づいたものである。主として江蘇省の南京や蘇州あたりで使用されていた。内容は、牧口の『人生地理学』を直接受講しその記録を編集したものであるが、編集者の追加部分が多く見られる。その大半が中国の文化的、地理的優越性を書き込んだ内容になっている。国民意識が強く反映されたものと言っても過言ではない。

　③は唯一、全訳本（世界語言文字研究会編集部による）になっている。全訳本であるが、訳者序論を通して訳者の『人生地理学』に対する見解がうかがえる。例えば「本書『人生地理学』の著者は、人類が使命を負っているのに生命の意義を理解していないことを、また地球に責任を負っているのに、科学の道理を理解しないことを咎めている」から推察するに、訳者は牧口の世界民の自覚を読み取っている。訳者は世界民の意識を感じながら翻訳していったものと考えられる。

　④は③を底本にして、牧口の『人生地理学』を翻訳しながら、編者の見解を追加したものである。編集の目的は「総論」に示されているが、例えば「地球上の種族間競争は、優勝劣汰、弱肉強食の状況を呈している。今日民族帝国主義の目的は勢力拡大にあるが、その実現の鍵は世界観念があるか否かである。世界観念があるか否かの鍵は地理知識があるか否かである」からは、十分に世界民の意識を感じとることができる。

　以上の4種類の中国語版を概観して見ると、郷土民から国民、また国民から世界民へとアイデンティティーの視野の拡大の変遷が見てとれる。当時の

留学生にも受け入れられた概念かも知れない。

5. ソフト・パワー論への示唆

　池田は牧口の「人道的競争形式」に高い評価を与えている。そして同形式のなかで述べている「無形の勢力をもって自然に薫化するにあり。すなわち威服の代わりに心服をなさしむるにあり。(略)他国を征服せずとも、風を望み、徳に懐き、おのずから来るところの仁義の方法これなり。人道にかなうことなり」の内容は、ジョセフ・ナイのソフト・パワー論に、またヘイゼル・ヘンダーソンのWin-Win World（皆が勝者となる世界）思想に類似していると指摘している（池田 2009,p.116.）。池田は牧口の「人道的競争形式」のなかにソフト・パワー思想を見出している。

　池田自身のソフト・パワーの捉え方は、次の言葉から概観できる。すなわち、「歴史の動因として、かつては軍事力や権力、富といったハード・パワーが決定的要素であったが、最近はその比重が落ち、知識や情報、文化、イデオロギー、システムなどのソフト・パワーが著しく力を増しつつあります」（池田 2007,p.180）である。

　池田のソフト・パワーの要素は、知識や情報、文化、イデオロギー、システムなど極めて広範囲である。この要素については、更に①仁や慈悲などの徳目（『聖教新聞』2007.10.18）、②道徳性や文化性という「王道の力」（『聖教新聞』2008.11.1）等を付加している。次に池田は、ソフト・パワーを実践する際の重要な機軸として、「対話」や「協調」を提起している。すなわち「「対話」と「協調」を軸とするソフト・パワーにこそ、21世紀の国連が歩むべき大道はある」「トップとトップが胸襟を開く「首脳外交」から民衆同士が心を触れ合う「民間外交」にいたるまで、重層的に対話の潮流を高めていく挑戦が必要となる」と述べている（『聖教新聞』2001.12.28）。

池田はソフト・パワーの重要性を述べると同時に、「人間の側からの「内発的」な対応」の重要性を指摘する。そうでなければ、知識や情報のソフト・パワーがいかに豊富でも、「容易に権力による情報操作を許し、「笑顔のファシズム」さえ招来しかねない」(池田 2007,p.181.) という理由からである。また象徴的なソフト・パワーの1つである文化の交流に際しても、時として文化摩擦等が引き起こされる。池田はこのような場合でも「内発的」な対応が求められると主張している。すなわち「文化交流が、固有の生活様式に深く根差した部分に及んでいくとき、異文化同士の接触は、しばしば嫌悪と反目を引き起こすものである。異文化同士が衝突し、一種のハレーションを起こした時ほど、内発的な自己規律、自己抑制の心が人々に要請される。パートナーシップといっても、こうした精神面での裏打ちがなされていなければ、所詮、絵に描いた餅に終わってしまう」(池田 2007,p.191.) と、「内発的な自己規律や自己抑制の心」の必要性を訴えている。

6.「自他共の幸福」論への示唆

池田は同形式が提起している「人道的方式」すなわち、他のためにし、他を益しつつ自己も益する方法を、「自他共の幸福」論として展開している。この自他共の幸福を考える際には、「利他」と「利己」の関係を如何に捉えるかが問題となる。すなわち「他人のために働くことで、逆に自身が幸福を享受でき、そこに初めて真実の幸福が存在する」といった状況は現存するのであろうか。

池田はいくつかの状況を例として取り上げているが、ここでは2つの例を紹介する。1つの例。ある人が地獄へ行った。すると皆ごちそうを前に食べられないで苦しんでいる。なぜ食べられないのか。箸が自分の手より長くて、口に食べ物を入れられない。今度は仏国土に行った。そこでも皆の箸は手よ

り長い。しかし皆が満足して食べていた。どうしていたのか。互いに、相手の口に入れてあげていた（池田 2005,pp.210-211.）。

　もう1つの例。人は何か問題に遭遇すると、「自分ほど不幸な人間はいない」と思いがちである。自分を憐れみ、自分のこと以外、何も考えられなくなる。自分の苦しみにとらわれ、不平と失望の中で、生命力を衰えさせてしまう。その時に、人に「生きる力」を与えるのは何か。それは自分以外の誰かのために生きようという「人間の絆」である。心理学的にも「思いやりが、自分の心を癒す」ことが強調されている。そして、自分の苦しみにとらわれている人に、集団の場を設けて、他人のことを考えたり、助けてあげたりできるよう導いていく療法も用いられている（池田 2005,p.208.）。

　池田は、このように利他の行為には、人の「生きる力」を引き出した分だけ、自分の「生きる力」を増していくという状況が存在すると述べている。「利他」と「自利」の一致ということになる。なおこの「利他」と「自利」の一致は、傲慢や偽善に陥りやすい利他をも克服することができる。池田の言を借りると、「利他だけ言うと、傲慢になる。人を救ってあげているという偽善になる。自分のためにもなっていることを自覚してはじめて、修行させてもらっているという謙虚さが出てくる」（池田 2005,p.208.）と言うことになる。「謙虚さ」は得難い美徳である。

　池田はまたトインビー博士との対談において、「利他と自利の一致」について興味深い観点を展開している（池田・トインビー 2003,pp.166-167,pp.170-171.）。要約すると以下のようになる。大乗仏教では、人間的生を創造する方向に発動させるものを「本源的欲望」と名付ける。この本源的欲望は、宇宙の底流から生へのエネルギーを汲みだしてくるものである。自己中心的な欲望を含め種々の欲望は、この本源的欲望と連係を保ちながら、新たな創造性を強めている。欲望の問題を解決するためには、人間は不断に自己中心的な欲望を冥伏させ、本源的欲望を発現させるための努力を繰り返す必要がある。なぜ

ならば、自己中心的な欲望は、生命に本来内在するもので、消滅するものではないからである。

　慈悲も欲望の１つで、慈悲の欲望も本源的欲望と連係を保ちながら新たな創造性を強めている。と同時に、この慈悲の更なる実践は、それに応じて本源的な欲望が、宇宙の底流から更なる生へのエネルギーを汲みだして来ることを意味する。この本源的欲望の更なる発現は、自己中心的な欲望の反対側にある慈悲の欲望の創造性を高めることになる。その結果が、自己中心的な欲望を冥伏させることに繋がっていくのである。

　一方、トインビー博士も「小我」（人間生命）・「大我」（宇宙生命）論の観点から「小我は慈悲の行為を通し、自己中心的な欲望を冥伏させて大我に融合する」（池田・トインビー 2003,pp.178-179.）と述べており、両者の考え方には共通点が見出せる。このことからも、「他の人のために働く」という慈悲の実践は、自己中心的欲望の冥伏を実現させ、「逆に自身が幸福を享受する」ことが可能となるのである。

　仏法には「依正不二」の原理がある。すなわち、「正報」という人間（主観世界を人間とした場合）と「依報」という人間をとりまく社会（人間も含めて）環境や自然環境は、それぞれ２つの存在であるが根源的には一体不二の存在であると説く原理のことである。池田はこの原理に立ち、次のように述べている。すなわち「正報（主観世界）だけの幸福はありえない。依報（客観世界）だけの平和もありえない。自分だけの幸福もなければ、他人だけの不幸もない。人を幸福にした分、自分も幸福になるし、だれか一人でも不幸な人がいる限り、自分の幸福も完全ではないのである」（池田 2004,p.213.）と。

結び

　牧口の「郷土民、国民、世界民」概念は極めて多くの内容を含み、特に

「人生」の概念に対して多くの啓発を与えている。なお同概念は前述の如く示唆を与えた領域は多岐にわたる。したがってすでに１つの思想と呼ぶに相応しいので、以下、本思想と呼ぶことにする。

　本思想は、郷土民に関する内容が、世界民や国民のそれに比べると豊富である。牧口が如何に重視しているかがわかる。郷土民に関する内容は、一人の人間としての完成を目指す際に必要不可欠な要素を示している。したがって池田が提示した世界市民の３条件、すなわち「勇気の人」「智慧の人」「慈悲の人」は、人間の完成を目指す上で重要な示唆を与えている。偽りの博愛に陥った世界主義者にならない為にも、人間としての完成を目指さなければならない。

　本思想の５つの知的交渉および３つの情的交渉は、牧口の「美」「利」「善」の価値創造論の淵源となっている。牧口は「利用的交渉」「審美的交渉」「公共的交渉」を、それぞれ「利」「美」「善」の価値の創造に発展させている。なお「科学的交渉」「宗教的交渉」は真理の価値なので創造の対象として扱っていない。「美」「利」「善」の価値を創造できる人間を形成する上でも、郷土民に関する内容は極めて重要である。なお牧口の価値創造論の中では、「利」の価値創造と「善」の価値創造の一致を目指す。まさに「人道的方式」の反映である。池田は国際人の要件として２点あげている。１つは人間として立派な人格である。牧口の価値創造論から言うと、「美」「利」「善」の価値を創造できる人格ということになろう。もう１つは友情を結び友情を拡大することである。友情を拡大する際に、人道的方式を持って推進すれば、更に強固な友情を結ぶことが可能となり、友情の連帯が広がっていくと思われる。

　本思想は、多元的な視点をもってアイデンティティーの視野を拡大している。かつて清末留日中国人学生が本思想を含む『人生地理学』の中国語訳に取り組んだが、それら翻訳の動機の変遷を分析すると、「郷土民」「国民」

「世界民」へとアイデンティティーの視野が拡大され、その中で自国に対する客観的な見方を確立している。アイデンティティーの視野を広げ、同じ「人間」という共通の土台に立つと、池田も高く評価しているが、共に「良き隣人」「良き市民」「良き地球人」という意識も生まれてくる。狭隘な国家主義に陥らない為にも、アイデンティティーの視野を拡大することは重要である。なおこうしたアイデンティティーの多層化は、一人の人間の立脚点や職務の明確化、及び共生意識の形成に有益である。

　郷土民、国民、世界民はそれぞれ競争状況の中で、競争と和合を繰り返すが、一方で共同生活も目指している。その際に重要なことは「徳」による他者に対する感化であり、その具体的な方式は「人道的方式」である。前者の「徳」とは牧口の価値創造論から言うと、「美」「利」「善」の価値を創造できる人格ということになる。また後者の「人道的方式」は池田の展開している「自他共の幸福」ということになる。これらはソフト・パワー論にも繋がり、牧口の先見の明を十分に証明している。

参考文献
池田大作（1995）『創立者の語らい（記念講演篇Ⅱ）』創価大学学生自治会編。
池田大作（2004）『希望の世紀へ』鳳書院。
池田大作（2004）『法華経の智慧』（1）聖教新聞社。
池田大作（2005）『法華経の智慧』（4）聖教新聞社。
池田大作（2007）「ソフト・パワーの時代と哲学」（ハーバード大学講演）『21世紀文明と大乗仏教』第三文明社。
池田大作（2009）「人道的競争へ新たな潮流」「大白蓮華」4月号、聖教新聞社。
「池田名誉会長が語る『平和の世紀』の大道」（2001.12.28）『聖教新聞』。
「池田思想国際学術所シンポジウム・メッセージ」（湖南師範大学）（2007.10.18）『聖教新聞』。
「池田思想国際学術所シンポジウム・メッセージ」（北京師範大学）（2008.11.1）『聖教新聞』。
池田大作、ガリソン，ジム，ヒックマン，ラリー（2014）『人間教育への新しき潮流』第三文明社。
池田大作、顧明遠（2012）『平和の架け橋』東洋哲学研究所。

池田大作、テヘラニアン,マジッド（2000）『二十一世紀への選択』潮出版社。
池田大作、トインビー, A. J.（2003）『二十一世紀への対話』（下）聖教新聞社。
池田大作、杜維明（2007）『対話の文明』第三文明社。
劉焜輝（2015）『人生地理学（1）』正因文化。
牧口常三郎（1996）『人生地理学1』聖教文庫。
牧口常三郎（1997）『人生地理学5』聖教文庫。
マリノフ,ルー、池田大作（2011）『哲学ルネッサンスの対話』潮出版社。
宮田幸一（1995）『牧口常三郎の世界ヴィジョン』第三文明社。
宮田幸一監修、稲生雅亮編著（1999）『心の創造、心の価値』三心堂出版社。
高橋強（2012）「清末留日中国人学生と愛国意識の高揚」『創大中国論集』第15号。

あとがき
Start From the 40th Anniversary
――池田思想研究の旅再び――

坂 本 幹 雄

創価大学通信教育部開設40周年記念を祝して

　創価大学通信教育部学会は、2005年に通信教育部開設30周年記念事業の一環として『創立者池田大作先生の思想と哲学』を刊行した。大好評を博し、続編として、2006年に第2巻、2007年に第3巻を刊行し、最終的に全3巻の大作となって結実した。各巻刊行ごとに夏期スクーリング時に執筆陣をパネリストとした記念シンポジウムを開催し満員の大盛況となった。さらに中国の池田思想研究会やシンポジウムで発表したり、単著の中にその成果を取り入れて展開した執筆者もいる。以上から池田思想研究が発展的な研究プログラムであることがよくわかる。本学通信教育部学会は、このような研究の推進がやはり慶賀にふさわしい企画と考えた。

　そこで今般、本学通信教育部開設40周年記念事業の一環として、関係各位のご理解とご支援を得て、本書刊行の運びとなった。とりわけ今回の出版も前回の3巻と同様に第三文明社にお引き受けいただくことができて幸いであった。

　池田思想研究の対象範囲は広大で奥行きが深い。本学通信教育部および

通教担当教員が学際スタッフとなっていることによって、各専門分野からカバーして研究成果を発表してゆくことがある程度は可能となっている。本書がその新たな研究成果の発表となっているものと期待したい。

そして本学の通信教育部生にとって本書は待望の新刊である。本書が、本学の「創立者の思想を学び、少しでも深く知りたい」との通教生のニーズ・思いに再び応えられるものになっていれば幸いである。

教育論・人間論・幸福論——本書の概要

本書の基本方針は、前回シリーズと同様に各執筆者の専門分野とテーマをリンクした論文から構成することである。そしてやはり前回シリーズと同様に、各章の内容は、各執筆者独自のものであるが、全体として体系性を考えて配列されている。しかしもちろんご覧のように各章は独立した内容であるから、読者が興味を持った章から読んでいただくことが可能である。本書を初めて手に取られ、本書のテーマに興味を持たれた方は、ぜひ前回シリーズも読んでいただければ幸いである。

本書の構成は、第1部「教育思想の革新」と第2部「人間学の探究」で、各4章を配した2部構成となっている。

第1部「教育思想の革新」の第1章から第3章までは創価大学を舞台に展開された教育論となっている。第1章と第2章の2つの章は、創価大学の建学の精神である人間教育の意味を探究した内容になっている。そのうち第1章は、通教生を主役としたまさに慶賀の記念論文である。創価の通信教育の歴史の流れの中に創価大学通信教育部を位置づけた上で、人間教育の理想像が、働きながら学ぶ通教生の中に具現化されている次第が明かされている。第2章は、まず人間教育の理念に向かう歴史の流れを踏まえ、それが「創造的人間」を要請していることを明かしている。「創造的人間」の要素として

「自由と自立」「自己の拡大」および「歓喜」の3つをあげて考察を加えている。そして、その育成の方法として「信念」、方法としての「体験、対話、学問・読書、および行動」の5つの観点を提示している。第3章は、創価大学生への創立者の指針の意味を考察したものである。決意だけは「渾身の一作」だった拙稿である。第4章は、環境教育論の新展開をめざしたスペシャル・トピックスである。SGI提言に基づいて、環境教育に①現状認識、②生き方の見直し、および③具体的行動の3つのステージを設定し、その意義を説いている。

　第2部「人間学の探究」は、主として価値論・幸福論・文化論・平和論の内容となっている。第5章は、創価＝価値創造の中から創造の方に着目し、マスロー、ベルジャーエフ、ベルクソン、シュンペーター、西田幾多郎、デューイ、および仏法の「円成実性」「縁起」「因果」等、さまざまな創造概念を検討した上で、池田思想の知識・智慧・人格を通した創造論を特徴づけている。第6章は、まずポジティブ心理学、とりわけそのウェルビーイング理論に焦点をあてている。そしてこの理論から池田思想の幸福論の特徴を「自他共に」「能動性」「心の財」「善悪無記」および「教育」の5つ視点からまとめた比較研究となっている。第7章は、人間学の探究にいまや不可欠なジェンダー論が平和論との関係からまとめられている。「平和の文化」という概念を考察した上で、その担い手としての女性の役割・意義を説き、仏法哲理に根ざしたその平和運動の実践を紹介し、そのさらなる進展に期待を寄せている。そして第8章は、『人生地理学』の「郷土民、国民、世界民」概念の意義を説いている。この概念が価値創造論、世界市民論、アイデンティティー多層化論、ソフト・パワー論、幸福論へと展開されている。牧口常三郎研究と池田思想研究をリンクしたスペシャル・トピックスとなっている。

　以上が本書の概要であるが、「新しき潮流」と題して船出した本書がはたしてそうなっているかどうかは、読者諸賢の判断を仰ぐしかない。ともあれ

本書を契機に「新しき潮流」の建設的な議論が盛り上がることを期待したい。

牧口価値論をめぐって

　創価＝価値創造であるから何の不思議もないのであるが、本書の中で、今回、結果的に関心が集中した論点として、価値論をあげることができる。そこで創価思想の伝統である牧口価値論について、さしあたって1つのマップ的となるような基本的な事項をできるだけわかりやすく記してみたい。平易にすることによって、私の非力ゆえ何か重要な点が抜け落ちてしまう懸念もある。それでも本書を読む際の少しでも何かご参考になれば幸いである、と期待しつつ述べてみよう（以下、『東洋学術研究』の「特集・牧口常三郎の〈価値論〉研究」（1986：25：2）東洋哲学研究所、永井成男（1984）『認識と価値』早稲田大学出版部参照。多くを負う）。

　牧口価値論は前期と後期とのそれがある。前期の価値論は、真・善・美のトリアーデからなる伝統的な価値論に対して、利・善・美のトリアーデからなる価値論が成立することを示した画期的な価値論であった。それは、「真」を認識対象として価値から外して、代わりに「利」を入れて構築されたものである。以上がよく知られているところである。そのはずである。ちなみに「認識せずして評価するなかれ」という名言は、認識と評価を峻別するこの文脈の中のものである。その他、認識と評価の区別について、「である」is の実証言明 positive statements があって、その上で「べきである」ought to be の規範言明 normative statements が可能となるとも解せるかもしれない。哲学上の存在 Sein と当為 Sollen も関連概念になるだろうか。なおその真理の位置づけに着目して、タルスキーやデイヴィッドソン等から学んで、それらと比較してみたい誘惑にも駆られるが、別の機会にゆだねよう。

　さてこの牧口価値論によって真・善・美の価値論が却下されたと見る向き

もある。しかし牧口価値論によって真・善・美の価値論が消滅したわけではない。牧口価値論によって、価値論にもう1つの探究のトラック、ルートが加わったと見た方がよい。「真」が価値名辞の言明は成立するので、この点、留意すべきである。そこで以下にやや荒っぽいかも知れないが、両説の例証を少々、意味論的に考察してみたい。

　まず伝統的価値論の成り立っていることを考えてみよう。
　・創価大学は学生のための大学である。

創価大学がすでに学生のための大学になっているとしても、この発話は、文脈上、圧倒的に「そうあるべきである」という主張と解すべきだろう。すなわち、

　・創価大学は学生のための大学である＝創価大学は学生のための大学であるべきである。

「真」が価値名辞となっていることがわかるだろう。少し言いかえてみよう。
　・「創価大学は学生のための大学である」という主張は真である。
　・「創価大学は学生のための大学である」と主張すべきである。

こうしても前の文もコミットメントを含む文脈の言明と考えるならば、この2つの文が同じ意味を持つと考えることはできるから、やはり「真」は価値名辞である。以上のような含意を持つ言明は数多く考えられる。結局、われわれは、真＝よい＝きれい、として相当に価値判断・評価を下しているはずである（証明終わりのつもり）。

　次に牧口価値論が成り立つことを改めて考えてみよう。
　・創価大学は楽しい。

この文は価値判断を下した言明である。牧口価値論から見ると、創価大学という対象は、主体との関係性から、その価値が決まる。私にとって創価大学が楽しくても、卒業に向かって今、苦しい人もいるかもしれない。この点から価値は個別的であるといってもよいだろう。さて一方、

・創価大学は大学である。

この文は実証言明である。前の文の「楽しい」が「快」か「善」の価値として、この文の「大学である」の「大学」は「創価大学」という対象の属性を表示している。「創価大学」は、高校でも専門学校でも予備校でもなく大学である。属性をカテゴライズしているだけで、特にその価値を表示しているわけではない。この対象言語の文に関して、「真」は「創価大学」という主語の述語（賓辞）にはなりえない。すなわち、

・創価大学は真である。

この文は成り立ちえない。無意味である。しかし「真」を述語とする次のようなメタ言語の文を考えることはできる。

・「創価大学は大学である」は真である。

ここで「真である」は価値判断を下しているわけではない。したがって、対象言語の文とそれを含むこのメタ言語の文は同じ意味であり、

・創価大学は大学である＝「創価大学は大学である」は真である。

あるいは、次のように考えた方がより厳密かも知れない。

・「創価大学は大学である」は真である。ゆえに創価大学は大学である。

ともあれ以上から「真」は明らかに価値名辞ではないことがわかる（証明終わりのつもり）。

なお前期の価値論は主観価値説であるから経済学の効用価値説と類似しており、ひとまずそれでよいと思うが、『人生地理学』の生産論等には労働価値説と解せるものもあり、この点も留意した方がよいかもしれない。

さて前期の価値論が教育学体系の根幹としての価値創造をテーマとしていたのに対して、後期の価値論は宗教哲学に基づいて展開され、いわば価値論の旋回となっている。ただし問題場面は真理の価値の変化という点にある。また価値と生命との関係から主観価値説から客観価値説への変化も見られる。これらの論点も、実在論と相対主義の比較などの観点を組み合わせて立ち

入ってみたいところだが前期価値論にかなり紙幅をあてたため、今回はこのあたりで入力をやめよう。さしあたって後期価値論については、前回シリーズに参加した尾熊治郎本学名誉教授の研究を参照されたい。

旅の仲間に感謝を込めて

　最後に本書にご執筆いただいた先生方に深く御礼申し上げたい。前回シリーズと同様に本学通信教育部の科目担当の他学部・他部署に所属の先生方からも本書のテーマと趣旨に快くご賛同いただいた。前回シリーズに引き続いて、本学教育学部の鈎治雄先生と東洋哲学研究所の栗原淑江先生に参加していただくことができた。今回、池田思想研究の旅を再開したが、新たに同行する旅人も加わった。本学文学部・通信教育部副部長の高橋強先生、本学教職大学院・通信教育部前副部長の吉川成司先生、そして文学部の杉山由紀男先生である。高橋先生は中国の池田思想研究に造詣が深く、すでにその方面の著書もあるベテランである。吉川先生は通信教育部の授業を長年にわたり数多く担当されてきた通信教育部にとっての大恩人である。杉山先生は通信教育部の「人間教育論」を長年担当され、今回、講義の成果を記念論文としてまとめていただいた次第である。

　開設30周年から40周年へといたって、今回、花見常幸通信教育部長が本書の出版を記念事業として発案されここに実現した。本学1期生の花見先生のリーダーシップによる本書の出版は本学の歩みにとってもたいへん意義深いものがあると感じている次第である。前回シリーズの出版は、開設30周年当時の高村忠成通信教育部長（本学名誉教授）を中心にまとめられたものである。本学開学以来、長年にわたりその建設にご尽力された高村先生、前回シリーズを同行した尾熊先生、この両先生には本書の出版をとりわけ喜んでいただけるのではないかと期待している。

この度は、第三文明社には、学術書の出版状況が困難な中で、前回の3巻に引き続いて、本書出版のご快諾を賜り、実現していただいた。末尾ながら、ここに記して深く感謝と敬意とを表するものである。

2016年5月16日

索 引

【事 項 索 引】

あ行

アイデンティティー ……241, 242, 243, 248, 249, 253

い行

ESD ……………41, 130, 135, 148, 149
一念三千 ………………104, 139, 227
因果倶時 …………………104, 198
因果法則 ……………………173, 174

う行

ウェルビーイング理論……183, 185, 186, 188

有作 ……………………………88

え行

英知……67, 69, 79, 81, 86, 88, 93, 95, 105, 106, 107, 108, 131, 167, 177
エゴイズム ………50, 52, 90, 133, 224
依正不二……120, 132, 137, 138, 139, 140, 247
SGI 憲章 ………………………206
縁 ………………………………85
縁起……65, 76, 120, 132, 136, 137, 138, 171, 172, 173, 175, 178, 253
エンゲージメント…………185, 188, 192
円成実性………168, 169, 170, 175, 253
エンパワーメント……130, 135, 136, 147, 148, 213, 217, 219, 220

お行

桜梅桃李 ……………………………… 105, 227

か行

学は光 ……………………………… 26, 108
学は光、無学は闇 ……………… 25, 26
価値 ………………………………… 97, 157
価値創造 …… 38, 60, 87, 88, 91, 158, 159, 160, 172, 178, 179, 194, 197, 239, 248, 253, 254, 256
価値創造論 …… 238, 239, 248, 249, 253
価値論 …… 100, 102, 103, 104, 157, 158, 253, 254, 255, 256
感化 ……………………………… 33, 38, 249
歓喜 ………………………………………… 66
環境教育 …… 119, 120, 130, 131, 132, 134, 135, 136, 142, 149, 253
環境倫理 ………………………………… 131

き行

喜 ……………………………… 37, 107, 190
希望 ……………………………………… 192
教育 ……………………………………… 31
教育の機会均等 ………………… 3, 16, 18
郷土民 …… 149, 232, 233, 234, 236, 237, 240, 241, 242, 243, 247, 248, 249, 253

く行

九識論 ……………………………… 168, 178
グリーン経済 …………………… 145, 146

け行

建学の精神 …… 4, 44, 57, 60, 82, 93, 94, 96, 252
原水爆禁止宣言 ………………… 223, 224
原点 …… 18, 33, 39, 58, 80, 92, 93, 95, 106, 107, 108, 140, 144, 191, 202, 206, 223
現当二世 ………………………………… 198

こ行

校外生制度 ………………………… 17, 18
公共財問題 ……………………………… 125
幸福 ……………………………… 82, 183, 191
合理的選択理論 ………………… 119, 125
国民 …… 149, 232, 233, 234, 236, 237, 240,

241, 242, 243, 247, 248, 249, 253
国連安保理決議 1325 ……… 213, 215, 216
個人 ……………………………………… 46
個人的発達 ………………………… 187

さ行

三性説 …………………………………… 169
三草二木の譬え ………………………… 208

し行

ジェンダー ……………… 213, 214, 215, 253
自己 ……………………………………… 64
自己決定理論 …………………………… 192
自己実現 ……… 32, 46, 159, 160, 187, 190, 227
自然人 …………………………………… 48
持続的幸福 …………………………… 186
慈悲 ……… 37, 38, 41, 89, 90, 91, 92, 104, 106, 107, 136, 140, 158, 178, 190, 191, 206, 233, 240, 241, 244, 247, 248
使命 …………………………………… 79, 177
社会的ジレンマ ……… 121, 123, 124, 125, 126, 127, 128, 129
自由 ……………………………………… 61
囚人のジレンマ ……… 120, 121, 122, 123, 124
主体性 ………………… 36, 37, 41, 160, 176
小我 ………………… 90, 139, 165, 178, 247
諸行無常 ……………………………… 170
触発 ……………… 29, 30, 33, 165, 208, 219
自立 ……………………………………… 63
『人生地理学』 …… 18, 232, 239, 240, 242, 243, 248, 253, 256
心的外傷後ストレス障害 ……………… 194
人道的競争 ………… 144, 145, 237, 239, 244
『新・人間革命』 ………… 18, 20, 36, 76
信念 ……………………………………… 70

す行

随縁真如の智 ……………………………… 89
スクーリング ………… 27, 28, 29, 32, 33, 34
スコラ哲学 ……………………… 59, 60, 157

せ行

成長欲求 ………………… 27, 30, 31, 32, 37
世界市民教育 ………………………… 134
世界民 ……… 149, 232, 233, 234, 236, 237, 240, 241, 242, 243, 247, 248, 249, 253
善 ……………………………………… 238
全体性 ……………………… 82, 84, 85, 102

選択的誘因 ……………………………… 127

そ行

創価学会女性平和委員会 ……… 218, 221
創価教育 …… 15, 22, 23, 35, 38, 63, 76, 77, 81, 82, 86, 97, 103, 241
『創価教育学体系』 … 22, 24, 35, 158, 238
創価大学 ………………………………… 20
創造 ……………………………… 87, 158
想像 ……………………………… 166, 167
創造的思考 ……………………… 166, 167
創造的自由 ……………………………… 160
創造的進化 ……………………………… 161
創造的生命 …… 61, 63, 64, 65, 67, 76, 87, 103, 158, 159, 164, 165, 166, 178
創造的世界 ……………………………… 163
創造的人間 …… 41, 44, 57, 60, 61, 64, 66, 69, 70, 73, 75, 77, 252
創造的破壊 ……………………………… 162
創造的要素 ……………………………… 163
ソーシャル・キャピタル ……………… 193
ソフト・パワー …… 244, 245, 249, 253

た行

大我 …… 90, 107, 139, 165, 175, 178, 247
体験 ……………………………………… 71

大乗仏教 …… 65, 103, 104, 120, 134, 138, 139, 140, 195, 203, 207, 246
大日本高等女学会 ……………………… 19
対話 ……………………………………… 73
他者実現 ……………………………… 190

ち行

知恵 ……………………………… 63, 81, 175
智慧 ……………………………… 82, 191
地球環境問題 …… 119, 120, 129, 130, 131, 132, 134, 137, 138, 140, 145, 148
知識 ……………………………… 81, 175
超越 ……………………………………… 187

つ行

通信教育 …… 16, 17, 18, 19, 20, 21, 22, 24, 25, 26, 27, 29, 34, 252

と行

読書 ……………………………………… 74

な行

内発的動機づけ ……………………… 30
ナッシュ均衡 ……………………… 123
何のため ……… 79, 81, 88, 92, 93, 94, 95, 106, 107, 108

に行

人間教育 …… 23, 24, 25, 26, 27, 28, 29, 30, 31, 32, 33, 34, 35, 36, 37, 38, 39, 41, 44, 49, 50, 54, 56, 57, 58, 60, 70, 76, 77, 82, 86, 197, 252
人間教育の最高学府 …… 3, 4, 42, 44, 58, 60, 93, 94

は行

パリ協定 ……………………… 145, 146, 147
パレート最適 ……………………… 123
半日学校制度 ……………………… 22, 23, 24

ひ行

美 ……………………… 238

東日本大震災 ……………………… 115, 193
ビジョン …… 135, 136, 145, 163, 168, 223

ふ行

不軽菩薩 ……………………… 37
不変真如の理 ……………………… 89
文化心理学 ……………………… 190

へ行

平和の文化 …… 203, 204, 205, 206, 207, 208, 209, 210, 211, 212, 219, 220, 221, 225, 226, 253
『平和への願いを込めて』 …… 222, 225
ヘドニズム ……………………… 186

ほ行

法華経 …… 86, 89, 91, 136, 158, 207, 226
菩薩 ……………………… 66, 67, 133
菩薩道 …… 90, 133, 134, 139, 165, 207, 226
ポジティブ心理学 …… 40, 182, 183, 184, 185, 186, 188, 190, 192, 193, 194, 195, 197, 198, 253
煩悩即菩提 …… 100, 120, 134, 140, 141

ま行

牧口価値論 ……… 100, 178, 254, 255

む行

無作 ……… 88, 104
無作三身 ……… 104, 105

ゆ行

優越戦略 ……… 122, 123, 124
UNウィメン ……… 213
ユウダイモニズム ……… 186, 187

ら行

楽観主義 ……… 39, 40, 183

り行

利 ……… 100, 238, 254
リーダーシップ ……… 135, 136, 143, 147, 148, 213, 257

る行

ルネサンス ……… 47, 55, 58, 59

れ行

レジリエンス ……… 40, 193, 194

ろ行

労苦 ……… 79, 177
労働価値説 ……… 98, 99, 100, 256
六識 ……… 168
六境 ……… 168, 169
六根 ……… 168, 169

わ行

私の平和宣言・マニフェスト2000 ……205

【人名索引】

あ行

アレント, ハンナ ……… 97, 98
アラン ……… 15, 25, 30, 34

い行

石川啄木 ……… 50

う行

ヴァイツゼッカー, エルンスト・ウルリヒ・フォン ……… 141
ウィリアムズ, ベティ ……… 205
ウンガー, フェリックス ……… 202

え行

エスキベル, アドルフォ・ペレス ……… 205
エマソン, ラルフ・ウォルド ……… 30

お行

オルテガ＝イ＝ガセット, ホセ ……… 63

か行

ガンジー, (マハトマ) モハンダス・カラムチャンド ……… 212
カント, イマヌエル ……… 48, 63

き行

ギルフォード，ジョイ・ポール……176

く行

クーデンホーフ＝カレルギー，リヒャルト・ニコラウス・栄次郎……209

け行

ゲーテ，ヨハン・ヴォルフガング・フォン……84, 95

こ行

ゴーブル，フランク・ゴードン……31
ゴーリキー，マクシム……95
コメニウス……47, 71
ゴルバチョフ，ミハイル・セルゲーエヴィチ……205

さ行

サーマン，ロバート・アレクサンダー・ファーラー……70
サン＝テグジュペリ，アントワーヌ・マリー・ジャン＝バティスト・ロジェ・ドゥ……25, 30

し行

釈尊……89, 90, 91, 92, 106, 207
シュンペーター，ヨーゼフ・アロイス……162, 253
勝鬘夫人……206, 207
ジンメル，ゲオルク……74

す行

スペンダー，スティーブン・ハロルド……163
スミス，アダム……99

せ行

セリグマン, マーティン……182, 183, 184, 185, 186, 187, 188, 190

そ行

ソクラテス……25, 47, 63, 87

た行

高田早苗……17
タルスキー, アルフレト……254

ち行

チクセントミハイ, ミハイ……184
チョウドリ, アンワルル・カリム……215, 216

て行

デイヴィッドソン, ドナルド・ハーバート……254

デシ, エドワード・L……192
テヘラニアン, マジッド……242
デューイ, ジョン……54, 55, 72, 161, 164, 195, 253
デュルケム, エミール……55, 56, 72

と行

トインビー, アーノルド・ジョーゼフ……99, 166, 167, 209, 210, 246, 247
ドウズ, ロビン・メイソン……124
戸田城聖……18, 20, 24, 81, 86, 96, 102, 191, 203, 223
トルストイ, レフ・ニコラエヴィチ……30, 95

な行

ナイ, ジョセフ・サミュエル……244

に行

西田幾多郎……163, 253

の行

ノディングズ, ネル ……………… 197

は行

パークス, ローザ ……………… 32
ハイド, ルイス ……………… 101
バチェレ＝ヘリア, ベロニカ・ミチェル ……………… 213
ハパート, フェリシア・アディーナ ……………… 186

ひ行

ピーターソン, クリストファー ……… 183, 184
ピットマン, アイザック ……………… 16

ふ行

福沢諭吉 ……………… 50, 84
フランクル, ヴィクトール・エミール ……………… 194
フレーベル, フリードリヒ・ヴィルヘルム・アウグスト ……………… 49
フロム, エーリヒ・ゼーリヒマン ……… 46, 63, 192

へ行

ペスタロッチ, ヨハン・ハインリヒ …… 49
ヘッセ, ヘルマン ……………… 102
ベルクソン, アンリ＝ルイ …… 67, 68, 69, 161, 164, 253
ベルジャーエフ, ニコライ・アレクサンドロヴィチ ……… 160, 253
ヘンダーソン, ヘイゼル ……………… 244

ほ行

ホイットマン, ウォルト ……………… 95
ボールディング, エリース …… 219, 220, 226
ホッブズ, トマス ……………… 119
ボニウェル, イローナ …… 184, 186, 187, 194

ま行

マーシャル, アルフレッド ……………… 100
マータイ, ワンガリ・ムタ ……………… 148

牧口常三郎 ──18, 35, 50, 71, 81, 86, 96, 102, 103, 196, 203, 232, 253
マスロー, エイブラハム・ハロルド ──30, 159, 169, 253
マリノフ, ルー ──221
マルクス, カール・ハインリヒ ──51, 101
マンデラ, ネルソン・ホリシャシャ ──32, 205

む行

ムランボ＝ヌクカ, プムズィレ ──213

ゆ行

ユスフザイ, マララ ──15, 197
ユング, カール・グスタフ ──65

ら行

ライアン, リチャード・M ──192
ラッセル, バートランド ──24, 85

る行

ルソー, ジャン＝ジャック ──48, 71

ろ行

ロートブラット, ジョセフ ──205
ロック, ジョン ──48

執筆者紹介（所属／専攻／担当）

花見　常幸（はなみ・つねゆき）
創価大学通信教育部長・法学部教授／憲法／はしがき

鈎　治雄（まがり・はるお）
創価大学教育学部教授／心理学／第1章

杉山　由紀男（すぎやま・ゆきお）
創価大学文学部教授／社会学／第2章

坂本　幹雄（さかもと・みきお）
創価大学通信教育部教授／経済学・経済思想史／第3章、あとがき

有里　典三（ありさと・のりみつ）
創価大学通信教育部教授／社会学／第4章

劉　継生（りゅう・けいしょう）
創価大学通信教育部教授／情報科学・都市計画論／第5章

吉川　成司（よしかわ・せいじ）
創価大学教職大学院教授／心理学／第6章

栗原　淑江（くりはら・としえ）
東洋哲学研究所主任研究員・創価大学通信教育部講師／社会学・女性学／第7章

高橋　強（たかはし・つよし）
創価大学通信教育部副部長・文学部教授／日中文化交流史・日中文化比較／第8章

池田思想研究の新しき潮流
<small>いけだしそうけんきゅう あたら ちょうりゅう</small>

2016年8月24日　初版第1刷発行

編　者	創価大学通信教育部学会
発行者	大島光明
発行所	株式会社　第三文明社
	東京都新宿区新宿1-23-5 〒160-0022
	電話番号　03-5269-7144（営業代表）
	03-5269-7145（注文専用ダイヤル）
	03-5269-7154（編集代表）
	振替口座　00150-3-117823
	Ｕ Ｒ Ｌ　http://www.daisanbunmei.co.jp
印刷所	明和印刷株式会社
製本所	株式会社 星共社

©The Academic Association of the Division of Correspondence Education, Soka University 2016
ISBN 978-4-476-09027-7　　　　　　　　　　Printed in Japan
乱丁・落丁本はお取り換えいたします。
ご面倒ですが、小社営業部宛お送りください。送料は当方で負担いたします。
法律で認められた場合を除き、本書の無断複写・複製・転載を禁じます。